中国大学现代化之道

大学管理与治理

◎别敦荣　著

中国海洋大学出版社
·青岛·

图书在版编目(CIP)数据

大学管理与治理 / 别敦荣著 . 一青岛：中国海洋大学出版社，2021.4

ISBN 978-7-5670-1475-6

Ⅰ. ①大… Ⅱ. ①别… Ⅲ. ①高校管理 Ⅳ. ① G647

中国版本图书馆 CIP 数据核字(2021)第 045702 号

出版发行	中国海洋大学出版社		
社　　址	青岛市香港东路 23 号	**邮政编码**	266071
出 版 人	杨立敏		
网　　址	http://pub. ouc. edu. cn		
电子信箱	appletjp@163. com		
订购电话	0532-82032573（传真）		
责任编辑	滕俊平	**电　　话**	0532-85902342
印　　制	日照日报印务中心		
版　　次	2021 年 4 月第 1 版		
印　　次	2021 年 4 月第 1 次印刷		
成品尺寸	170 mm × 240 mm		
印　　张	18. 25		
字　　数	287 千		
印　　数	1 ～ 5000		
定　　价	68. 00 元		

发现印装质量问题，请致电 0633-2298958，由印刷厂负责调换。

总 序

现代化是我国大学发展100多年不变的主题。当然，在不同的时期，大学现代化的使命是不同的。新时代我国高等教育发展的内外环境发生了重大变化：从规模增长看，高等教育即将进入普及化阶段；高等教育层次和类型结构完备，学科专业体系健全；高等教育不仅满足公民的多样性需求，而且服务地方经济社会发展；不仅服务国家，提升国民的人力资本价值，而且促进国际人才流动，参与全球化进程，助力迎接全球性挑战。我国大学现代化的基础前所未有，现代化的使命前所未有，现代化的挑战前所未有，现代化的前景前所未有。我国大学现代化就是要在中国大地上建立有品位、有效率、有质量的办学体系，使我国大学更像大学，使我国大学更受尊重，使我国大学成为民众的精神家园，使我国大学成为人类文明汇聚、融合、创新的场所，使我国大学成为世界各国国民众心向往的圣地。

现代化是我国大学生命周期的阶段性使命。欧美国家花了几百年才在20世纪前后实现了大学的现代化，我国大学只有100多年的历史，而且几乎是在现代文化科学如同一张白纸的基础上发展起来的。如果用生命周期来衡量，我国大学已经走过了现代化的第一阶段，即基本完成了现代大学非常重要的基础条件和体系建设，具备了现代大学之形。大学现代化不但要建立现代大学之形，而且要塑造现代大学之神，形神兼备，大学现代化才真正完成了使命。现代大学精神看不见、摸不着，但却与现代大学如影随形，不可分离。缺了现代大学精神的大学不是真正的现代大学，而塑造现代大学精神的任务并不比现代大学基础和体系建设的任务轻松，它的难度更大，挑战更多。

塑造我国现代大学精神不是几篇文章、几本专著、几份政策或几个改革项目就能达成的，需要脚踏实地遵循现代大学精神办学，长期坚持、形成规范制度，并在此基础上建立健全办学运行体系，从而使大学释放出无限的办学能量。在100多年历史发展的基础上，特别是经过改革开放40年来的改革与发展，我国大学现代化需要开拓2.0版，提升现代化水平和品位，更多地为大学植入现代性的精神元素。

基于以上认识，我长期致力于我国大学现代化研究，在发表和出版一系列著述的同时，还受邀为全国数百所大学做专题演讲和学术报告，向干部、教师传播大学现代化思想，助推干部、教师解放思想，使其在自身工作中注入现代精神，从而加快大学现代化进程。这些演讲和学术报告主题涵盖范围比较广，都是根据有关大学改革与发展需要确定的。其中，针对三个主题的演讲比较多：一是大学发展战略规划，二是大学教学改革，还有一个是大学管理与治理。每一个主题都有数十场报告，侧重点各不一样。在演讲学校有关教师和团队成员的帮助下，我们将有关这三个主题的演讲报告整理出来，辑录成册，以"中国大学现代化之道"分别出版，以便为更多的大学干部、教师所熟悉。"中国大学现代化之道"分三册：第一册为《大学战略规划》，第二册为《大学教学原理与方法》，第三册为《大学管理与治理》。

《大学战略规划》是关于大学发展战略规划的演讲报告汇编。在大学现代化进程中，战略与规划能够发挥重要作用。我国大学越来越重视战略与规划，不论是在五年规划期还是在重大改革计划的制订中，越来越重视通过制定明确的发展战略与行动方案，将发展目标落实到办学实践中去。我从2000年开始受邀为数十所大学编制发展战略规划，为更多的大学提供战略咨询，有一些心得体会；同时我也就实践中碰到的一些问题开展理论研究，有一些想法。这些演讲报告既有对大学发展战略规划的理论追寻，又有对有关大学发展战略规划的实践指导，可以说是一部理论与实践相结合的著作。

《大学教学原理与方法》由一系列关于大学教学思想、大学课程原理、现代大学教学理念、现代大学教学方法、中外大学教学比较、我国大学教学改革等主题的演讲报告汇集而成。大学教学研究是我一开始从事高等教育研究就十分重视的领域，我曾经主持《20世纪中国高等教育·教学卷》的编著，主编《高等学校教学论》，开展了众多大学教学问题的研究。在受邀为一些大学做教学改革演讲和学术报告的时候，我把自己的研究成果拿出来与大家分享。我曾经在华中科技大学教师发展中心主持过一段时间的工作，对该校青年教师进行了三年的集中培训，我担任主要培训教师。近年来，我还在厦门大学教师发展中心教师培训班、上海师范大学和华东师范大学组织的上海高校青年教师上岗培训班等很多大学的教师培训研修班主讲大学教学改革专题。这些学术演讲和报告聚焦于现代大学教学思想与方法，重点阐述我国大学教学改革的路径。

《大学管理与治理》是一部围绕我国大学管理改革和治理体系建设的演讲报告汇编。大学管理改革与治理体系建设是现代大学制度建设的主要任务之一。我在现代大学制度研究上花费了很多心力，在承担国家社科基金课题“现代大学制度：历史与现实”的研究任务后，更是组织团队进行了系统深入的研究，取得了不菲的研究成果。在受邀为一些大学做管理与治理改革演讲和学术报告的时候，我主要针对我国高等教育改革与发展的现实要求，集中探讨和阐述我国现代大学制度建设的实践要求和现实理路，以期对大学管理与治理改革有所裨益。

这些演讲报告集能够与读者见面，首先要感谢那些邀请我去演讲和做报告的大学和领导。他们对大学现代化的使命感督促我不能懈怠，使我能将平时研究和思考的心得体会与大学现代化的需要联系起来，并通过他们搭建的平台与大学干部、教师分享，我自己也从与他们的交流和对话中受益良多。其次，我要感谢帮助我整理演讲报告文字的老师和我团队的成员，有的老师为我整理了演讲报告文字稿，而我连他们的姓名都不知道，这里我要对他们说声“对不起”。整理演讲报告的文字是一件苦差事，我自己做过，深有体会。所有帮我整理研究报告的老师和同学都十分认真负责，他们的无私奉献精神令我感动。我还要感谢中国海洋大学出版社，在这套演讲报告集的出版上，出版社领导没有丝毫的犹豫就决定了高规格地出版。与中国海洋大学出版社无障碍的合作是我的荣幸！

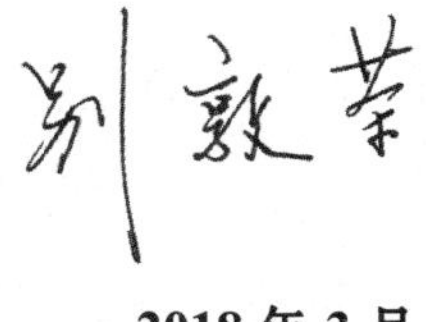

2018 年 3 月

目录

第一讲

大学管理的逻辑*

各位学员:

大家下午好!

开始上课之前,我说几句并非闲话的闲话。我们这个班规模不小,大家来这里学习各有追求,办这个班实际上就是给大家提供一个机会,每个人都可以根据自己的实际情况利用这个机会。大家的情况各不相同,概括起来,可能主要有三种:一是具备了各种条件,很快就可以利用这次学习机会申请博士学位。二是通过这次学习,打好一定的基础,为明年参加教育学博士或教育专业博士考试做准备。我院有高等教育学和教育经济与管理两个教育学二级学位点招收博士生,还有教育专业博士学位点。两种类型、三个学位点,大家可以根据自己的情况进行选择。高等教育学和教育经济与管理两个博士学位点的招生考试时间是学校统一的;教育博士学位点是第一次招生,考试时间还没有定,但据目前的情况看,很可能是与上述两个博士学位点同时考试,具体细节还要等文件下来。三是有部分学员把这次学习当作给自己充电的机会,纯粹是为了提高自己的高等教育理论素养。不管是哪种情况,我相信大家都可以利用这次学习机会发展自己。

这一轮学习主要有三门课,高等教育学专题研究、高等教育管理学专题研

---

* 本讲是笔者在华中科技大学教育科学研究院2009级在职博士生班上所做报告的文字整理稿。时艳芳、李阳阳为整理文字初稿付出了辛勤劳动。

究和高等教育研究方法专题研究。高等教育学专题研究和高等教育管理学专题研究是为了帮助大家进入高等教育学学科领域的课程，大家过去对高等教育学涉猎不多，我们通过一些相关专题的讲授，帮助大家熟悉高等教育学科。高等教育研究方法专题研究是为大家做学问、做研究、写博士学位论文而开设的。这种形式的授课时间非常有限，不可能涵盖整个高等教育学学科领域的所有主题，我们所能给予大家的只能是对一些基本的、概貌性问题的探讨。大家在这里学习，要根据老师所讲授的内容以及自己对高等教育学科的了解，尽可能地扩大阅读面，拓展自己的知识和研究领域，这样才有可能在高等教育学领域具备比较好的基础。如果只是想通过集中授课来学好高等教育学是不可能的，也很难给大家打下很好的基础。所以，希望大家利用好这个机会，让自己尽快地进入高等教育学科中去。

大家学习的目的是明确的，要尽快进入学习状态。要利用集中授课的机会，有意识地了解院里老师的情况，根据自己的研究方向和将来想做的课题，与相关的老师保持联系，争取老师的帮助和支持。还可以请老师列出阅读书目，帮助自己确定研究领域和研究课题，听取老师对如何开展研究工作的建议。把以后想做的研究主题尽快确定下来，把在这里学习的知识和回到单位要做的实际工作紧密结合起来，以提高学习效率。这些并非闲话的闲话就说到这里。下面言归正传。

高等教育管理学是一个很广泛的学科领域，高等教育管理学专题研究不仅包括宏观高等教育管理问题，还包括微观高等教育管理问题；不仅包括中国高等教育管理问题，还包括外国高等教育管理问题；不仅包括现在的高等教育管理问题，还包括历史的高等教育管理问题；不仅包括高等教育管理的实际问题，还包括高等教育管理的理论问题。所以，高等教育管理学的内容非常丰富，仅靠几次课不可能把方方面面都涉及，而且我们又是多人授课，每个授课老师考虑问题的角度、研究的领域都不同，很难进行整体性的设计和安排。建议大家自己找一些高等教育管理学的文章、教材和专著阅读，以了解高等教育管理学究竟是一门什么样的学科、主要研究哪些问题。这里我要特别向大家说明一下，这次我们要为大家讲授的高等教育管理学专题都是基本的知识，也有的是老师个人感兴趣的研究主题，不能反映高等教育管理学的整体研究状况。高等教育管理学的研究人员很多，现在出版的相关专著、教材也不少。资料室会给大家提供方便，大家可以去找书看。

今天的专题是大学管理的逻辑。大学管理是有逻辑的，但一般的高等教育管理研究很少涉及。我一直在研究这个问题，也很关注这个问题的发展变化。多年来，我一直想尽可能地弄清楚这个问题，但客观地讲，到现在也没有很好地理解它。我希望把这个问题提出来后，能够引起大家的共鸣，引发大家的兴趣，我们一起来研究。在我看来，大学管理的逻辑问题是高等教育管理的基本问题。弄清楚这个问题，有利于更好地建构高等教育管理学体系。现在有很多高等教育管理学著作，但仔细分析会发现，学者们要么不涉及，要么涉及了也往往语焉不详，很难看出高等教育管理的逻辑是什么。所以，我想和大家一起来探讨。

一、大学管理的逻辑起点

在座的各位都在大学从事管理工作，无论从事院（系）管理工作还是从事学校管理工作，或者作为学生管理工作者与学生打交道，总之，每一种管理工作都有相应的逻辑。一般来说，逻辑是一种进程、一种秩序。人们常说顺理成章，这个“理”就是逻辑。讲到逻辑，从学术的角度讲，一般会谈到起点和终点的问题，即逻辑起点是什么、逻辑终点是什么。起点和终点共同构成一个逻辑面，这样就形成人们对一个问题的整体把握。与逻辑起点相关的，学术界还有一种观点，即历史起点，当然也包括历史终点。有人认为，逻辑起点和历史起点是一致的；也有人认为，逻辑起点和历史起点是不一致的。大家可以探讨一下，看看高等教育管理或大学管理的逻辑起点与历史起点是否是一致的。无论是逻辑起点还是历史起点，我认为两者至少在大学管理上是有差别的，是不完全一致的。考察大学管理的逻辑起点，我们可以把考虑问题的范畴扩大一些。

（一）大学管理的逻辑起点

在学术研究中，一般对于管理、高等教育管理、大学管理的逻辑起点，主要有以下几种认识：在科学管理中，管理的逻辑起点是管理职能。科学管理是以泰勒为代表的一批研究人员首先提出来的，它使得管理科学化。科学管理的逻辑起点主要是关于职能的，包括计划、组织、协调等职能，所以，泰勒的管理学主要围绕职能展开。20世纪中期，管理科学学派把目标或目的看作管理的逻辑起点，还有把管理结果作为逻辑起点的，当然也还有其他的。在所谓的人际关系学派或行为科学里，管理的逻辑起点定位在人或人际关系上。在后现代管理研究中，还有其他理论，这里就不多讲了。总的来说，在管理学或管理科学中，管理的逻辑起点往往定位于职能、目标、结果或人际关系等。这至少说明对逻辑起点可以有不同的理解，也正是因为人们所理解的逻辑起点不一样，所以，管理学有各种不同的流派或学派。

现在回到大学管理上来。对这个问题的理解，高等教育管理研究人员比较多地受到了管理学的影响，把职能、目标或人际关系等糅合在一起作为高等教育管理的逻辑起点。只要看看相关的研究，就会对此有比较清晰的认识。当然，在高等教育管理研究中，20世纪80年代以来有一种理论，即系统逻辑，它运用系统科学的相关学说对整个高等教育管理系统进行分析或分解，来研究高等教育管理各方面的问题。这些研究都不无道理。不过，总体来讲，在高等教育管理研究中，还没有提出一种能够形成学派或学说的关于逻辑起点的思想。这可能也是为什么尽管有那么多研究人员做了很多研究，但是，高等教育管理学依然极少出现系统性的、能够影响学术发展趋向的成果的原因所在。

在近20年的高等教育管理研究中，我感到有一个问题是被忽视了的，这就是高等教育管理权力问题。看看各种高等教育管理学著作，有的甚至整本书都不涉及权力。但是，实际上在高等教育管理中，包括在大学管理中，权力是无处不在的，权力的影响也是无处不在的。不管是管理者还是被管理者，都是被置身于或置身于一个权力场中，在这个权力场中，他是影响源或是被影响者。高等教育管理的各种工作，从研究、决策到实施和问题的解决都离不开权力的影响。如果没有权力，高等教育管理活动是难以开展的。在大学管理中，如果离开了权力会出现什么情况呢？如果没有权力，书记、校长、部长、处长能发挥什么作用？所以，我觉得权力对高等教育管理的影响是根本性的。同时，就高等教育管理而言，要讲逻辑和逻辑起点，权力也是无法回避、不可缺少的。有鉴于此，我认为权力可能是大学管理的逻辑起点，透过权力有可能构建一整套大学管理的模式、模型，提出各种相关的理论，还可以依此建构高等教育管理学和大学管理学。最近几年，我的相当一部分研究都集中在大学管理权力或高等教育管理权力问题上。

也有人认为,逻辑起点是多方面的。比如,组织可能是高等教育管理或大学管理的逻辑起点,领导也可能是大学管理的逻辑起点。尽管有各种不同的看法,但根据我对高等教育管理的研究,权力至少是大学管理的逻辑起点之一。在谈到权力问题的时候,可以从各种不同的学科角度进行认识。在现有的高等教育管理研究中,很少看到对权力的研究,这说明高等教育管理研究忽视了对权力的研究。但是,与之形成对照的是,权力在一些学科领域却占有重要的地位。比如,在政治学中,权力是很重要的,也有人把权力看作政治学的逻辑起点。在管理学、经济学、社会学等学科领域,关于权力问题的研究也有很多。大家如果有兴趣,可以把这些研究作为思考大学管理权力问题的理论依据。

(二)大学管理中的权力

如果把大学管理的权力作为逻辑起点,那又应当如何看待权力呢?

第一,权力无处不在。在大学管理中,不管是在宏观层面还是在微观层面,如果能找到一个没有权力存在的领域,或不存在权力运用或权力作用的领域,那么,这个领域一定不属于大学管理范畴。在大学管理中,权力的典型特征之一就是无处不在。它是广泛的、普遍的,所有大学活动和行为都有权力贯穿其中,或由权力推动,或由权力组织协调,或由权力监督约束。总之,离开了权力,大学管理寸步难行,甚至不可能存在。

第二,权力与影响同在,有多大的权力,就有多大的影响。权力是为履行职责服务的,只要承担职责,就会拥有必要的权力,同时也就有相应的影响力。可能有人说,有的领导有职位也有权力,但他的影响却很小,或几乎没有什么影响,他的职务就是挂个名而已。这并不能否认任何权力都是有影响力的,这个人没有影响力,他所应有的权力一定是被其他人掌握了,他被人替代了,而不是因为权力没有影响力。权力的影响在很大程度上是强制的,具有强迫性。不论是影响者还是被影响者,都具有强迫性。大学校长发挥的影响并非是自愿的,如果他不在校长的职位上,他不可能发挥校长的影响力。这就叫职责所系。大学书记发挥影响力,也是职责所系,他要是不履职,就是失职了。所以,不管大家在单位从事哪个层面的工作,大家所发挥的影响也是职责所系,这种影响力具有强制性。这对于管理者、领导者如此,对于被管理者、被领导者也是如此。

第三，权力具有可替代性。在大学管理中，不论是个人所掌握的权力还是部门所拥有的权力，在实际运用过程中都具有可替代性。后面我们还会用一些实例来分析这种可替代性，包括某一种权力被另一种权力所替代。

第四，权力具有多样性。大学管理权力不是唯一的，而是多样的。这种多样性表现为权力存在层次之分、类别之分、性质之分等。有不同层次的权力，也有不同类别的权力，还有不同性质的权力。层次这个问题在大学外部比较好理解，有政府管理大学的权力，有大学所拥有的办学自主权力；在大学内部，有校级层次的管理权力，有院（系）级层次的管理权力，还有基层的管理权力。类别这个问题也比较好理解，有人事管理权力，也有物质管理权力，还有各种活动管理权力。第三类最为关键，大学管理权力有性质之分。比如，大学人事管理权力和教学科研工作管理权力的性质是相同的，都是行政管理权力。一般来讲，在大学管理中，至少存在三种不同性质的权力：一是政治权力，是通过政治机构和政治工作人员所施加影响的权力；二是行政权力，是行政机构和行政管理人员所施加影响的权力；三是专业权力，是一种基于学科专业修养所拥有的权力。这三种权力在大学管理中同时存在，共同作用于办学。三种权力因性质不同、运行方式不同、权力载体和结构不同，形成了多种不同的大学管理模式。在不同国家，这些权力有不同的表现，也有不同的变化。

学术界关于这些权力的研究越来越多，但是，也有很多误区，需要予以高度重视和审慎甄别。误区之一表现为对政治权力片面而狭隘的理解，认为政治权力只存在于我国大学领导与管理中，在其他国家没有；政治权力对高等教育管理或大学管理的影响是不恰当、不应有的，且都是消极的。这种狭隘的理解还表现在对政治权力的认识仅仅看到了社会主义国家的大学管理权力影响方式，没有看到它的普遍性和普适性。误区之二是对行政权力与学术权力的关系的认识有失偏颇。比如，认为学术权力只有学者才能享有，只有学者所掌握和拥有的权力才是学术权力，大学行政领导和行政部门所行使的权力不是学术权力。还有人认为，大学领导者或管理者只要是学者出身，他们所行使的权力就是学术权力。我觉得这些认识在很大程度上是似是而非的。大家可以自己思考、探讨一下什么是行政权力、什么是学术权力，弄清楚这方面所存在的争论的实质。

（三）大学管理权力的作用

大学管理权力的作用，即它的影响力。一般来讲，大学管理权力的作用主要有以下几方面。

第一，谋划作用。从宏观到微观，大学管理权力都会对大学进行谋划，各种大学管理法规的研究和出台、各种大学管理政策的探讨和制定、各种大学发展规划的编制等，都是大学管理权力运用的结果。这种谋划可以为实际的大学管理活动指明方向，为大学管理行为确定路径。

第二，执行作用。大学管理的执行是由权力来保障的。大学管理中纵然有各种方案、路径和选择，但如果没有执行，也不可能达到目的。执行是大学管理权力的重要职能。通过执行，大学的各种管理活动才能顺利开展。当然，在执行过程中，权力也有被误用的情况。这在大学管理中也是难以避免的。

第三，监督作用。大学管理不乏监督，这些监督都是由权力实施的。如果没有对权力的监督，管理成效很难得到保证。

第四，协调作用。大学中的活动、人员很多，大学管理中的要素也很复杂，靠什么来协调、保证各种大学管理活动和要素向同一个目标发展，保持目标的一致性呢？主要靠协调。协调是权力的运用，没有权力的运用很难协调。当然，在大学管理的协调中，权力的运用是有规范的。比如，大学的领导常常有很多位，多的达十几位，少的也有七八位，这么多校领导相互之间就存在工作协调的问题，更不必说大学各部门、各院（系）之间也需要协调了。同级之间的协调方式是沟通，通过信息的沟通来协调，或者通过非正式的人际关系来协调。同级之间关系好，通过信息沟通、相互理解，从而在工作中相互配合。同级之间的协调不具有强制性，只有上下级之间的协调才具有强制性，上级对于下级工作的协调是具有强制性的。这样一来，在大学管理中就会出现很多难以避免的问题。比如，校长和书记是同级，平起平坐，他们之间是没有办法进行强制性协调的，书记不能指示校长，校长也不能指示书记。如果他们关系好，可通过信息沟通来协调。他们之间的强制性协调是上级主管部门的责任，比如，教育部、教育厅（委）或中组部、地方党委组织部，但是，这些部门又不能经常性地到召集大学书记和校长进行协商，一般也很少通过电话等信息手段传达协调要求。这样一来，校长和书记之间的权力运用就可能出现协调真空地带。结果就是，如果校长和书记能通过信息沟通协调好，大学内部的党政关系就会比较顺畅、和谐；如果沟通协调不好，或没有沟通，就会相互斗争，矛盾丛生。有些大学领导之间斗得不可开交，导致大学管理工作受到很大影响，大学发展迟滞，最后，上级干部任用部门只好各“打五十大板”，将两人都予以免职，或都调离现职。

由于大学领导管理体制的特殊性，我国大学管理权力有其特殊的意义。在我国大学领导管理中，存在党务和行政两套系统，两套性质完全不同的组织体系相互交叉、融合，共同承担大学领导管理之责。在两套系统中，领导干部，不论是正职还是副职，所拥有权力的来源是相同的，即都由同一部门考核任免，按照领导管理的基本原则“谁任免对谁负责”，他们所对应的责任部门是完全一样的。这样一来，领导权力的协调就出现了体制性的障碍。举例来说，教育部所属大学，除了副部级大学的两个“一把手”——党委书记和校长是由中组部考察任免外，其他副职领导都是由教育部考察任免的。省属院校的领导，除了部分地市所属大学由地市组织部门考察任免外，其他绝大多数大学党政领导是由省委组织部考察任免的，包括管党务的书记和副书记、管行政的校长和副校长，都由同一部门任免。当副书记、副校长的任命授权与书记、校长的任命授权源自同一部门的时候，书记和校长对副书记、副校长既不具有授予权，也不具有罢免权。校长要协调副校长、副书记，书记要协调副书记、副校长，从严格的意义上讲，都是困难的。副书记、副校长所拥有的权力不是由书记和校长授权的，更非源自书记和校长所拥有的权力。因此，有些个性较强的书记、校长在处理与副书记、副校长的关系时表现得比较强势或霸道，副书记、副校长并不服气；有些副书记、副校长对书记、校长的指示或工作安排响应不太积极，书记、校长往往也拿他们没有办法，更不可能对他们做降职或免职处理。这是我国大学管理权力运行中所特有的现象，是权力协调中的一个特殊问题。

第五，激励作用。大学管理权力不仅能够给掌权者带来很大的享受，还会使他们在运用权力的时候有很强的自我实现感，在支配他人时，心理上也会有一种成功感。大学管理权力的运用还可以对被支配者、被管理者产生很重要的激励作用。在大学管理中，向被管理者传达、发布或沟通更多的信息，被管理者会受到激励，激发出更高的工作积极性和热情。通过赋予被管理者更多资源配置的权力，可能会使被管理者转变工作态度，更积极地投入工作中。

总之，大学管理权力的作用是多方面的，体现在大学管理的全过程中，作用于每一个人、每一个机构、每一项工作、每一个环节。权力的运用会产生正面的效应，也会带来负面效应。根据我的观察和研究，负面效应主要表现在对权力的依靠、对权力的迷恋、对权力的留恋等方面。

二、大学管理的逻辑的分类

刚才课间休息的时候，有几位老师提出了一些问题，后面我会就这些问题进行相应的讨论。另外，也有老师提出能不能推荐一下书目。自1979年以来，我国有关高等教育学的论文已经达到了45万篇之多，专著有上千部。大家如果到网上去搜索一下就会发现有大量的相关著作，包括以厦门大学潘懋元先生为代表主编的书、华东师范大学薛天祥教授和他的团队出版的书、我院学者撰写的书，还有其他一些学者出版的书，比如，江苏的周川教授、胡建华教授主编的《高等教育学新论》。除了国内学者出版的图书以外，还有几套翻译国外学者的著作，也比较值得看。一是浙江教育出版社出版的“汉译世界高等教育名著丛书”，这套书共有10多本，主题涉及高等教育哲学、学术权力、大学理想、现代大学论等。大家可以把这套书找来看看。二是我自己负责组织翻译了两套书：一套是“美国高等教育管理学经典译丛”，共有三本，分别是《大学运行模式》《大学战略与规划》和《大学校长的领导艺术》；另一套是“国际高等教育译丛”，共有六本。两套书都由中国海洋大学出版社出版。北京大学也出版了一批关于高等教育研究的译著，很值得一看。除了这些书之外，我和潘懋元先生共同主编的“中国高等教育学中青年学者论丛”，已由中国海洋大学出版社出版。这些书总共有四五十本，但其还只是近些年高等教育学科发展的一小部分研究成果。如果大家能把我说的这些书都找到，好好读一读，我相信大家的高等教育学理论功底会有较大的提高。上面列出的著作应该不算多，大家可以找到好好研读。

下面言归正传，谈大学管理的逻辑。上面谈到了大学管理的逻辑起点是权力，而且从权力性质的角度把大学管理权力划分为政治权力、行政权力和专业权力。与三种权力相对应，大学管理至少有三种逻辑，分别是政治逻辑、行政逻辑和专业逻辑。为什么三种权力一定是三种逻辑呢？有没有更多的逻辑呢？请大家注意，我说的是“至少”有三种逻辑，事实上，还有其他的逻辑，即由不同的权力组合而成的不同的逻辑。但上述三种逻辑是基本逻辑。为什么一种权力只对应一种逻辑呢？大家可以思考一下，大学权力的载体具体表现为机构、制度、人员等。仅仅从机构的角度就可以看出，不同的权力在机构设置上有很大的差别。政治权力与行政权力所依靠的机构不同，专业权力与政治权力、行政权力所依靠的机构不同。在制度上，政治权力的运作方式与专业权力、行政权力的运作方式也是不相同的。

不同性质的权力有着不同的运行逻辑，而这种逻辑就构成了高等教育管理的核心，也就是说这种逻辑主导了或从某种意义上控制着高等教育管理。从权力的运行来看，它决定了高等教育管理和大学管理的基本过程和基本运作方式。经常听人说“这个人不按常规出牌、不按逻辑办事”，那就是说“他”的行事方式超越了权力的基本规范。在这样的情况下，“他”只能有两种结果：一是被人认为不懂规矩，二是被认为很强势。在大学管理中，这种情况并不鲜见。

（一）大学管理的政治逻辑

什么是大学管理的政治逻辑？所谓政治逻辑，是指遵循某些政治集团的利益诉求，以政治的方式处理大学管理问题的“套路”。更确切地说，就是按照政治价值、政治规范和政治要求处理问题的方式。我国是政治逻辑发挥作用比较典型的国家，在我国大学管理中，政治逻辑发挥作用的方式也是独特的，它也被称为“中国特色”。

从一般意义上讲，在政治逻辑的范畴下，大学管理权力主要由以下几个要素构成。一是政治环境。政治环境是政治权力和政治逻辑的基本要素，我们经常说的“政治形势”就是一种政治环境。我国的政治环境对大学有什么影响，美国的政治环境对大学有什么影响，英国的政治环境对大学有什么影响，大家可以去比较研究，很有意思。政治环境对大学管理有重要影响，当然，不同的政治环境对大学的影响是不一样的。比如，“二战”结束后，美国全国蔓延的“红色恐怖”对大学管理产生了重要影响；英国撒切尔夫人执政时期保守的政治形势使英国大学管理不得不更多地接受市场的影响。二是意识形态。不同的意识形态对大学管理的影响是不一样的。意识形态和权力有密切关系，权力不仅有大小之分，还有性质和内涵之分，也就是说，权力是质与量的统一体。这个质就与意识形态有关。从政治权力角度讲，意识形态是权力的质，我国大学的政治权力包含了马克思主义意识形态的影响力，欧美大学的政治权力往往包含了资本主义意识形态的影响力。三是政治组织。政治组织是政治权力的附着体，也是政治权力的运作机构，可以说，有什么样的组织方式，就有什么样的权力运行方式，从而也就决定了管理的逻辑。四是政治人员，即从事政治工作的人员，包括政党领袖、各级领导者和管理者。这些共同构成了大学管理的政治逻辑的基本要素。我国大学办学很大程度上是受政治逻辑控制的，世界各国的大学多多少少都受到政治逻辑的影响。有些国家的大学标榜“政治中立”原则，实际上，在现代社会中，大学是不可能中立的，大学管理不可避免地要与政治打交道，甚至大学管理本身也成为政治的一部分。这个问题我们在后面的讨论中还会涉及。

（二）大学管理的行政逻辑

相对而言，大学管理的行政逻辑比政治逻辑更规范一些。从一定意义上讲，政治逻辑可能更神秘一些，受政治逻辑作用，很多事情都是在特定的范围内处理的，透明度不高，往往令人很难理解。行政逻辑要更现实一些，它以大学行政组织体系为依托，根据下级服从上级、首长负责制等行政组织原则，通过计划、实施、监督、评估等方式实现组织发展目标。人们可以通过行政组织管理制度、规范、惯例等，了解行政工作的规划、进展以及发展方向。所以，行政逻辑不但更易为人所理解，而且更具有规范性。

大学管理的行政逻辑的主要构成要素包括以下几方面。第一，行政组织。大学行政权力通过行政组织发挥影响，行政组织是行政权力的载体。从校长职位到各级各类行政组织机构构成了大学行政组织体系，大学管理就是通过行政组织体系开展的。可能有人会说，政治逻辑也是有组织的。这个说法没有错，政治也需要组织，其确实也有组织体系，但是，在政治逻辑中，组织并不一定是最重要的，政治环境和意识形态的影响力在很多时候可能超越了政治组织和政治人员。行政则不同，离开了行政组织，非但不可能“行政”，更不可能有任何影响力。这就是所谓的“在其位谋其政，不在其位不谋其政”“人走茶凉”。第二，行政管理人员。行政管理人员是行政权力的拥有者、掌控者和行使者，也有人认为组织本身就是权力的掌控者，这是有道理的。在关于权力的研究中，有人认为权力是由两种人来掌控的：一种是自然人，一种是组织人（或法人）。这里所讲的人员是自然人，是各级各类大学的行政管理者。第三，行政制度。在行政逻辑中，制度非常关键，制度是规范，有了制度，就能明确工作要求、标准、流程以及责任部门和责任人等。在行政逻辑中，要讲究制度，注重章法。行政工作要按制度办事。在政治逻辑中，讲制度，更讲原则，这个原则可能就是某种意识形态。第四，行政惯习。惯习在行政管理工作中的影响是很大的，惯习是行政管理工作的惯例，也就是过去经常是怎么做的。虽然惯习往往没有明确地成为制度，不需要制度来规范，但大家都这么做，心知肚明。

（三）大学管理的专业逻辑

如果说政治逻辑和行政逻辑是外生于或附着于大学或大学管理的话，那么，专业逻辑则是大学或大学管理的内生逻辑，具有内在性。专业逻辑是大学管理的基本逻辑，指在大学管理中，尤其是在学术管理中，遵循学科发展规律和高等教育规律，处理各种学术事务的方式方法。与政治逻辑、行政逻辑很不一样，专业逻辑所运用的权力是一种专业权力，它不是来自外部授权，而是大学与生俱来的一种权力，掌握这种权力的人不是因为他被任命担任了什么职务或职位，而是因为他具有学科修养，拥有专业智慧。这里的“专业”不是“专业教育”中的“专业”概念，而是指掌握权力的人在专门的学术领域拥有其他人所不具有的专长。专业逻辑的构成要素主要有以下几个。

第一，学科。大学是一种学科组织，学科是组成大学的细胞，这是大学区别于其他社会组织的根本所在。中小学也有学科，不过，中小学的学科主要是一般知识，大学的学科主要是高深知识。大学的学科是高度分化的，不同学科之间的差别是显著的，人文学科与社会学科不同，社会学科与自然学科不同，自然学科与工程技术学科不同，工程技术学科与医学不同。总之，组成大学的学科是高度复杂而多样的，世界上没有哪一种社会组织像大学这么复杂。所以，有学者认为，大学存在文化分化的现象，比如，大学的人文文化与科学文化之间往往存在不易沟通的学科障碍。这就不难理解为什么不同学科的学者同在一个校园内工作，都从事教学、科研和社会服务工作，平时可能也经常见面，但所能沟通的可能主要是“上几节课”“争取到什么课题”等，类似于“吃饭了没有”，而对于双方学科领域的工作则完全没法沟通了。这倒不是因为他们不需要沟通，而是因为他们对彼此所耕耘的学科领域完全不了解，没有共同语言，沟通了也听不懂。这就应了那句古话："鸡犬之声相闻，老死不相往来"。这种现象不仅存在于不同学科的学者之间，即便是同一学科不同领域的学者，因为专业化的缘故，也很难相互交流沟通。比如，同是计算机科学与技术学科的学者，搞硬件的与搞软件的就难以走到一起，因为没法交流。同是材料学科的学者，一个是做金属材料的，另一个是做化工材料或生物材料的，他们在学术上也是很少有交集的。这一现象反映了大学学科高度分化的特点。学科本身是分化的，但大学却要追求和谐统一，这就离不开大学管理。大学管理除了管人、管事之外，还有一项最核心的工作，就是把各种不同的学科整合起来，使它们在人的培养方面达到某种程度的综合化、多科化，而不是过分的专业化，因为过分的专业化对于一个人人格的养成是不利的。过分的专业化培养的人充其量只是"半个人"，不是一个全面发展的人。什么是"半个人"呢？就是只知道自己的专业，在专业方面可能学得很专深，但他的学科领域很单一，在涉及需要多学科、跨学科考察、理解和解决问题时，他的知识背景捉襟见肘，更不要谈他的人格修养、精神塑造了。实际上，大学教育需要将高度分化的学科通过一定的机制进行统合，以促进学科的交叉融合。不同类型、层次、性质的大学，对学科交叉融合的要求是不同的，有的需要高度融合，有的需要两个、三个学科之间交叉。学科交叉融合不可能自发产生，需要大学根据办学定位要求，采取适当的管理方式方法，实现不同学科的适度融合。

第二，学者。在政治逻辑中，政治工作人员肩负政治使命，他们履行使命所拥有的权力是外赋的，也就是说，不是大学内在的；在行政逻辑中，行政管理人员所拥有的权力是一种授权，行政管理人员通过行政授权获得行政管理职责和相应的权力。与他们不同，专业逻辑中的学者的使命和权力都不是外赋的，尽管其工作安排可能与行政有关，但其能承担什么学术职责并不完全是行政管理部门安排的，从根本上讲，这是因为其拥有学科功底和专业修养，其在学科方面所拥有的权力不是授予的，而是大学内生的。这是学者与大学其他人员的不同之处。就世界高等教育整体发展状况而言，大学教育大致可以划分为三种程度：第一种是程度比较高的，主要是欧美发达国家和部分亚洲国家的大学；第二种是中等程度的，包括中国、俄罗斯、部分拉丁美洲和非洲国家的大学；第三种是发展程度较低的，包括部分东南亚、拉丁美洲和非洲国家的大学。当然，在一个国家内部，大学的发展程度也是参差不齐的。我国有些大学的国际排名已经进入世界高水平大学行列，但也有些一般的大学，还有发展程度较低的大学。在不同层次、不同水平的大学中，学者的学科和专业修养不同，他们从事学术工作的使命感也不一样。可以将这些不同的大学学者划分为成熟学者、比较成熟的学者、不成熟的学者。成熟学者能胜任大学的教学和研究工作。根据我的研究，一般来讲，成熟学者的成长经历大致是博士毕业后可能需要三至五年才能成长为一个比较成熟的学者，硕士毕业后可能需要八到十年才能成为一个比较成熟的学者，本科毕业后要成为比较成熟的学者所需要的时间更长。一个成熟学者的基本标志是能够自己选择研究课题，设计研究方案，提出自己对于问题的见解，并独立地从事研究，发表自己的研究成果，同时能在大学的讲台上自如地从事教学工作，而不是照本宣科。一般来讲，比较成熟的学者的平均年龄往往在35岁左右。有人可能会说，为什么我国有些学者不到30岁就成了很有名的学者呢？这可能有两种情况：一种情况是他们确实优秀，是天才；另一种情况是他们中的很多人是被“拔”出来的，他们还并不是很成熟的学者。成熟学者，除了在学科和专业上有深厚的功底外，还需要有相当的经验修养。这种经验修养又叫经验知识。过去学者比较注重读书，书读得多学问就大，就成为成熟的学者，有的人还成为大学者。现在对学者的要求，除了要多读书外，还要在实际工作中积累经验，经验知识也很关键。经验知识的丰富与否对能否成为成熟的学者具有重要意义。有了成熟的学者，大学管理的专业逻辑才能发挥作用；学者群体成熟度越高，大学的专业逻辑发挥的作用就越显著。可以说，成熟的学者群体是大学管理发挥专业逻辑影响力的基础。

第三，学术组织。学术有它特殊的载体，即学术组织。和政治组织、行政组织不一样，学术组织主要包括大学所设置的院（系）等各种学术机构，包括学院、学系、研究院、研究所、研究中心、教研室、课题组等。不同类型的学术组织所发挥的影响力，包括在大学管理中的权力大小、组织形式和运行方式都是存在差别的，比如，研究所和学院的权力构成方式差别很大。学术组织内生权力的大小与专业逻辑的影响力有密切关系，内生权力越大，专业逻辑的影响力越大；内生权力越小，专业逻辑的影响力越小。如果学术组织主要受政治权力和行政权力调控，内生权力很小甚至几乎没有，专业逻辑在大学管理中发挥的作用就会不尽如人意。在这种情况下，大学可能就不像大学，而更像政治组织或者行政组织。有的人把我国大学看作政府的附属机构，这就意味着大学学术组织的内生权力很小，专业逻辑发挥的作用很有限，大学管理主要受行政逻辑制约。

第四，学术规范。在专业逻辑中，学术规范占有很重要的地位。专业权力是大学学术管理中的一种内生权力，是学者因其学科专业修养所拥有的一种特殊权力，它对大学管理的影响不是通过授权实现的，也不是通过政治形式、意识形态发挥作用的，在一定意义上，它也不依靠制度来发挥影响力。这种权力为大学学者们所共有，是基于他们实现大学目的的共同需要而产生的。在专业逻辑中，学术自由是学者们发挥作用的环境和氛围，学者们在自由的研讨、协商中解决问题，产生影响力。一个学者群体就是一所大学，是一个学术共同体。在这个共同体中，学者们享有的平等和自由以及他们的行为主要是靠学术规范来约束的。自由与规范是专业权力发挥作用的一体两面，只讲自由，会走向自由化，大学将陷入无序。只有将自由与规范结合起来，大学才能在专业逻辑的影响下更好地发挥其功能，实现办学目标。多数时候，这种规范是在学者们走向成熟的过程中被逐渐认同的，而不是外部强加的。学者在成长的过程中，如果逐步接受了学术规范，自觉按照学术规范行事，就是真正融入了学术共同体。学者的行事方式与政治工作人员、行政管理人员做事的方式不一样，原因就在于他们尊崇的是学术规范。

上述三种逻辑能够从总体上解释大学管理的各种问题，运用三种逻辑可以分析大学管理运行的过程，理解大学及其办学的各种选择和要求。在实际的大学管理中，三种逻辑都不是绝对的，而是相互交织的。这种交织性主要是由大学管理的复杂性和人员构成的身份叠加性所决定的。在各大学中，各层次的政治工作人员和行政管理人员中都有学者参与，也就是说很多书记、校长、处长、部长实际上本身就是学者，他们并不因为担任了书记、校长、处长、部长就单纯地遵循政治逻辑、行政逻辑来办事，专业逻辑也会同时发挥作用，区别只是发挥的作用大小而已。所以，他们身上往往背负了多种使命，如政治使命、学术使命和行政使命，这样一来，很多大学领导和管理人员的行事在某些时刻是处于多种逻辑矛盾相互交织的过程中的。当然，也有一些人是比较“单纯”的，因为大学中有一批领导来自大学外部，比如，来自地方党组织或政府部门，他们管理大学的时候可能主要是政治逻辑或行政逻辑起作用。这时他们常常难以理解大学和大学管理，因为大学以及大学所遵循的逻辑与他们原来所在的组织很不一样。等在大学工作一段时间后，他们就慢慢地理解了单纯地运用政治逻辑或行政逻辑并不能很好地解决问题，大学管理需要运用多种逻辑，是多种逻辑相互交织发挥作用的结果。

三、大学管理逻辑的演变

大学管理逻辑不是固定不变的。不管是美国的、英国的还是中国的大学管理逻辑，都不是从大学产生的时候就是这样的，而是不断变化的。那么，今天的大学管理逻辑究竟是怎么形成的呢？要回答这个问题，我们还是从三种逻辑的角度分别进行分析。

（一）欧美大学管理逻辑的演变

总体而言，欧美大学可以看作世界各国大学的母体。尽管有的国家，包括中国在内，曾经有辉煌灿烂的古代文明，有发达的学校，但若论今日大学的起源，往往都能在欧美大学身上找到踪迹，有的是主动学习的结果，有的是被殖民化的结果。不论是哪种情况，研究大学管理逻辑的演变都可以把欧美大学管理逻辑的演变作为典型来讨论。

1.政治逻辑的演变

有人可能认为，只有社会主义中国的大学管理才有政治逻辑，其他国家的大学管理没有政治逻辑。其实，这个说法是站不住脚的，也不符合历史事实。大家知道英国的牛津大学是怎么产生的吗？牛津大学是世界上现存的最古老的大学之一，也是世界上历史最悠久的大学中最有影响力的大学之一。它的产生主要是因为当时法兰西国王和英格兰国王之间的斗争，英王将在巴黎大学从事教学和学习的英格兰师生召唤回国，他们开始到牛津教学。这就是牛津大学的起源。也有另一种说法，即牛津的教堂早就有神学院。但事实上，它还不是正式的学校，所以并不能成为牛津大学的前身。总之，牛津大学并不是学者们自发成立的学者行会，而是政治斗争的产物，是受政治逻辑影响的，是当时的政治环境所决定的。

若要讲世界上最富有传奇色彩的大学，非巴黎大学莫属。巴黎大学是世界上最古老的大学之一，也是时运最不济的大学。它在历史上曾经风光无限，成为欧洲的文化知识中心，也曾经关闭停办，现在巴黎大学的校址依然矗立在塞纳河畔的索邦，但巴黎大学却已经不复存在了。现在我们能看到的是巴黎第一大学、第二大学、第三大学、第四大学，一直到巴黎第十三大学。显然，四分五裂的巴黎大学已经不是原先那所令人肃然起敬的大学了。巴黎大学的霉运始于18世纪后期的拿破仑革命，由于与巴黎大学的教师不和，拿破仑从政治角度取缔了巴黎大学。虽然1805年在巴黎大学校址上办起了帝国大学，但它与古老的巴黎大学已然不再是同一个概念。后来巴黎大学恢复了，但到了20世纪60年代后期，由于学潮的原因，巴黎大学受到牵连，政府将它分解了，这就有了后来的巴黎第一大学、第二大学、第三大学、第四大学、第五大学等。巴黎大学的演变过程并不是专业逻辑起作用导致的，而是外部的政治逻辑决定了巴黎大学的命运，决定了巴黎大学的停办、复兴和分解。这说明，在法国，政治逻辑对大学管理是有重要影响的。

其实，不只在法国，即便在标榜大学自治、学术自由的美国，政治逻辑对大学管理的影响也并不鲜见。在20世纪60年代，美国有一位非常著名的大学校长——克拉克·克尔，在高等教育学研究方面取得的成就非常大。他在加州高等教育的发展战略规划制定中做出了重要贡献。根据他的规划，加州高等教育系统大致可以划分为研究型大学、教学型大学和社区学院三个层次，由此构成了加州高等教育系统。这个系统使得加州高等教育的发展进入了良性循环，资源配置优化，所以，加州高等教育发展十分迅速，成为美国高等教育发展水平非常高的州之一。他担任加州大学总校长，但是，他的政见与新任州长里根不一致，里根一上台就想方设法让他下台——当然是通过相关的合法途径让他下台的。那么，现在的美国大学是否受政治逻辑的影响呢？当然受，而且是非常明显的。比如，2006年哈佛大学的一批学者投票要罢免校长萨默斯，后来，萨默斯选择了主动辞职。萨默斯2000年开始任职，当校长期间，由于他的某些不恰当言论导致他受到非议。从他的言论看，他的去职主要是因为犯了政治错误，而不是因为他没有把大学办好。事实上，在他任校长期间哈佛大学发展得不错。因为他当过美国联邦政府财政部部长，在社会上很有影响力，在世界各国也很有声望，所以他担任哈佛大学校长期间在集资、国际化、事业拓展等方面取得的成就很大。但是，他犯了政治错误，因为他说学理科，男生比女生强。这就有歧视女性的意思，而有歧视心理在美国的政治环境中绝对是个大问题。所以，不能说政治逻辑在美国对大学管理没有影响，实际上，它的影响是一直存在的。

作为现代大学的发祥地，德国大学管理有没有受政治逻辑影响呢？答案是肯定的。且不说柏林大学创办本身就是政治的需要，单说20世纪上半期，在纳粹统治下，德国大学不仅逐步演变为国家战争的机器，成为法西斯意识形态破坏最严重的地方，而且德国大学受法西斯意识形态的影响，对非日耳曼民族的学者采取排斥态度，尤其是对犹太学者，更是采取一种完全丧失理性的方法，剥夺了他们从事学术工作的权力，大批学者因此被杀害、迫害、革职或流放。比如，著名科学家爱因斯坦因其犹太血统被流放，最后逃到了美国。这期间，因为政治的原因，很多有犹太血统的教授被迫害致死。

所以，不能简单地说只有某些国家大学管理受到政治逻辑的影响，其他国家不存在这种现象。实际上，尤其是在现代大学发展中，政治逻辑在世界各国大学管理中都有影响，且影响呈不断增强的趋势。当然，在不同国家，它的表现方式以及发挥影响的方式存在显著差异。政治逻辑是大学管理的基本逻辑之一，尽管这种逻辑具有外部附加的特点，但它也是大学管理与生俱来的一种逻辑，对大学管理的影响从古至今一直没有中断过。

2. 行政逻辑的演变

大学本身有一个发展的过程，不能完全用今天的概念来理解历史上不同时期的大学，要看到大学的发展和变化。大学管理也有一个发展变化的过程，最初的大学可能就是几名师生，也就是一名教师加几名学生，即所谓的“教师的大学”；或者几名学生加一名教师，即所谓的“学生的大学”。一名教师加几名学生，意味着大学是由教师办的，一名教师招了几名学生。几名学生加一名教师，意味着大学是学生办的，几名学生合起来请了一名教师。这就是最原始的大学的两种模式，即教师的大学和学生的大学。两类大学的行政逻辑是不一样的，它们的差别在于，在教师的大学中，行政事务最初是由教师负责的；在学生的大学中，行政事务最初则是由学生负责的。在教师的大学中，教师对于教什么、什么时间教、教什么学生、怎么考试都有决定权。在学生的大学中，教师教什么、什么时间教、教的报酬是多少等都由学生协商确定。所以，它们是不一样的。这就是最初的大学，由于人少、事情少，并不复杂，所以，它们的行政逻辑主要是这样简单的两种形式。

随着大学慢慢地扩充，大学越来越复杂，大学的行政逻辑也在发生变化。比如，英国的牛津大学、剑桥大学，在漫漫历史长河中，逐步形成了书院与大学两级办学模式，两所大学都有若干书院，书院负责学生的学习，大学不负责、不组织教学。那大学主要干什么呢？大学只负责组织考试，对通过考试的学生颁授文凭。书院与大学之间是相对独立的，各书院的财产都是自己的，不属于大学，大学对此既无所有权，也无分配使用权。书院的教师或导师完全由书院自聘，大学并不干预。各书院独立办学，互不隶属，互不交叉。学生在书院注册，服从书院安排，听从书院导师的教导。今天我们很多大学都在实行的书院制和导师制，就是从这里引进来的。从这个意义上讲，牛津大学和剑桥大学只是教育考试、发证机构。为什么书院不组织考试、不颁发证书，而一定要大学考核发证呢？这与大学的办学权有关。牛津大学、剑桥大学是获得了办学特许状的，具备发证资格，书院作为大学的下属机构，不具有特许性质，不能颁发学历证书。在这个时期，大学的行政是如何运作的呢？很显然，这个时期的行政主要是各书院院长或导师负责的，大学的管理相对比较单纯，大学考试和颁发证书等事务主要由各书院院长共同商议决定。实际上，当时牛津大学和剑桥大学的教学工作在很大程度上是私人的事情。各书院的学生上学往往带着几个人一起上学，包括书童、内务整理人员、私人老师等。书童陪他学习；内务整理人员就是生活服务员，负责洗衣、叠被、养马、养宠物等；私人老师是学生自己聘请的，因为书院导师负责所有学生，不单纯负责某一个人，而且书院的教学往往也不是系统的，所以，学生要获得毕业证书或学位，自己必须好好学习，有的家境比较好的学生就自己另外请老师辅导。因此，在很大程度上，当时的大学是由自主办学的书院所构成的一个比较松散的体系，还没有形成比较统一的管理构架。

大学现在的行政体系是什么时间建立起来的呢？大体而言，是在19世纪。19世纪中期以后，大学开始第一次扩招，这是世界性的，很多国家的大学规模都扩大了。在这个时期，大学规模的扩大与当时世界经济、政治形势的发展有关，主要是因为大学教育开始与社会经济生产相联系了。传统的牛津大学、剑桥大学的招生是很少的，能上得起大学的都是贵族或上流社会子弟，他们上大学的目的并不是一定要有现实的用处，而是为了一种文化上的传承，包括获得贵族的生活能力和气质。到了 19 世纪中期，一批资产阶级、新兴的富裕阶层子弟开始进入大学，他们上大学的目的与贵族或上流社会子弟不同，他们上大学是为了学知识、学本领，能够参与社会生产。所以，从这个时候开始，大学管理的行政逻辑出现了变化。

19 世纪中期，由于受教育者和学科的变化，大学的构成方式和性质有了一些不同，主要表现为现代科学的基本构架已经在大学建立起来了。在这之前，从 16 世纪开始，现代科学的一些主要学科逐步发展起来，但这些成就主要是在大学之外取得的。直到 18 世纪中后期，现代科学才开始进入大学，到 19 世纪中期，大学的学科构架基本建立起来了。今天我们所说的新知识和新学科层出不穷，其中所谓的“新学科”都是在 19 世纪建立起来的学科框架下衍生出来的，科学的总体结构基本没有什么变化。现代科学的基本构架建立以后，大学也逐步接受了这样的学科结构，尤其是学科的分类体系。科学进入大学以后，大学的理念随之发生了改变，大学管理的行政逻辑也开始发生变化。比如，在德国大学，行政管理主要是建立在各学科带头人共同协商的基础上的，也叫“讲座制”，即由讲座教授所负责的一整套行政体系。什么是讲座制？这是我们经常在大学管理中遇到的问题，现在很多大学都设立了讲座教授，此讲座非彼讲座，差别很大。我国大学的讲座教授主要是一种个人待遇制度，当然，也包括赋予讲座教授的一些特权和荣誉。而讲座制却是一种非常重要的大学行政管理制度，即在一个学科设立一个讲座教授职位，学科领域中所有的事情都由他负责，包括招生、教学、其他教师的聘用和待遇等都由讲座教授负责。实际上，讲座制中每一个学科的专门教学人员往往就是讲座教授一个人，其他教学辅助人员都由讲座教授聘用。讲座教授的聘用是终身的，他不退休后面的人上不去。德国大学的行政逻辑就是在现代科学学科的基础上建立起来的一套新的行政运行体系，它改变了原来巴黎大学、牛津大学、剑桥大学等比较松散的、由各个组成部分独立自主办学的管理模式，使大学行政开始转变为自主基础上的集中治理。

美国大学的行政管理力量从一开始就非常强大。比如，美国历史最长的大学——哈佛大学于 1636 年建校，建校时只有 12 个学生，聘请了两位临时教师和一位校长。之所以说教师是临时的，是因为他们自己没想干很久，学校也没打算让他们干很久，他们并不负担学校管理事务，学校管理事务由校长直接负责，校长受董事会领导，而董事会的成员不是学校工作人员，而全部是校外成员。这样，美国大学从一开始就建立了一种不同于英国大学的新的行政逻辑，这种新的行政逻辑就是外行领导的逻辑。

为什么美国大学没有形成英国大学或德国柏林大学那种行政逻辑呢？这与美国大学特殊的生长或发展背景有直接关系。17 世纪的美国还是比较落后的，可以说基本上还是一片文化荒漠，去美国的人很少是英国的贵族阶层人士或很有修养的、很有学问的知识分子，而大都是在本国很难生存的人，当然也有去探险淘金的。也就是说，那时到美国的人主要是普通社会阶层的人。这些人在美国生活一段时间后，希望子弟不要再像他们那样，应该有一些文化，于是他们开始办大学，最初办起了哈佛学院、耶鲁学院等九所最早的学院。当时，社会上没有学问很好的人，没有学者，这样一来，教师聘任就是一个问题。如此，他们只好聘请一般的神职人员做些教学工作。这就是美国大学行政逻辑发展的基础。

后来，美国慢慢地发展起来了，美国大学的知识分子成长起来了，美国大学的水平也逐渐提高。但即便如此，到 19 世纪后期，美国大学管理依然是行政逻辑主导，在行政逻辑中夹杂着一定的政治逻辑，专业逻辑在大学管理中基本没有什么地位。也就是说，大学发展什么学科、开设什么课程、教授们怎样开展他们的工作，基本上是在行政管理主导下决定的。19 世纪后期，部分大学教授觉得他们有力量了，于是对行政管理主导的大学办学提出了挑战，他们要形成一个群体，在大学管理中发挥作用，以改变大学管理方式。1905 年，美国大学教授协会成立，第二年就发布了《美国大学教授协会关于学术自由的声明》。他们希望美国的大学也像德国那样，把学术自由运用到大学管理中来，让学者决定学术事务，大学不能单纯地根据行政逻辑进行管理，这就使美国大学管理开始出现重大变化。在这个时期，第一次和第二次世界大战相继爆发，战争期间美国大学行政管理变革的势头并没有快速推进。幸运的是，美国没有直接受到战争的破坏，相反，在战争期间，由于欧洲的大学没法让学者们平静地工作、安心地生活，所以，很多欧洲大学教授纷纷到了美国。由于美国当时的生产发展水平还不是太高，企业和社会生产部门对知识分子的吸纳量有限，所以，大多数人都去了美国大学，极大地充实了美国大学的学术力量，使得美国大学拥有了当时和后来最强的学术实力。在这种情况下，学者们的地位开始受到尊重，20世纪50年代以后，美国大学建立起了行政逻辑与专业逻辑相辅相成、行政管理人员与学者共同治理大学的局面。以校长为首的行政管理人员和以教授会为核心的学者群体在大学内部管理中既有分工，又明显互补，行政管理人员主要负责事务性或对外关系方面的事务，学者主要负责学术决策。这种大学管理或治理的逻辑一直延续到现在，在美国大学走向卓越的发展过程中，发挥着重要的推动作用。

3. 专业逻辑的演变

专业逻辑是大学与生俱来的一种管理逻辑，但这并不意味着自大学产生的时候专业逻辑是什么样的，后来就一直是那样的，直到现在仍然是那样的。实际上，一开始大学本身的构成要素、运行方式都不复杂，专业逻辑的影响也比较简单。今天所说的专业逻辑是由学者们良好的学术功底、强烈的学术信念和严谨的学术规范意识所主导的一种管理逻辑。它主要是19世纪以后才建立起来的，原初发祥地在德国大学。当时，专业逻辑主导下的大学管理的典型表现形式是讲座教授制，简称“讲座制”。其实，讲座制是专业逻辑与行政逻辑相结合的产物，而且是一种两位一体的制度。讲座教授不仅是学术领袖，还具有较强的行政职能。

专业逻辑的发展是以大学学者的力量为基础的，在早期教师的大学中，虽然学者对大学管理拥有主导的权力，但现代大学的专业逻辑更多的是建立在学者共同体力量基础之上的。19世纪，德国大学的学者力量强、学科水平高，所以，专业逻辑在大学管理中发挥的作用比较大。比如，德国柏林大学建于1810年，第一任校长是费希特。费希特是什么人？哲学讲座教授。当时的德国大学中哲学的地位最高，所以，首任校长由他做。19世纪中期，英国大学在现代化转型中成功地建立了自身的学术机构，大学不但建立了与现代科学体系相适应的学术机构框架，而且发展了教学、科研和社会服务功能。随着大学自身的教学功能越来越发达，书院的教学功能逐渐退化为对学生进行学业辅导和德行教化，大学管理的专业逻辑也逐渐转变为学者共同体基础上的共同治理。专业逻辑在英国大学中一直发挥着比较大的作用，而行政逻辑则处于相对弱势的地位。据报道，在20世纪80年代后期，有位牛津大学学者的研究成果被认为很有市场前景，大学开发部门希望将他的研究成果向市场推广转化，也就是商业化。当与他商量时，他明确声明，自己是为了科学而做的研究，除非学校把他解职，否则他不屑于做商业化的东西。这种为学术而学术、为科学而科学的信念正是大学专业逻辑的最好写照。

总体上，在20世纪后期，尤其是直到80年代以前，欧洲国家大学学者的势力都比较强，专业逻辑在大学管理中的影响比较大。比如，在英国，大学校长主要是荣誉性职位，副校长虽然担负行政管理之责，但由于专业逻辑的影响非常强，行政管理主要是配合专业逻辑发挥作用。德国大学校长虽不像英国大学校长那样是纯粹的荣誉性职位，但由于行政管理主要由专门的事务部门负责，学术事务则由学术机构负责，因此，校长及其行政团队发挥的作用比较有限。法国大学的外部行政管理比较强势，但是，校内基层学术力量秉承学术自由原则对学术事务发挥重要影响，所以专业逻辑在大学管理中的作用具有基础性。20世纪后期，受各国经济政治形势影响，欧洲国家大学管理中行政逻辑的影响力不断增强，行政管理体系不断壮大，行政权力也不断增强。比如，现在的英国大学副校长、德国和法国大学校长的行政角色越来越强，在大学战略规划、对外关系、日常行政方面发挥的作用越来越大。行政逻辑的强势发展对专业逻辑是有影响的，专业逻辑在与政治逻辑和行政逻辑的博弈中面临新的挑战。

美国大学管理的专业逻辑主要是在“二战”结束后发展起来的。尽管在20世纪前半期美国大学学者的力量有了长足的发展，对大学管理的影响力不断增强，但建制化地发挥作用还是在“二战”结束以后。与欧洲国家不同的是，美国大学形成了一种专业逻辑与行政逻辑分工合作的内部管理组织架构，较好地处理了学术发展与行政管理之间的关系。它似乎能够比较好地协调大学行政事务与学术事务的关系，能够比较好地解决现代大学所面临的各种问题。现在美国大学管理的逻辑关系模式似乎成为世界大学管理的典型模式，为很多国家大学所借鉴或学习。美国大学壮大学者群体力量的办法其实很简单，就是以院长、系主任取代讲座教授，同时放开教授名额限制，使之成为所有学者都可以争取的职位。这样一来，教授职位不再受讲座限制，教授群体规模不断扩大，学者群体的影响力不断增强。这就为专业逻辑在大学管理中发挥作用创造了条件。

（二）我国大学管理逻辑的演变

从历史上看，我国大学一开始主要是沿着政治逻辑办学。我国现代大学的产生，如1898年创办的京师大学堂，即北京大学的前身，就是政治改革的产物，也是为了达到国家政治目标而采取的改革举措。在我国传统文化中，政治对社会各方面事务的影响无处不在、无孔不入，大学作为一种重要的社会组织，承担着重要的社会使命，不可能把政治放在一边，事实上，政治对大学一直发挥着重要影响，政治逻辑始终是大学管理的基本逻辑。至于行政逻辑，我国大学从一开始就按照规范的大学组织建构，这就是所谓的“后发外生性”。由于我国大学组织是设计出来的，不是一种自发原生、历经长期选择和变革而沉淀下来的组织，所以在我国行政文化作用下，大学一开始就拥有非常完备的行政组织体系，行政管理发挥了非常关键的作用，行政逻辑在我国大学管理中占有重要地位。

可以说，我国大学管理从一开始就是由行政逻辑和政治逻辑共同主导的，却难以找到专业逻辑的踪迹。为什么会这样呢？这在很大程度上与我国现代科学技术发展水平密切相关。我国现代科学技术是清末开始从欧美引进的，我国传统的学问主要是以儒、释、道等为主要内容的国学，也称“中学”，“中学”的分类主要是经、史、子、集等，与现代科学技术完全不同。在我国大学创办以后的一段时期内，我国在科学技术领域没有自己的学者，从总教习到教习都是外聘的欧美学者。虽然也聘用了一些“中学”学者，但他们并没有能够在大学管理中培育专业逻辑发挥作用的土壤。所以，在很长一段时期里，我国大学管理中基本上是看不到专业逻辑发挥作用的。

专业逻辑发挥作用的基础是形成有影响力的学者群体。20世纪二三十年代，一批留学人员回国在大学从事教学工作，加上我国大学自己也培养了一批科学人才，他们在大学从事学术工作，这样我国大学就形成了自己的学术力量和学者群体。学者们推崇教授治校和学术自由，开始建立相关的学术组织机构，建立发挥自身作用的工作机制，强化他们在大学管理中的地位。应该说这是一个很好的发展势头，可惜的是持续时间太短，因为日本帝国主义开始侵略我国，面对日本的侵略，我国大学开始了大规模的远程迁徙，从北到南、从东到西，本来在大城市办得很好的大学，经过长途迁徙搬迁到了偏僻的市镇和山村，生存和延续办学成为大学的首要任务，现代大学制度建设几乎被中断。

改革开放以来，我国大学学者群体规模不断扩大，学者的学术成就和影响力不断增强，一些重要的学术机构得到恢复和建设，专业逻辑在大学管理中逐渐得到认同，尊重学术、教授治学、发挥学术委员会的作用等要求不仅写入了党和国家的重要政策文件和法律，而且成为大学管理改革的努力方向。可以肯定的是，专业逻辑在我国大学管理中发挥的作用呈上升趋势，且发挥作用的空间很大，前景是好的。但也应该承认，要使专业逻辑在我国大学管理中成为与政治逻辑和行政逻辑相得益彰、共同促进大学高水平发展的力量，还有很长的路要走，任重而道远。

四、大学管理逻辑的创新

大学管理逻辑的创新是一个世界性的问题，不只是中国的问题。国际社会已经进入后现代时期，如信息化、学习化、国际化、全球化，高等教育的大众化和普及化等都在影响世界的发展变化。我国大学不仅要跟上时代的步伐，在时代的潮头上发挥影响，还要解决一些过去没有解决好的问题。从国际上看，大学管理逻辑的创新，曾经经历过几个重要的时期，其中，最重要的就是德国大学和美国大学管理逻辑的创新。它们不只影响了德国和美国，而且影响了不同时期世界各国高等教育的发展。

大学管理逻辑的创新，在不少国家的大学中已经出现了一些苗头或萌芽，主要趋向是将大学作为一个利益共同体，建立基于各方利益的治理结构。这也说明今天的大学已经不是纯粹的学术机构，更不是单纯的行政机构或政治机构，而是高等教育大众化和普及化背景下促进社会整体进步的重要力量，社会各方对大学都有需求，大学也有义务去适应和满足这种需求。在社会各方共同利益的驱动下，大学可以通过各方的共同治理来发挥自身的功能，满足社会的需要。也可以说，大学管理逻辑的创新就是要建立现代大学治理结构，使政治逻辑、行政逻辑和专业逻辑之间建立起适应社会和大学发展需要的平衡关系，使大学管理各方的利益得到有效保障、权力得到充分发挥，使大学办得更好、办得更有成效。

第二讲

我国大学治理 *

各位领导、各位老师：

大家好！

齐鲁高教论坛是一个很好的高等教育研究平台，我曾经参加了几届，感到这是一个我们自己的论坛，我们应该一起来建设，让它发挥更大的作用。本届论坛的主题紧密结合我国高等教育改革与发展的现实需要，将大学治理与战略规划放到一起来探讨，是一个很好的创意。大学治理是近年来高教界特别关注的改革和研究课题，制定章程、改革学术委员会等都是治理改革方面的课题，高等教育发展与改革需要研究大学治理问题。今年又适逢五年规划之年，对“十二五”发展规划进行总结和评估，对“十三五”发展规划进行设计和布局，是今年很多大学的重要工作任务。所以，将大学治理与战略规划联系起来作为论坛的主题，是一个非常匹配的安排。为了跟论坛主题相一致，我今天的演讲将围绕我国大学治理与战略规划来展开，将我近期的一些研究和思考所获与大家分享，期待大家批评和指教。

一、我国大学治理的性质

对大学治理，学术界的研究很多。但是，我发现，关于我国大学治理的性质问题，大家一概回避，涉及很少，或根本不涉及。这个问题非常重要，不弄清

---

* 本讲是 2015 年 11 月 21 日笔者在第五届齐鲁高教论坛上所做报告的文字整理稿。

楚治理的性质，很难更深入地来思考我们究竟要建立什么样的治理体系、用什么样的治理方式来解决问题。

如何认识我国大学治理的性质？我们可以从与大学治理相关的几个主要组织和相关人员群体对治理的态度和看法进行考察。与大学治理相关的主要组织和相关人员群体包括上级党委和政府、大学和院（系）及各级领导团队、教师和学生等，考察这些组织和群体对大学治理的态度和认识，对于理解大学治理的性质是有帮助的。

上级党委和政府对大学的影响有共同的部分，也有不同的部分。有的政策文件是由党委和政府共同发布的，有的工作是由党委和政府共同推动的，当然，也有一些工作是由党委和政府分别负责、独立开展的。不管是共同的部分还是不同的部分，党委和政府对大学的影响都是外部的。从我国大学治理的要求来看，动力主要源自外部。也就是说，我国大学治理主要是由党委和政府推动的，不论是治理的需要还是治理机制的建立，往往都是由党委和政府的政策文件先提出来的。

党委和政府为什么要提出大学治理的要求，或者说，党委和政府希望通过治理解决大学的什么问题？根据对政策文件的研究，我发现，党委和政府希望通过治理来解决的问题，不是党委和政府与大学的关系问题，不是学校的效率问题，而是在现行的管理体制下如何加强大学的教学、科学研究，如何重视一些相关的利益群体对学校的关注，包括教师对学校的关注、学生对学校的关注、一些企事业单位对学校的关注，要使他们的需求在学校的办学中得到反映和体现，以提高大学内外对办学的满意度。所以，我们需要明确的是，党委和政府对大学治理的要求，不是通过治理来改变党的领导，不是改变大学领导管理体制，不是改变大学党委会、常委会、行政办公会的组织和运作方式，不是改变大学党委和行政领导的任命方式，也不是要弱化大学党政部门的职责。所有这些，在相关政策文件中都没有涉及。治理是要在现行的大学领导管理体制下，对大学管理与办学进行完善、改进，以达到提高大学办学能力和水平的目的。

从大学自身来讲，大学内部也是党政两套体系对学校实施领导和管理。当然，大家都在大学工作，知道党委会、校长办公会、党政部门等组织机构对学校的领导和管理作用是很大的，整个学校都在党政领导下运转。在校内，书记、校长、党政部门负责人等党政领导对治理持什么看法，又希望通过治理解决学校的什么问题？总体上看，他们对治理的态度是相对被动的。大学治理主要是外部党政组织的要求，主要是要在大学内部建立一套新的机制，与大学党政领导及相关部门一起发挥作用。也就是说，大学治理是外部推动的。从大学党政领导的角度看，治理改革并不是主动行为，而是具有一定的被动性。这种被动性主要表现为大学党政部门和领导一般是根据上级党政部门的政策文件精神来推动治理改革，较少基于自身办学的特殊需要来谋划治理改革，不论是治理内容和范围还是治理机制，基本上是照章办事，有的甚至只是形式上按照要求来做，实质上推进得很少，在大学治理改革中，既难见放权，也难见分权。

就大学办学而言，二级院（系）是主体，是大学的生命力之所在。相对于其他社会组织，大学是一种学术组织，学术组织的性质主要体现在二级院（系）中。大学是二级院（系）的集合体，更多地表现为一个办学的总体架构，真正的办学单位在二级院（系）。二级院（系）的院长（系主任）是办学的领导者，是学术领袖，他们对治理的态度非常重要。从实际情况看，他们对大学治理既没有太高的希望，也没有太大的积极性。在治理改革中，他们往往抱着“既然上级有政策要求和学校布置，那就这么做吧”的应付态度。很少有院（系）领导非常希望通过建立一套治理体系来解决院（系）改革、发展和建设中的各种问题。所以，在治理改革中，院（系）主动作为的少，院长（系主任）对治理的积极性不高，并没有把治理看得很重要。

再看教师。据观察，由于长期缺乏参与学校管理的经验，大学教师享有的民主管理权利有限，很少在院（系）决策中发挥作用，这样，就形成了一种心理定式，即除了教学、研究以外，学校和院（系）其他事务与自己关系不大。因此，虽然教师是大学治理改革主要的关系者，却极少有教师或教师群体主动提出参与学校和院（系）决策或其他事务的管理，教师究竟应当在学校和院（系）治理中发挥什么作用，大家并不清楚。在已经建立的治理机制中，部分教师成为治理的成员，但大都是被邀请参与治理。只有个别大学通过层层选举的方式选出几名教授代表参与有关的治理机制，如参与学术委员会。在这一点上，云南财经大学做得很好，它的选举工作做得非常严格规范，希望建立一种基于教师内在需要的治理机制。这种探索是可贵的。即便如此，它也不是教师基于自身需要主动去做的，而是通过行政机制层层发动，要求教师参与的。美国的大学教授协会(AAUP)是教授们自己建立起来的。建起来之后,其积极参与大学的学术事件调查,呼吁大学尊重教师的地位和权利,保护教师的利益。美国大学内部的教授会也是这样建立起来的,是教师自己的组织。在我国大学治理结构中,教师的参与大都是被动的,不是基于教师自身的需要,是行政指定参与的。在履行职责时,大学教师在各种治理组织中的行为表现一般也是被动的。

欧美国家的大学中有两种性质的治理:一种是共同治理。大学是一个学术共同体,在共同体中,大家都是平等的,大学事务的决定权由大家共同拥有,所以,大学事务也由大家共同协商处理。大学的各种治理机构互不隶属,各自独立地发挥作用。另一种是分享治理。现代大学已成为一个越来越复杂的利益团体,校内外各种利益相关方在大学办学中拥有自身的利益,因此,基于利益维护与分享的需要,形成了不同利益群体分享治理权力的结构体系。共同治理和分享治理是欧美大学治理的两种主要性质,欧洲大学以共同治理为主,美国大学以分享治理为主。

我国大学既不是完全的学术共同体组织,也不是纯粹的利益相关者团体,所以,大学治理既不是共同治理,也不是分享治理。从我国相关政策精神和实践来看,我国大学治理是一种授权治理。也就是说,我国大学治理的权力既不是源于学术共同体的专业权力,也不是源于利益相关者的利益权,而是源于外部党政组织的授权,治理的合法性是外部党政组织所赋予的,具体表现为外部党政组织所发布的政策法规文件。治理的范围、内容、形式、程序等都是由相关政策法规文件规定的,没有政策法规文件的治理基本上是不存在的,即便存在,也不具有正式的影响力。不论是共同治理还是分享治理,各参与方都是平等的主体,但在我国大学治理中,各参与方的正式行政职位和身份关系重大,对治理过程和结果有重要影响。

授权治理是在我国社会环境和高等教育体制下出现的,不论我们是否喜欢,它就在那儿。我们不能想当然地、凭着某种良好的愿望去界定我国大学治理,更不能将国外大学治理的特征强加于我国大学治理。因此,我国大学的授权治理具有三重内涵。

第一,从属性。我国大学治理从属于现行的党政领导管理体制,任何治理机制都不具有独立地位,其作用的发挥受制于各级党政领导管理机制。可以说，我国大学治理是党政领导下的治理。从属于党政领导管理体制是我国大学治理不同于欧美大学治理的最核心之处。

第二，补充性。欧美大学的共同治理和分享治理不是大学管理的补充，它就是它自己。我国大学有一套完整的党政领导管理体系，治理并不改变任何党政领导体制和机制，也不影响或弱化党政机构和领导对大学的领导管理权力。这是我国大学治理的前提。在现行的领导管理体制下，我国大学办学存在一些不尽如人意之处，而现行的党政领导管理又不能很好地解决这些问题，这样就有了治理的需要。在一定意义上讲，党委领导体系和行政管理体系主要根据政治逻辑和行政逻辑处理大学问题，可能解决发展的政治方向和行政效率问题，但大学作为社会学术组织，学术发展是它的生命所在。要建设一流大学、高水平大学、有特色的大学，除了政治方向和行政效率的要求外，也不能缺少学术方面的要求。治理就是要通过一些补充机制，解决现行的体制机制不能解决的问题，而不是要用新的治理机制去取代现行的大学领导管理体制机制。所以，我国大学治理具有补充性。

第三，学术性。我国大学治理总体上是希望建立一种学术治理体系，这是我国大学领导管理体制中所缺乏的。不管是学术委员会、教授会，还是理事会，都不是纯粹的行政决策机制，行政决策由党政领导管理体系来负责。党政领导管理体系非常完备、非常有效，要在党政领导管理体系之外再建一个决策体系，是不可能的。大学治理改革要建立的是学术治理机制，是着眼于处理有关学术问题的机制。所以，我国大学治理具有学术性。

二、我国大学治理的目的

大学治理有其特定的背景。我国大学治理的背景与欧美大学有着显著的差别，这也就决定了治理的目的是不同的。大学治理的背景既涉及宏观层面也涉及微观层面，宏观层面涉及包括政府在内的其他社会组织与大学的关系，微观层面涉及大学内部各群体之间的关系。这些关系，有些是原生的，有些则是后发的。在欧美国家，调节大学内外部各种关系的基本原则主要有四个：第一个是学术自由，第二个是大学自治，第三个是学术问责，第四个是学术自律。这些原则是欧美大学在数百年历史演进中确立起来的，是约束和指导大学治理的基本条件。

由于我国特殊的社会文化和大学发展环境，我国大学治理的背景更为复杂。在宏观层面，我国大学由党委和政府直接领导和管理，尽管国家法律和政策文件规定了大学的法人地位，但却难以得到完全的落实，各种政策文件要求的大学自主办学难以实现。在微观层面，各级各类大学内部主要是集中、集权领导和管理，权力都集中在学校的顶层，学校主要领导和党政部门主要负责人掌握了各方面工作的决策权。大学的文化也是行政文化占主导，学术文化被行政文化所消解。这就使得我国大学与欧美大学存在巨大的差别：欧美大学的行政是基于辅助地位的，所有从事行政工作的人员处于辅助地位；我国大学的行政（包括党委及相关部门工作）都是处于主导地位的，所有行政管理人员掌握了行政决策和执行权力。明确了这样的背景，我们才能把握我国大学治理与欧美国家的差异，才能更准确地界定我国大学治理的目的。

我国大学治理的目的大致可以从两个方面来考察：一是建设什么样的体制机制，二是要解决什么问题。从体制机制建设方面来讲，主要有以下三个目的。

第一，建立党、政、学权力平衡治理体系。在我国大学内部，党政领导管理体制机制是非常完备的，相关政策文件没有要求对党政领导管理体制机制进行增减，这就意味着总体上这两套体制机制在大学治理中依然要发挥重要作用。另外，学术治理体系还很不完善，相关体制机制很不健全，应有的作用没有发挥出来，因此，我国大学治理要逐渐建立健全学术治理体制机制，建立起党、政、学三驾马车式的治理体系。

第二，建立教授治学和学术自由的实践机制。到目前为止，在我国大学中，教授治学依然只是一种理念；《国家中长期教育改革和发展规划纲要（2010—2020年）》提出的“尊重学术自由”，主要还停留在呼吁层面。当然，不可否认，我国学术治理体制中包括了一些教授治学机制，但这并不意味着教授治学和学术自由真正得到了实现。究竟该如何实现教授治学、学术自由？除了建立相关的机构、制度外，还应当让这些机构、制度保障机制健全并能发挥实际作用，即使包括教授在内的全体教师在学术工作中的参与权得到落实，使他们所享有的专业权利得以实现。

第三，建立院（系）自主办学体系。我国高校在学校和院（系）层面的行政领导管理体系都是非常简单的，治理建制单一且作用有限。学校的基本工作流程是学校向院（系）下达指令，院（系）领导直接听命于学校领导或各党政部处领导。这是一种单向的、自上而下的领导管理体系。这就使得我国大学二级院（系）想要按照自身学科、专业特点来办学很难。由学校行政统一领导只解决了一致性的问题，解决了标准化的问题，不能解决各学科、专业发展的生命力问题。现在，我国大学大都规模庞大，功能多样，目标复杂且差异显著，各学科、专业发展的要求很不一样。如果没有二级院（系）的自主办学，大学是不可能办好的，要发展高水平的学科、专业，也是不可能的。如果没有高水平的学科、专业，建设一流大学或高水平大学是不可想象的，光靠几项科研成果不能成为一流大学。因此，必须建立院（系）自主办学体系。

从更抽象的角度看，我国大学治理要解决的问题主要有两个，也就是说，要达到的目的有二：第一，加强大学办学利益相关者的参与度。我国大学办学的利益相关者是多元的，既有大学内部的党政人员，也有教师、学生，还有社会有关方面，如相关企事业单位。办学主体的参与可以是在学校决策层面的参与，也可以是在院（系）办学中的支持与合作，还可以是在学校师生生活中的支持，各方广泛参与要通过治理行动和治理机制来实现。今天的大学已经不同于中世纪的学者行会，不是单纯的学术组织，不是纯粹的政治组织，不是营利的经济组织，也不应当是行政化的组织。但是，学术的、政治的、经济的、行政的等各种性质在我国大学都有表现，都不能被忽视，这就要加强各方人员或代表的参与，要建立相应的机制，让他们参与大学治理。只有这样，我国大学才能有效地协调各种不同利益关系，包括学术、政治、行政和经济等各方面的利益关系。过去，我国曾经把大学作为纯粹的政治组织，现在又有行政化的倾向，还有市场化的倾向。但大学毕竟要依靠学术发挥功能，学术又不能不得到重视，所以，我国大学不能单纯地依靠政治领导办学，也不能单纯地依靠行政管理办学，还要有治理，要建立治理体系，将党、政、学、经等各方面的利益相关者都包括进来，共同谋划大学的发展与建设，共同参与办学。唯有如此，我国大学才有可能兼济天下，得到更好的发展。第二，遵循大学的规律办学。大学办学有规律，大学的办学规律不在行政规律，不在经济规律，也不在政治规律。大学首先是高等教育组织，其真正的合规律办学在于人的个性化培养。只有个性化地培养人，才能达至人格的解放。自由教育（Liberal Education）是大学教育的最高境界，通过教育，包括各种教育教学活动、各种课外活动，达到马克思所说的“人格心灵的唤醒”，即心灵的解放，让学生有一颗自由的心，大学才能真正培养出高素质人才，办出真正的一流大学。大学办学的合规律性，最关键的是合乎教育规律，使大学能够避免按行政规律、政治规律或经济规律培养人。

这就是我国大学治理要达到的目的。如果不能达到上述目的，我国的大学治理是没有意义的，任何治理体系的建设都是完全不必要的。当然，也应当看到，要达到上述治理目的，不是轻而易举的事情，也不是短期内能够完全实现的，需要长期的努力，更需要大学抱定信念，咬定青山不放松，积极推行，不断进步，既做好形式层面的改革，又始终不偏离实质层面的要求，使实质与形式达到有机统一。

三、我国大学的治理模式

欧美大学的共同治理和分享治理主要是基于大学是一个学术共同体和利益共同体的认知，我国大学授权治理的逻辑与欧美大学显著不同。我国大学治理应当处理好几个关系：一是大学与政府的关系，二是学校与院（系）的关系，三是学校党委、行政与外部企事业单位的关系，四是学校党政群体与学术群体之间的关系。鉴于这些关系的性质及其复杂化程度，我国大学治理采取的主要是嵌入式治理模式。什么叫嵌入式？就是在现行的大学领导管理体制中，嵌入一些治理机制。需要明确的是，我国大学治理不是要建立一些新的机制取代现有的领导管理体制，而是在现有的领导管理体制之外，再建立若干治理机制，以补充现行体制机制的不足。所以，这种治理体制不是独立发挥作用的。嵌入式治理模式是一种适应我国国情和现行的大学领导管理体制的选择，只要认识到位、举措得当，就可以发挥多方面作用。欧美大学的共同治理和分享治理有其优势，其部分机制也可以为我国大学所借鉴，但整体移植过来是不恰当的。就目前而言，要达到大学治理的目的，嵌入式治理可以采取以下措施。

第一，在学校层面，建立健全学术委员会或教授会，完善学校层面的学术治理机制。大学治理过程中存在一个误区，即认为学术治理与一般教师无关，只与教授有关。比如，很多大学规定了教授享有参加学术委员会或教授会的权利，一般教师不享有类似的权利。这是不合理的。大学不只是教授的大学，它是所有教师的大学，还是学生的大学。教授学养深厚、经验丰富，在大学治理中拥有较大的参与治理权利，是可以理解的。但将一般教师排斥在大学治理之外，只考虑教授的权利，就背弃了大学治理的精神。事实上，所有的教学人员都拥有参与大学治理的权利，都应当被纳入学校学术治理的机制中。

第二，在院（系）层面，建立自主办学机制。扩大院（系）办学自主权，使院（系）成为相对独立的办学主体，“激活学术心脏地带”是我国大学治理改革的重点。应当将综合改革与大学治理改革结合起来，对院（系）办学自主权进行系统设计，逐步扩大和落实院（系）自主权力，使其能够相对独立自主地处理自身的办学问题，不需要事事请示学校领导，不需要完全根据党政领导的指令和行政部处的要求开展工作。此外，在现有的院长（系主任）和党委会（总支部）之外，应完善学术治理体系，建立院（系）教授会和各种教师委员会，将学科、专业建设与发展的各种事务纳入全体教师的治理范围。与此同时，应当逐步建立和完善学术自由的落实与保障机制。

第三，建立董事会（理事会）机制。我国少数大学曾经建立了董事会（理事会）机制，在办学中发挥了一定的参谋作用，在联合办学、支持发展方面也有一定作为，但总体上讲，建立这种机制的大学很少，而且即便建立了，大多也不规范，影响有限。有人认为，我国大学的党委会相当于美国大学的董事会。这种认识不但牵强，而且无助于大学治理改革。建立董事会（理事会）机制，是要将校外相关办学力量与学校合法地联系起来，使校外相关力量与学校形成合力，在办学中发挥积极而重要的作用。

我国有2500多所大学，各大学的校情差别很大，因此，各校也不宜采用完全相同的治理机制。从这个意义上说，嵌入式治理只是反映了我国大学治理机制的特性。不能期望发个文件，所有大学一窝蜂都建立完全相同的治理机制。如果这样的话，即便建立起来了，也很难对具体的大学发挥影响。各大学可以根据自身的实际，尝试和探索适合校情的治理机制。只有适合各大学自身的实际和传统，能够为师生员工所认同和接受的治理机制，才能对办学发挥积极作用。

四、我国大学治理策略

建立治理机制只是为大学治理提供了条件，要发挥治理的作用，还应当转变办学方式，采用有效的治理策略。什么样的治理策略是有效的呢？根据对国内外办学成功的大学办学经验的研究，我发现，战略规划是一种现代治理策略。国外很多大学利用战略规划，实现了有效治理，促进了跨越式发展；我国部分大学采用战略规划，促进了内部权力关系的协调共事，转变了办学方式，实现了快速发展。

我国大学已经具备了采用战略规划促进发展的基本条件。改革开放以来，我国建立了完备的高等教育体系，高等教育总规模达到3559万人，普通本专科在校人数达到了2500多万，尽管规模还需要继续扩大，但高等教育发展的主要任务已经由规模扩张转变为内涵发展。也就是说，要使各级各类大学在办学水平和质量上实现飞跃，大学要有理想和愿景，不能脚踩西瓜皮，滑到哪里是哪里，这就要通过战略规划，谋划学校发展愿景，使学校朝着既定的方向不断前进；要使每一年的发展目标可以检测、评估，这样，学校的发展就是透明的，大家对学校发展的进程就会清楚明白；要使学校发展进程是可控的，哪些学科、专业要重点发展，哪些领域要开拓，都要控制，在可控的轨道上办学，转变办学方式，大学就能实现高效率、高质量发展。

大学发展要累积，不能总是从起跑线开始。在传统的大学领导管理体制下，权力高度集中，党政领导的人治色彩浓厚，一届领导干几年，换一届又从头开始。这样的办学是低效率的，难以持续地提升发展水平和质量。大学办学应当是接力赛，是持续不断的，这样的发展才会有累积，才可能积淀出有质量的学校文化。要达到这样的目标，必须采用一些治理方式。战略规划是一种新的办学方式，是一种能够集中全校师生员工的智慧来办学的治理手段。有人可能会说，战略规划并不新鲜，也不是什么治理手段，我国大学通常都会编制发展战略规划，但它没那么神奇，甚至根本发挥不了作用。应该说，这种说法有一定的道理，在传统的领导管理体制下，大学发展战略规划确实难有发挥作用的空间。但在治理改革中，战略规划是大学实现办学方式转型的不二选择，是实现快速发展的必然要求。

现代大学是资源消耗型大学，越是高水平大学，它所消耗的资源越是庞大。现代大学又是资源短缺型大学，不论水平高低，普遍存在资源严重不足的问题。解决资源问题的关键不在于筹措资源，尽管筹措资源的意义丝毫不能被忽视，但无论筹措资源的能力多么强大，都是难以满足发展需要的。解决资源问题的关键在于战略选择。大学功能多样，目标无数，发展需求层出不穷。

面对大学发展的现代困境，最有效的办学方式就是进行战略性取舍。发展什么，不发展什么；走什么道路，不走什么道路；重视什么，不重视什么，都需要取舍。有取有舍，有舍有得，战略规划才能够引领大学走上成功的发展轨道。

如何编制战略规划？战略规划不是几个人关起门来动动笔就能写出来的。这样做的规划是应景性的行政文本，而不是战略规划。战略规划最重要的，是要有战略，只有把战略研究清楚了，规划才有灵魂。一个规划文本做出来了却没有战略，那是没有灵魂的，这样的规划也是不可能发挥作用的。

战略是什么？很多大学提出"质量立校战略""人才强校战略""科研兴校战略"，等等，这些都不是战略，而是口号。所谓战略，是基于学校长远发展需要所提出来的一整套办学路线图。战略最核心的要素有三个：第一是愿景，第二是目标，第三是行动。愿景是对大学长远发展形态或理想状态的描绘，也就是20年、30年或50年后的蓝图。目标是从当下到实现愿景，大学在5年、10年、20年等各发展阶段要解决的问题和要达到的发展程度。这样的目标不是遥不可及的，也不是捉摸不定的，更不是空洞无物的，而是实实在在、有时间节点、有发展要求、有评估标准的。人们从目标入手就可以了解一所大学未来的发展轨迹，知道什么时候应当发展到何种程度，清楚离实现愿景还有多远的距离。要实现发展目标，大学必须采取一些重大行动，用重大行动推动学校升级转型。战略规划不是要大学按部就班地办学，而是要通过重大行动促进大学发生根本性的改变。这样，愿景、目标、行动就构成了大学发展战略，把它们融入规划中，变成行动方案，就能引领学校发展。

要提出高质量的战略，需要进行战略研究。战略不是一个人或几个人拍脑袋拍出来的，也不是看看其他大学的规划文本就能加以借用的。编制战略规划，要沉下心来开展战略研究。大学领导要研究战略，规划人员要研究战略，全校师生要研究战略，全校动员，群策群力，集中大家的智慧，才能明确大学发展战略。

战略研究有一些基本要求是不能忽视的。第一，要研究和认清国家高等教育发展的形势和趋势，包括区域的、省的高等教育发展形势和趋势。如果看不清楚形势，就很难对大学发展前景进行预测。第二，研究和掌握高等教育和大学发展规律。不掌握高等教育和大学发展规律，就很难提出正确的发展战略。第三，研究清楚本校的发展传统。任何发展都是历史的延续，在历史的延续中进行调节和干预，才能准确地把握发展方向。战略规划就是一种调节和干预机制，它既要尊重历史传统，也要修正历史传统中不太合理的内容。与此同时，研究部分大学成功的经验，再加上对国家重大需求和地方重大需求的研究，就有可能对自身未来发展的需求与可能做出科学合理的判断。在此基础上，再去提炼发展战略，就能站位高远，思虑深刻，立足现实，谋划长远。在这样的战略指导下，再去设计一定时期大学的发展，相对而言就比较简单了。这样做出来的战略规划，就能对大学发展产生影响。战略规划做好了，且能够付诸实施，大学治理形态就会发生改变，这样的发展是非常值得期待的。

我要谈的就是这些。不妥之处，敬请批评指正。

谢谢大家！

第三讲

高校教授治学*

各位老师、各位同学:

大家上午好!

非常高兴参加这次论坛。昨天中国台湾淡江大学教育政策研究所所长张钿富教授讲到台湾地区高校的教授治校问题,这个问题跟大陆高校的教授治学有相似之处。大陆高校教授治学的问题很复杂,涉及很多方面,很多学者都在研究。这里我把我个人的相关研究成果跟大家进行分享。我主要从四个方面来展开讨论:一是我国高校(这里所称的“我国高校”不包括港澳台地区高校)教授治学的理念,二是我国高校教授治学的政策文件和部分学校章程规定,三是我国高校教授治学面临的矛盾和问题,四是我国高校教授治学的推进策略。

一、我国高校教授治学的理念

长期以来,在我国高校中,教授在学校治理和管理中应有的地位并没有得到体现,除了担负教学、科研和社会服务职责外,教授主要通过教职工代表大会参与学校的民主管理,在其他相关委员会中,教授代表往往只占少数,不能对委员会决议发挥关键作用。改革开放以来,我国相关政策法规对教授参与

* 本讲是2014年6月22—23日笔者在沈阳师范大学举办的“第三届海峡两岸高等教育治理经营论坛——大学治理体系现代化学术研讨会”上所做报告的文字整理稿。

学校管理给予了高度重视。

1998 年,《中华人民共和国高等教育法》(简称《高等教育法》)通过,正式提出了教授在学校管理中的地位问题。《高等教育法》第四十二条规定:高等学校设立学术委员会,审议学科、专业的设置,教学、科学研究计划方案,评定教学、科学研究成果等有关学术事务。由此可以看出,法律承认并明确了教授在高校学术管理、学术问题上有审议和评定权力。

2010 年,中共中央、国务院发布的《国家中长期教育改革和发展规划纲要(2010—2020 年)》(简称《纲要》)第四十条规定:完善治理结构,充分发挥学术委员会在学科建设、学术评价、学术发展中的重要作用。探索教授治学的有效途径,充分发挥教授在教学、学术研究和学校管理中的作用。加强教职工代表大会、学生代表大会建设,发挥群众团体的作用。《纲要》将教授治学与完善治理结构改革相联系,将发挥教授在学校管理中的作用纳入学校治理范畴,为建立健全教授治学机制、更有效地发挥教授在学校管理中的作用提供了依据,明确了方向。

2011 年,教育部发布《高等学校章程制定暂行办法》(简称《暂行办法》),第十一条规定:大学章程应当明确规定学校学术委员会、学位评定委员会以及其他学术组织的组成原则、负责人产生机制、运行规则与监督机制,保障学术组织在学校的学科建设、专业设置、学术评价、学术发展、教学科研计划方案制定、教师队伍建设等方面充分发挥咨询、审议、决策作用,维护学术活动的独立性。《暂行办法》中提出学术委员会等学术组织不仅有咨询、审议、评价作用,还有决策功能,这是我国高等教育政策文件的重要突破。不过,从法律的角度看,《暂行办法》的规定与《高等教育法》的规定不完全一致,也就是说,前者超越了后者的规定。就法律效力而言,后者属于国家法律,前者只是政府部门规章,前者应当遵循后者的规定,任何超越都可能面临违法的风险。但由于我国高等教育和整个社会都处于改革之中,所以法律远未完善,需要不断修订,以适应国家经济社会发展和高等教育发展的需要。

2014 年,教育部颁布了《高等学校学术委员会规程》(简称《规程》),第二条规定:高等学校应当依法设立学术委员会,健全以学术委员会为核心的学术管理体系与组织架构;并以学术委员会作为校内最高学术机构,统筹行使学术事务的决策、审议、评定和咨询等职权。《规程》将学术委员会这一学术组织定义为最高学术机构，纳入学校学术管理体系和组织架构，这也就意味着学术委员会应当成为高校学术管理中不可缺少的组织机构，不仅如此，学术委员会还是高校的最高学术机构，如此一来，教授治学的组织基础更加清晰。

在欧美国家和我国台湾地区，教授治校是高校管理的一项基本原则，高校设立教授会、学术评议会、学术委员会等各种组织机构以保障教授治校能够落地实施，在学校中发挥教授的作用，使他们真正成为高校办学的守门人。教授治校理念的产生是基于大学是学术共同体的认知，是教师的大学在现代高等教育发展历程中适应办学要求而形成的治校思想。我国高校曾在20世纪20年代引入教授治校，对现代大学制度建设发挥了积极影响。改革开放以来，我国高校重启现代大学制度建设，并根据经济社会发展的现实境遇和高校治理改革的需要，提出了教授治学理念，将教授的作用主要定位于学术治理，是有道理的。

二、我国相关政策文件关于高校教授治学的规定再检视

我国高校缺少原生权力，不论是党政权力还是专业权力，都源于外部党政组织授权，这种授权有的是通过外部党政组织的行政许可获得的，有的是通过相关政策获得的，还有的是通过国家法律获得的。前文已经对有关政策法律和行政规章的相关规定进行了概述，这里选择教育部颁布的《高等学校学术委员会规程》和部分高校的相关文件再做分析，以便能更深入地认识教授治学的要求。

（一）《高等学校学术委员会规程》的规定

改革开放以来，我国高校教师在学校管理中的地位有所提升，参与学校管理的机制增加了很多，除了过去的教职工代表大会外，还有学位评定委员会、教学委员会、教授会、学术委员会、学术评议会等。在这些委员会中，教授所占的比例是比较高的。尽管如此，并不能说教授就能主导这些委员会。由于我国高校实行的是党政统一领导体制，党委和行政对学校办学发挥领导和管理作用，所以，教授在上述委员会中主要以个人代表的身份参与并发挥作用。即便这些委员会能够做出决策，这些决策往往也需要经过相关的党政机关或会议程序审议批准。另一个突出的问题是，这些委员会常常缺少合法而规范的

工作规程，造成工作无计划、会议无章法、参与不积极、作用难发挥等问题。为了解决无章可循的问题，教育部发布了《高等学校学术委员会规程》，对高校学术委员会的职责权利、组成方式、工作程序等做出了明确规定。

（《规程》）规定，学术委员会有学术决策、审议、咨询、评议等职责。比如，第十五条规定，学校在对下列事务进行决策前，应当提交学术委员会审议：

（一）学科、专业及教师队伍建设规划，以及科学研究、对外学术交流合作等重大学术规划；

（二）自主设置或者申请设置学科专业；

（三）学术机构设置方案，交叉学科、跨学科协同创新机制的建设方案，学科资源的配置方案；

（四）教学科研成果、人才培养质量的评价标准及考核办法；

（五）学位授予标准及细则，学历教育的培养标准、教学计划方案、招生的标准与办法；

（六）学校教师职务聘任的学术标准与办法；

（七）学术评价、争议处理规则，学术道德规范；

（八）学术委员会专门委员会组织规程，学术分委员会章程；

（九）学校认为需要提交审议的其他学术事务。

根据《规程》的规定，以上九个方面的工作应直接交由学术委员会审议或者直接决策。此外，《规程》第十六条、第十七条、第十八条还对学术委员会的评定、咨询、裁决等职权做了相应的规定。教育部是政府行政职能部门，由政府部门规章赋予高校的权力属于行政授权范畴。从这个意义上讲，我国高校学术委员会的职能和职权是外赋的，而不是内生的，它不是高校作为学术组织与生俱来的特权。作为外赋权力，职能范围、职权大小及其影响力都需要遵循外部规定，换句话说，文件规定了的就是高校学术委员会所拥有的，没规定的就不具有合法性。

从《规程》的规定看，尽管上述九个方面被明确定义为高校学术委员会所拥有的审议或决策权范畴，但这并不意味着学术委员会可以自主地决定对哪些方面的事务予以审议、对哪些方面的事务予以决策，学术委员会审议和决策的具体事务是由学校决定的，也就是由学校党政部门或相关委员会，比如，校长办公会、党委会、常委会决定。从这个意义上说，尽管学术委员会获得了一定的职权，却并不拥有完全的权力，它所拥有的职权受到其他权力的制约。

（二）部分高校章程的相关规定

为了落实依法治教、依法办学，《纲要》提出高校要制定章程，高校办学应当以章程为准绳。为此，教育部不仅发布了《高等学校章程制定暂行办法》，而且明确了不同类型高校制定章程的时间表。按规定，2014 年“985 工程”高校完成章程制定，2015 年“211 工程”高校完成章程制定，2016 年全国所有高校完成章程制定。现在，部分高校已经制定了章程且经过了教育部的核准。这里以已经核准的 15 所高校章程为例，分析这些章程中关于教授治学的有关规定。

1. 文本分析

现在，全国有 15 所高校由教育部核准、颁布了章程。此前，我国高校一般没有章程，在教育部的要求下，15 所“985 工程”“211 工程”高校已经完成了章程制定工作，其中，第一批包括中国人民大学、上海外国语大学、东南大学、东华大学、武汉理工大学和华中师范大学；第二批包括吉林大学、东北师范大学、上海交通大学、西南大学、同济大学、中国矿业大学、四川大学、西北农林科技大学和上海财经大学。这里选取这 15 所高校的章程中关于学术委员会等学术组织的相关规定做一个全面的梳理，在对 15 所高校的章程进行统计扫描之前，先对 4 所有代表性的高校章程规定展开分析。

《中国人民大学章程》第三十一条、第三十二条、第三十三条规定，学校设置人才培养委员会、学术委员会、学位评定委员会，并对各委员会的职责进行了规定。从这里可以看出，中国人民大学将学术委员会与人才培养委员会、学位评定委员会放在同一个层次上。可见，在中国人民大学，学术委员会不是最高学术机构，学术委员会、人才培养委员会和学位评定委员会三个机构互不隶属，各自有各自的职责范围，在自己的职责范围内发挥作用。

《东南大学章程》第四十二条规定，学校根据需要，依法设立学术委员会、学位评定委员会，自主设立教学委员会、职称评审委员会、学部等学术组织。不论是依法设立的还是自主设立的，这些学术机构也互不隶属，没有领导与被领导的关系。这就是说，东南大学设立了更多的学术机构，学术委员会不具有统筹其他学术机构的权力。

《上海交通大学章程》第十九条规定，学校设立学术委员会，该委员会是学校学术事务的最高议事机构，统筹行使对学术事务的决策、审议、评定和咨询等职权，学校尊重并保障学术委员会独立行使学术权力。上海交通大学与上述两校的不同之处在于，它明确规定了学术委员会是学术事务的最高议事机构，具有统筹全校学术事务的职权，也就是具有协调其他学术机构的权力。但其章程也只是笼统地提出了统筹行使对学术事务的决策、审议、评定和咨询等职权，并没有对它的具体权力做更详细、更具程序性的规定。

《四川大学章程》第四十五条规定，坚持依法治学，学校依法设立学术委员会、学位评定委员会、教学指导委员会和教师专业技术职务评审委员会等学术组织。第四十六条规定，学术委员会是学校最高学术机构。该校虽然明确了学术委员会是最高学术机构，但由于学术委员会与其他学术机构是并列提出的，且没有进一步规定最高学术机构——学术委员会与其他学术机构之间的关系，所以，这个最高学术机构的规定更似一条原则，并没有具体内容。

2. 统计分析

从 4 所高校的章程来看，在学术管理机构设置上，尽管章程框架在各校之间差别不大，但各校的规定存在明显的差别，不论是在学术机构的数量方面还是在各机构之间的关系方面，各高校之间存在显著的不同。为了了解已经核准的高校章程的总体情况，我们再来看看数据统计情况。

（1）章程规定设立的学术机构数量情况。

在 15 所高校中，只设立学术委员会，其他都是学术委员会下属机构的有 4 所高校，设立学术委员会和学位委员会的有 4 所高校，设立学术委员会、学位委员会和教学委员会的有 4 所高校，设立 4 个机构的有 3 所高校。在所要求设立的机构中，学术委员会和学位评定委员会最多，另外还有教学指导委员会、人才培养委员会、教师职称评审委员会等。

（2）对学术委员会性质的规定。

对大学章程关于学术委员会性质、地位的规定统计发现，没有明确规定的有 3 所高校，规定为最高学术机构的有 6 所高校，规定为最高学术权力机构的有 2 所高校，规定为学术事务的最高议事机构的有 1 所高校，规定为学术事务的最高决策机构的有 1 所高校，规定为最高学术审议机构的有 1 所高校，规定为学术事务的最高机构的有 1 所高校，见图 1。从中可以看出，不同高校对学术委员会性质和地位的认识是不一样的。

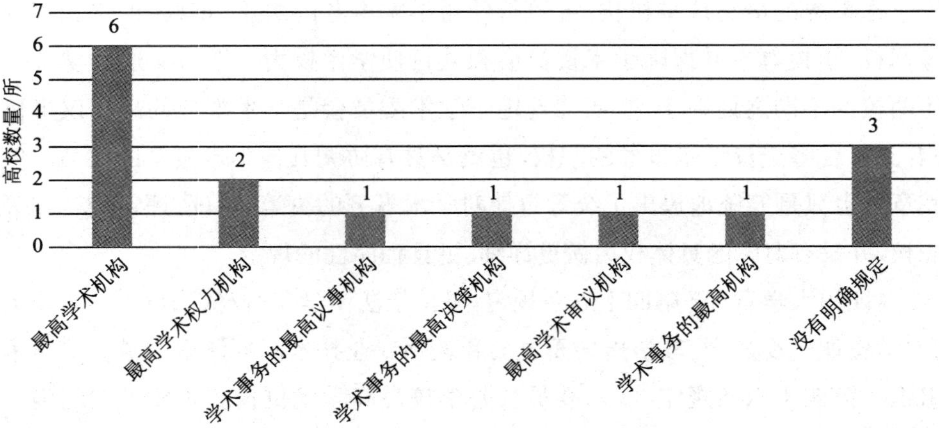

图 1　15 所高校章程对大学学术委员会性质的规定

（3）对学术委员会职能的规定。

教育部《高等学校学术委员会规程》对学术委员会的职能有 9 项规定，这表明政府部门对高校学术委员会应当发挥的作用有比较充分的认识和要求。这里主要以审议和决策两项职能为例看 15 所高校章程的相关规定。统计发现，3 所高校规定教学科研评价标准与办法由学术委员会决策，2 所高校规定教师职务评审标准与办法由学术委员会决策，3 所高校规定学术争议处理由学术委员会决策，见图 2。由此可知，对于哪些事项应当由学术委员会审议、决策，各高校章程的规定差别很大。

下面再看两个极端的例子。《吉林大学章程》规定，学术委员会是校内最高学术权力机构，统筹、行使对学校学术事务的决策、审议、评定和咨询权；履行在教师职务评审、教学指导、科学研究、学科建设、学术评价、学术道德与学风建设等学术事务中的工作职责。该校章程在几个概念之间转换的结果，就是学术委员会的权力没有落地的地方，也就是说，学术委员会作为最高学术权力机构，拥有统筹、行使对学校学术事务的决策、审议、评定和咨询权，但这些权力并没有所针对的学术事务，相当于一种“空头支票”，因为在教师职务评审、教学指导、科学研究等学术事务上，章程只是笼统地要求履行工作职责，至于其工作职责的性质、权利，则没有具体规定。《上海财经大学章程》关于学术委员会审议或决策的规定，基本抄录了教育部的文件规定，这种情况在 15 所高校章程中也是少见的。

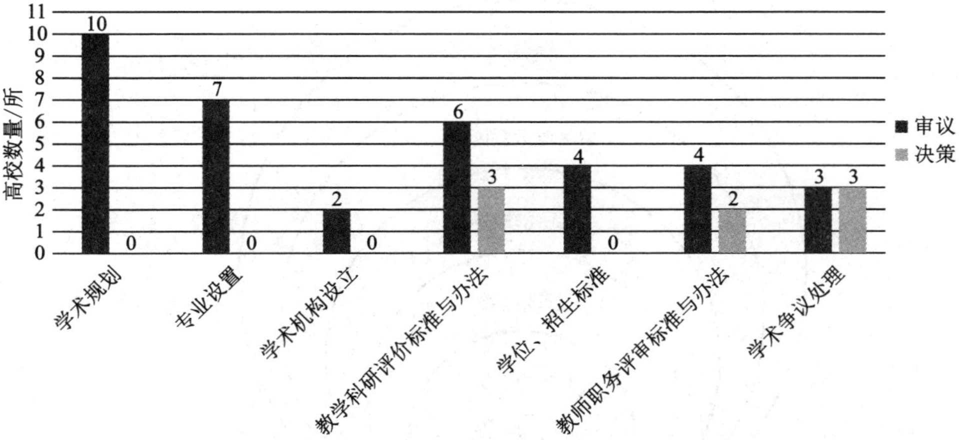

图 2　15 所高校章程关于提交学术委员会审议或决策情况的规定

三、我国高校落实教授治学面临的矛盾和问题

教授治学既是一个老生常谈的问题，又是一个新问题。说是老生常谈，是因为民国时期我国高校曾爆发过教授治校和教授治学的论争；说是新问题，是因为今天的教授治学只是近些年才出现的，在改革开放前后的很长一个时期内，不论是政府政策还是高校管理，都避而不谈教授治学。这样一来，教授治学的落实就面临诸多矛盾和问题，需要引起重视。

（一）专业权力的弱势地位

在我国高校中，主要存在政治力量、行政力量和专业力量的博弈，其中，政治力量和行政力量处于绝对的强势地位，专业力量处于绝对的弱势地位，由此形成了我国高校的政治权力、行政权力和专业权力之间的关系。如果对高校内部的多种权力关系做一个圈层设计（见图 3），在高校内部，书记和校长处于权力核心位置，教授处于权力的边缘地带。除个别明星教授之外，普通教授往往只能在学校党委书记、校长、党委会（常委会）、行政办公会、行政部处、院（系）党政领导、院（系）党政联席会之外发挥作用，这就使他们的权力的落实要经历多层次的党政权力部门，在不改变这种核心与边缘的圈层关系的情况下，教授治学难以得到实质性的落实。

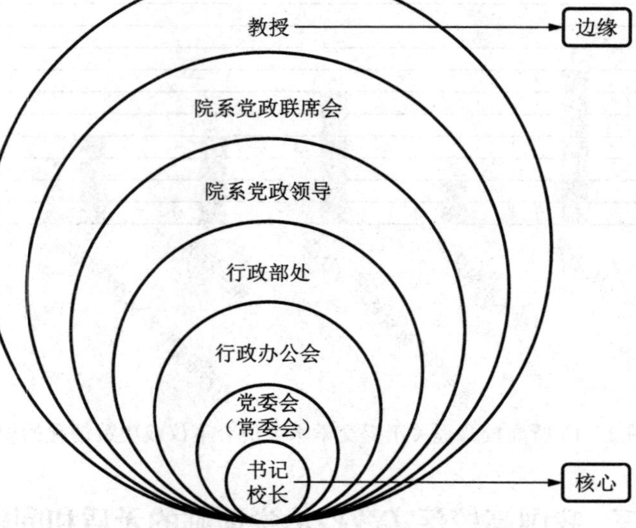

图 3　高校管理与治理的权力边缘与中心

（二）教授治学内动力不足

不论是教授治学还是教授治校，它们所反映的都是高校教师作为专业人员所拥有的参与高校管理和治理的权力，可以说，这是一种内生于高校的专业权力。但在我国高校，除了争取个人的一些权力外，很少有教授或教授群体争取集体参与学校管理和治理的权力。今天的教授治学要求既不是来源于教授，也不是来源于高校党政部门，而是来源高校外部的政府，是由政府推动的。所以，在教授治学的落实上，高校主要表现为被动应对，很少有高校主动争取或坚决推进，也很少有教授或教授集体积极争取，表现出内动力不足的问题。

（三）法理依据不足

我国高校的办学权源于政府授权，在没有法律和政府授权的情况下，高校不拥有办学自主权，高校内部教职工个人和群体（团体）都不享有参与学校管理和治理的权力。1998 年通过的《高等教育法》规定了学术委员会拥有两项职能：一是审议学科、专业的设置，教学、科学研究计划方案；二是评定教学、科学研究成果等有关学术事务。这就是说，法律规定了学术委员会的审议和评定权力。教育部发布的《高等学校学术委员会规程》在法律规定之外，对学术委员会的性质做出了大胆的规定，大大拓宽了它的职能：以学术委员会作为校内最高学术机构，统筹行使学术事务的决策、审议、评定和咨询等职权。从《高等教育法》的规定看，学术委员会只拥有审议和评定权力，这两项权力不足以使学术委员会成为校内最高学术机构。教育部行政法规的规定超越了法律的规定，从法律效力看，教育部规定的法理依据不足。这样，就给高校落实教授治学带来了合法性的问题。

四、我国高校推进教授治学的策略

落实教授治学是我国高校提高办学水平的需要。鉴于我国高校办学实际需要和国家法律法规的现实状况，推进教授治学需要从多方面努力，包括政府、高校和教师都要充分认识到教授治学对我国高校办学的重大意义，同时也要认识到我国高校落实教授治学的难度，既要解决好相关的法律法规问题，也要解决好相关的组织文化和制度建设问题，还要解决好教授个人和群体参与高校管理和治理的能力问题。

（一）完善教授治学的法律体系

《高等教育法》是一部事业法，它主要对国家高等教育事业的基本宗旨、基本要求、基本制度、基本权利等做出规定，以规范全国高等教育事业发展的基本形态，保证高等教育事业健康持续发展。教授治学既是国家宏观法律政策需要明确的原则，也是高校内部具体运行机制和相关工作制度应当充分体现的办学治校思想。修订《高等教育法》，可从法理原则上明确教授治学的要求，为政府行政、高校办学和社会监督问责提供合法依据；制定《大学法》《大学组织法》《大学规程》等高等教育法律法规，可明确高校内部的权力关系和权力主体地位，规范高校内部落实教授治学的制度和机制，使落实教授治学有明确、具体而充分的法律法规依据。

（二）加强教授治学的组织机制建设

长期以来，我国高校教师参与学校管理和治理只有教职工代表大会这一种基本形式。教职工代表大会是学校党委领导下的民主管理机构，是一种集思广益的群众参与机构，其主要职能除了审议校长报告以外，更多的是对与教职工物质待遇和利益相关问题提出意见和建议，而对学术事务很少担负专门责任。改革开放以来，高校普遍设立了学位评定委员会、教师职称评审委员会等机构，逐步设立了学术委员会、教授会、评议会等机构，但这些机构发挥的作用并不明显，这些机构中学校党政人员发挥的作用比较显著。后来有高校领导倡议领导退出学术委员会、教授会、教师职称评审委员会等机构，以发挥教授的作用。总体来看，教授治学的机构是建立起来了，但其工作机制和程序很不完善，各校在对待这类机构的方式上也比较随意。不可否认，我国高校应当坚持党委领导、校长负责、教授治学、民主管理的原则，学术委员会是教授治校的主要机制，应当在党委、行政与学术委员会之间建立一种协调机制，使各主体明确自身的职责权限以及其他主体的职能范围，有效发挥各主体的作用。

（三）提高教授治学的能力

长期以来，无论是作为个人还是作为群体，我国高校教授都缺少参与学校管理与治理的经历。有的教授被组织部门任命担任党政领导职务，这时他们主要不是以教授的身份履行管理职责，而是以党政负责人的身份从事学校管理和治理工作。而且这些担任了党政领导管理职务的教授卸任的时候大都到了退休年龄，即便有部分人仍然承担教学、科研等工作，但他们还是卸任的党政领导，往往保留领导管理职位的待遇。尽管教授可以通过在学术委员会的经历逐渐学会如何参与学校管理和治理，但所需要的时间往往是很长的。高校应当重视教授治学的能力建设，包括教授个人和群体参与学校管理和治理能力的建设，为教授个人和群体提供更多机会，赋予他们学校章程所规定的权力，使他们在参与学校管理和治理的过程中学会管理和治理学术事务。

（四）强化教授治学的文化基础

高校管理和治理理念要在学校办学中得到落实，发挥应有的作用，需要有相应的文化基础。教授治学是一种新的高校管理和治理理念，是教授通过相关的机制参与学校管理和治理的办学思想。我国高校教授治学的文化基础薄弱，对落实教授治学是不利的，这也是为什么教授治学理念提出后，尽管各方都认为是需要的、对高校健康发展有重要意义，但在现实中却难以实现，即便学术委员会等学术机构建立起来了，也难以真正发挥应有的作用的原因。建立教授治学的文化基础，需要从多方面入手：在全校教职工中培育教授治学的心理认同感，尤其是要提高党政领导干部对教授治学的重大意义的认识，建立尊重学术、尊重教授的信念，准确认识和理解教授在学校管理和治理中的特殊作用；在现代大学制度建设中不断建立健全教授治学的组织体系和工作机制，使教授治学融入学校制度，成为学校制度中不可缺少的关键要素；使广大教师培育学校主人翁精神，激发他们积极主动参与学校管理和治理的责任感和使命感，使他们能够自觉自愿地在学校管理与治理中发挥其学科专业智慧，从而提升学校办学的科学性，促进学校健康可持续发展。另外，现在推进教授治学主要是自上而下的行动，应当激发高校的内动力，使高校把教授治学看成学校自己的事情，而不只是政府的事情，上下共同用力，落实好教授治学的各项政策规定，真正解决好我国高校管理和治理中长期存在的短板问题。

问答环节

问：别教授，您好！我非常荣幸聆听您的讲座，也非常赞成您对制度建设和教授治学能力提升的观点。可能由于时间关系，您最后关于对策方面没有展开很多，请您就学术委员会本身如何提升教授治学能力做些说明。

答：教授治学能力建设问题是落实教授治学的关键所在。现在对于教授治学的认识并不存在多大分歧，一些高校也在力推教授治学，一些高校校长、书记退出了学术委员会，由教授们自己去管理。客观上，由于教授没有对学校学术事务做过决策，他们并不完全了解学术事务与其他事务之间的关系。虽然他们是学者，对学术问题有基本的认知，但对于做出一个事关全校学术发展的决策，他们不只是缺少经验，更缺少宏观的认知和前瞻性的决断力。因此，要推行教授治学，不仅高校党政领导要学习如何适应，教授更要学会如何讨论学术事务，如何获取与决策有关的信息资料，如何将学术发展与其他方面的发展结合起来思维，以及如何在地区、全国和国际背景下思考学校发展。此外，教授们还要学会如何与同行沟通协商，如何与学校党政部门领导和管理者合作，如何在各种不同意见下形成共识、做出决策，等等。高校可以组织相关培训，对学术委员会成员开展有针对性的培训。另外，教授个人也要主动学习，锻炼自身参与学校管理和治理的能力，使自己成为教授治学的楷模。

第四讲

高校学术委员会制度建设*

各位领导、各位老师:

大家上午好!

非常高兴到具有百年历史的嘉应学院跟大家一起探讨学校发展与改革的一些问题。梅州是一个人杰地灵、山清水秀的地方,出了200多位大学校长、20多位院士,其中有的就是从嘉应学院走出去的。这一方面说明梅州是一个有深厚文化底蕴的宝地,另一方面说明教育特别是高等教育在人才培养中发挥了巨大的积极作用,也预示着嘉应学院的未来会更加辉煌。

今天我报告的主题是"高校学术委员会制度建设",这是教育部推出的一项重要的高校制度建设工作,也是学校管理改革的一项重要工作,但它的意义还不仅仅如此。下面主要谈三个问题。

一、为什么要建设高校学术委员会制度?

我是研究高等教育的,也就是说,我的学科专业是高等教育学,相信在学校工作的同志过去大都没有听说过这个学科专业。有的同志可能会问,什么是高等教育研究?大家知道物理、文学、艺术,等等,这些学科专业的教师会通过教学把研究的成果在学生中传播,让学生接受,一代又一代地传下去。这

* 本讲是2014年10月8日笔者在嘉应学院全校干部教师大会上所做学术报告的文字整理稿。

就是高等教育。研究高校怎样办得有质量、教师怎样教得有水平、学生们怎样学得好等问题的学问，就是高等教育学。高等教育学包含了学术管理的问题。20世纪90年代中期，我开始研究高校学术管理。当时，有人认为，学术是由高校领导管的，这不是一个问题，没有研究价值。我认为，学术管理不只是高校领导的事，但这在当时并未引起重视，原因是条件不成熟，而现在条件成熟了，应该重视了。

过去，高校里教授、副教授不多。改革开放初期，一所高校里有一两名教授就很不简单了，一般只有一些高水平大学才有较多的教授。20世纪80年代，高校教师和学生人数都很少，一般只有大约1000名学生，两三千人的高校就是大规模的了；学科专业的设置也十分简单，少的开设三五个系，多的开设七八个系，即使在一些综合大学，出现十几个系也极为少见。因此，办学十分简单。此外，由于没有健全的学位制度，从1949年到1981年我国没有授过学位，仅有的研究生课程班也只在几个年份面向部分大学的青年教师和助教，没有开展过学位研究生教育。所以，以前高校有硕士学位的都很少，更不用说博士学位了，往往是本科毕业的教本科，专科毕业的教专科，中专毕业的教中专。整个高校的学术水平都比较低，学术活动也很简单，学术不受重视，在学校没有地位，因此，学术管理也没有建立专门的机制，只需要党政部门来管理就可以了。

1978年教育部发布的《全国重点高等学校暂行工作条例》首次提出了建立学术委员会的要求，规定学术委员会在党委和行政领导下参与学科建设、教学、科研工作等。文件发布后并没有引起太大的反响，直到1998年《高等教育法》要求建立学术委员会，负责学科专业建设的审议工作，在教学科研中发挥评议作用。这说明学术管理制度在20世纪90年代末期成为国家法律制度的组成部分。但即使是这样，学术委员会的地位仍然没有在高校确立起来。

现在，高校的办学水平提高了，学术水平提高了，学术的地位也随之提高了，因此学术管理问题开始被重视了。比如，嘉应学院的教师队伍中教授、副教授就有500多人，取得博士学位的教师有100多人，有硕士学位的就更多了，学术已成为教师很重要的事业。过去教师只是教书、上课，现在则不一样，教师不仅需要教授课本知识，还需要多做研究、探讨学问。与此同时，校领导对教师做学问也有了更高要求，社会也更加重视教师的学术水平。现在，在人们的观念中，一所高校的学术地位低，这个高校就不像高校。但这样的情况在二三十年前是十分普遍的，甚至当时连讨论学术问题的地方都没有，现在则不同，学术的地位提高了，高校开始像高校了。这就是现在重视学术的地位、重视学术委员会制度建设的第一个原因。

另外，现在高校变得越来越复杂，不仅办学层次丰富了，而且学科门类多样化了。比如，嘉应学院过去办师范教育只开办了几个基础学科门类，现在则复杂得多，50 多个专业，2 万多名学生，整个学校高度复杂化，单纯地依靠党政管理已不足以完成办学的使命，因此，需要通过组织创新来弥补管理机制的不足尤其是弥补学术管理机制的缺失。长期以来，高校主要采用党政两条线管理。从政治学的角度看，党的领导属于政治的范畴；校长和行政部门的管理，则属于行政的范畴。从任职的角度看，党政领导中有一部分是教授学者，另一部分则不是。从观念上看，有的党政领导比较重视专业权力，认为自己应当参与管理；有的虽还没有进行足够的重视，但在大环境和小氛围的影响下，他们的观念也在慢慢改变。

在国外，凡是高水平的高校，行政力量和学术力量一定是相互匹配的。我国高校内还有党的领导，因此，我国高校存在政治权力、行政权力和专业权力三种力量。三种力量在我国高校都是不可或缺的，哪一种力量薄弱了，高校都无法办好。中华人民共和国建立后的很长一段时间里，虽然我国有高校，但都不像真正的高等学府，无法履行高校的职能。现在，开始重视学术、重视学术委员会，就是要让我国高校像真正的高等学府，成为高等学府，办学水平越来越高。统计数据表明，2013 年我国高等教育在学总人数已经达到 3460 万之多，是世界上高等教育规模最大的国家。印度的高等教育规模排第二位，达到 2800 万人，美国排第三位，近 2100 万人，其他国家都在 1000 万人以下，超过 300 万人的只有 11 个国家。所有发达国家高等教育在学人数总和为 4800 万，仅比我国多了 1400 万人左右。可以想象，如果我国高等教育质量、高校办学水平稍有提高，我国高等教育人力资源和人力资本的增值都是不可估量的，而这些增值所带来的社会效益也将是巨大的。尽管我国高等教育在学人口较美国多了 1000 多万人，但就总体水平而言，我国高等教育质量还是比较低的，竞争力也相距甚远。如果我国高等教育水平、高校办学水平得到提高，那么，我国跟美国的差距将逐步减小，我国的发展水平甚至可能与美国的相媲美。如何提高高校办学水平、让我国高校在学术上更有竞争力、让高校更像高等学府是我国当前和今后一个时期迫切需要解决的问题。

因此，加强学术管理，建立学术委员会制度，建立完善的治理结构，改变过去单纯依靠政治领导和行政管理两条线治理的局面，成为我国高校管理改革的主要方向。教育部重视现代大学制度建设、重视治理结构建立、重视高校章程和学术委员会制度建设的一个基本出发点就是，我国高校到了需要重视且能够重视的时候了。我国高校只要重视学术、重视学术治理就能够进一步提高办学水平、提高教育质量，就能培养更多高素质、高水平的人才，从而增强我国的高等教育竞争力，增强我国社会发展的后劲。这是讨论学术委员会制度问题的大形势、大背景。当然，从另一个角度看，重视学术、重视学术管理、重视学术委员会制度也是遵循高等教育规律和高校办学规律的要求，唯其如此，我国高校办学才能真正走上正轨。

教育部要求各级各类高校提高办学水平，争创一流。这不是仅要求北京大学、中山大学等高校，而是要求各级各类高校都要提高办学水平，争创一流，当然也包括嘉应学院在内。世界高等教育发展历史和我国高等教育百年发展史都证明高校应当给予学术应有的地位，应当建立学术治理机制，学术委员会制度就是这种机制的直接体现。

概而言之，建设学术委员会制度的原因主要有三个：第一，我国高等教育发展形势的要求；第二，我国高校提高办学水平和办学质量的要求；第三，高等教育规律和高校办学规律的要求。

二、学术委员会制度能够发挥什么作用？

从 1978 年开始，在教育部政策文件的要求下，不少高校确实建立了学术委员会，但实际效果却不尽如人意。学术委员会主任委员往往由校长、党委书记兼任，或由退休的校长充任，组成人员大多是党政部门领导和院（系）领导，没有担任党政职务的教授非常少。学术委员会的运行以执行党委和行政的决定为主，甚至成为行政的附庸。因此，学术委员会成为仅具象征意义、徒具形式的组织。这也是今年教育部在出台的《高等学校学术委员会规程》中更加详尽地对学术委员会的职权范围及相关工作的组织程序等做出具体规定的原因所在。

我国高校要建立的学术委员会制度在国际上可能与美国是最接近的。世界上其他国家高校大多是模仿高等教育比较发达、办学水平比较高的美国和欧洲高校的模式，目前比较典型的模式都是美国和欧洲的。欧洲高校传统深厚，是现代高等教育的起源之地。虽然我国古代也有高校，比如书院，但后来没落了就终止了，改建西式学堂。因此，大多数时候我国高校是采用西方大学模式。西方大学最初出现在欧洲，是一种教授们自治的组织，即几名教师或几个有学问的人聚集起来共同教授、培养学生。由于教师职业的特殊性，国家政治统治部门、管理机构和教会等没有干涉大学办学的权力，大学运行采用的是自治的形式。也就是说，欧洲大学是一个自治体，即有学问的人自己管理的组织。这个组织的特点是内部的事情由自己决定，如学位和招生标准、学科设置、学术评价标准、教师职务评审标准与待遇分配等事项，均由自己决定，不需要其他社会机构干涉。这样就形成了欧洲高等教育管理中一个非常重要的理论和传统——大学自治，这种传统一直延续至今。在欧洲的大学里，教授会或者学术委员会的权威性很大，比如，在德国大学中，校长只是一个荣誉性职位，包括行政事务在内的学校事务都是由学部或学院院长一起协商决定的，而学院里的事务则是由学术权威即讲座教授全权处理，这种制度就是讲座制。虽然那时的讲座制与我们今天的讲座教授含义大不一样，但是由有学问的人来共同治理大学的欧洲模式却一直延续到现在，并且非常有效。不过，欧洲模式在我国高校很难得到推广，至少现在不具有实施的环境和条件。

我国高校与美国高校的基本运行方式比较接近。1636年哈佛大学建校时，仅有九名学生和两名教师，而这两名教师实质上是在社会上没有找到工作而到学校来临时任教的，一旦有更好的工作他们就会离开学校，因此，他们对大学没有归属感，对学校的事务也没有发言权。美国高校长期以来是在董事会领导、校长管理下运行的。直到19世纪后期，美国高校的学术力量逐渐增强，高校教授的学术水平不断提高，教师不仅需要教学，还需要进行学术研究和社会服务，高校的职能发生了转变，学校的活动不再局限于校园以内，教授可以到世界各地进行讲学、研究等活动，教授的影响远远不是高校的课堂所能包括的。这样一来，高校管理人员与教授的矛盾冲突在所难免，教授外出讲学或参与其他学术活动过多可能令人觉得其心不在焉、不务正业，教授的学术观点与主要管理人员的主张不一致可能令人感到不快，这种时候，作为弱势群体的教授常常被学校粗暴、武断地对待，有的甚至被开除。如此一来，教授与董事会、校长为首的管理人员之间的矛盾，管理和学术的矛盾明显增多。在这种情况下，一部分教授开始组建全国教授会，要求高校成立教授会或学术委员会，实行终身教授制，保障学术自由权利。他们认为，高校不仅需要董事会治校、行政治校，还需要教授治校。与此同时，高校由于提高办学水平的需要，相互间的竞争也增强了，尤其表现在教师流动方面。当时美国出现了一个很典型的现象——明星教授制度，即高校之间争相聘用高水平教授，教授可以向学校提要求，如果学校不予满足，教授就另谋他就，像明星一般。为了保障学校的办学水平，提高办学质量，高校管理者开始想方设法留住明星教授，让教授组成教授会或学术委员会参与学校管理，尽量满足教授们的需要，按照教授的要求办学。这一机制的建立和实施颇有成效，教授不仅感觉受到了尊重，而且增强了对学校的归属感，主动参与学校管理。至此美国高校管理完成了第一次管理转型，形成了董事会领导下的校长治校和教授治校体系，以校长为首的行政体系和教授会领导的学术体系相互交融、共同治理高校。这次管理转型奠定了美国高校向高水平发展的重要基础，此后美国高校走上了正轨，办学水平不断提高。如今，美国已成为世界上高等教育办学水平最高、最有成效的国家。

我国高校党委领导、校长负责的党政管理体系有点类似于美国高校董事会领导、校长负责的管理体系。在20世纪前的200多年里，美国高校由于学术水平不高，办学事务简单，学术的地位不高、不受尊重，但随着学术水平的提高和办学运行的复杂化，高校要向更高水平发展的时候，学术的地位就需要得到更多的重视，管理模式必须开始转型。可以说，我国高校目前正处于与美国高校100年前相类似的背景之下，高校的管理模式迫切需要转型，需要贯彻教授治学理念，建立学术委员会，保障教授参与学校管理。此外，在二级学院也要设立学术委员会或学术分委员会(有的也叫“教授会”)。这种组织体系的建立，目的就是为了改善学校管理，保障学校发展的正确方向，奠定提高办学水平、争创一流的组织基础。

应该看到，我国要按照教育部的文件精神建立学术委员会，真正发挥学术委员会的作用，实际上还面临一些困难。学术委员们所拥有的专业权力要在党政两大体系强大的力量和权力夹缝之间生存，虽然基础、条件以及时机都基本具备了，但要在党政领导体系十分发达且长期有效运转的现实背景下，培育学术委员会发挥作用的新机制还是非常不易的，况且学术委员会机制的建立与发挥作用还需要政治权力和行政权力来推动和保障。另外，还有一个实际的矛盾，即校长与教授之间的矛盾。20 世纪 50 年代，艾森豪威尔担任美国哥伦比亚大学校长后，邀请该校诺贝尔物理学奖获得者拉比教授做演讲，在开场白中他说道："在众多雇员里，你能够获得那么重要的奖项，学校以此为荣。"拉比当场答道："尊敬的校长，我是这个学校的教授，你才是学校的雇员。"这一方面反映了美国大学中学术的地位，另一方面也揭示了校长和教授之间身份上的矛盾。因此，我国高校在培育独立于政治力量和行政力量之外的新生力量时，不能将其看成一种对立的力量，而应使之成为共同治理结构的重要部分。比如，过去处理学术问题过于简单，现在可以通过学术委员会来规范，使之更合理、更符合学术的要求，让学校运行步入正确的轨道。

归结起来，学术委员会的作用大致包括以下四个方面。

第一，引领高校发展的正确方向。党委的作用是要着重保证高校接受党的领导，遵循党的路线方针和要求办学，这是党委的根本使命；行政力量是为了保证行政效率、资源利用合理化以及相关政策、法律能够得以贯彻落实；而学术委员会所代表的学术力量则是要保障学术的正确方向和办学的高质量。高校的学科专业、重点发展领域、主要发展战略、发展远景、学术体系建构以及学术标准的制定等，都需要由专业的学术委员来决定。每一门学科专业都是特殊的，都有自己的规律，各学科专业领域之间的相互关系如果按照党的组织原则来处理，下级服从上级，学科专业特色就很难建立和保持，学科专业自身的发展规律也很难被遵循和坚守。当每一个学科专业的发展都不遵循规律时，学科专业的办学是不可能达到高水平的，高校也不可能成为真正的高等学府。因此，有必要建立学术委员会，按照学术自身的要求，按照各个学科专业的发展规律科学考虑学科专业发展，引领高校学术发展的正确方向。

第二，保障高校在学术轨道上办学，维护学术的正常秩序。高校的办学秩序、教学秩序、科研秩序以及各种学术活动的开展、教学研究机构的运转，都要在学术委员会的领导或指导下进行。复杂的现代高校办学不能没有行政，但更不可或缺的是学术以及学术正常发展的秩序。建立学术委员会，有助于我国高校转变单纯地依据政治价值和行政价值看待学术的传统，改变单纯地依靠政治权力和行政权力处理学术和非学术事务的方式，使高校回归尊重学术价值的正道，保障学者在学术事务上的话语权，使高校学术能在正确的轨道上运行。

第三，激发学术的原动力。在现代高校中，学术发展的动力可能是多种多样的，有源于政治的，有源于行政的，有源于经济的，还有可能是混合来源的。无论如何，学术发展的动力不能没有源于学术本身的，因为学术发展的原动力不是外在的，而在于学术本身。学术评价已经成为现代高等教育发展的重要趋势，但政治的、行政的和经济的标准长期影响我国高校，学术的标准却处于弱势状态，严重地影响了高校学术的发展。建立学术委员会，有助于高校采用学术标准对学术成果进行判断、评定，对学术发展状况进行诊断，同时对学术成果进行正当的鼓励和奖励，从而激发学术发展的原动力。

第四，裁决学术矛盾。学术问题也有纠纷、有矛盾，学术领域的纠纷跟其他领域的一样多，甚至更加复杂，一般很难做出裁决。即使处于同一个学术领域中，但方向不同也很难真正认识问题之所在，单纯地依靠党委和行政的力量只能将纠纷和矛盾压制下去，不能使之得到化解。长此以往，高校将由错综复杂的学术纠纷和矛盾演变出各种人事纠纷、关系冲突，校园人际环境和氛围将受到严重破坏。建立学术委员会，有助于运用同行评议的杠杆，协调学术纠纷与矛盾，使各种学术问题在学术的平台上得到化解。

三、如何发挥学术委员会的作用？

目前，国家政策法规、高校章程以及学术委员会章程等很多文件都是发挥学术委员会作用的基本依据，但要真正落实文件要求和精神，使学术委员会发挥其应有的作用，却并非易事。学术委员会制度提出来有30多年历史了，至今尚未形成一套行之有效的发挥作用的程序。从《全国重点高等学校暂行工作条例》到《高等教育法》，从《国家中长期教育改革和发展规划纲要（2010—2020）》到《高等学校学术委员会规程》，这些政策和法律法规都对学术委员会有所规定。这些规定虽然都是针对学术委员会的，但要求和精神却各有不同，甚至可以说大不相同。最新发布的《高等学校学术委员会规程》对学术委员会的规定是最全面、最具体、最规范的，虽然其中的很多规定都超出了法律，也超出了一些比它效力更高的政策文件，但不能以此否定它的效力。例如，按照《高等教育法》的相关规定，学术委员会主要发挥审议和评定两大作用；而按照

《高等学校学术委员会规程》，学术委员会则是校内最高学术机构，拥有学术事务的决策、审议、评定和咨询等职权。正确处理这些法律政策文件精神的差异，需要坚持解放思想、改革创新的精神，在时代背景下贯彻落实富有时代感的新政策。也就是说，学术委员会不能只发挥审议和评定作用，还应当担负决策和咨询职能。

高等教育的持续健康发展、高校办学水平的提高，都离不开学术委员会。越早重视、健全和完善学术委员会制度，创造学术委员会发挥作用的条件，使学术委员会尽早正常运行起来，越有助于高校办学走上正轨，进入发展的快车道，早日实现办出水平、办出特色、争创一流的发展目标。可以预期，越早实行学术委员会制度，高校的发展就会越好，一旦落后，高校的工作就会陷入被动境地。从这个意义上讲，嘉应学院不是应付性地做官样文章，而是积极主动地探索建立学术委员会制度，是尊重高等教育规律办学的反映，是值得推广的。

落实学术委员会制度，发挥其作用，可以从以下四个方面开展工作。

第一，提高认识。高校党政领导要提高认识。以前高校的学术事务管理一贯是由党政领导和职能部门包办的；建立学术委员会以后，高校的学术事务管理不仅应当咨询学术委员会的意见，与学术委员会成员商讨，还需要共同来决定。这就要求党政领导提高认识，转变观念，转变工作思维方式，不能按照传统的思维方式处理学术事务，要保证学术委员会有职有权，能办事，有权威。这是问题的一个方面。另一方面，进入学术委员会的教授也要转变观念，提高认识，对学校的学术事务要有一种责任感，积极参与学术事务管理。

第二，建立完善的学术委员会工作机制。学术委员会制度要发挥作用必须有相应的机制，以往各高校建立的学术委员会之所以没有发挥应有的作用，原因多种多样，但缺少必要的工作机制也是重要原因之一。从学术委员会的组成、委员的遴选方式到议事规则、决议落实与督办追责，都需要有严格的程序性规定。

第三，提高学术委员会的治理能力。学术委员会的治理能力关系到该制度能否真正发挥作用。提高治理能力，一方面要提高学术委员会集体的治理能力。学术委员会讨论问题的形式和决策程序都是有明文规定的，但如果学术委员会治理水平不高，有可能出现议而不决、变相平均主义、强势委员掌控话语权以及因委员不热心而开不成会等问题。学术委员会内部存在意见分歧是正常现象，因此就需要研讨，尤其需要运用科学范式进行建设性的自由研讨，形成共识。过去，学术委员会主任委员往往由担任党政职务的领导兼任，比较容易取得共识，做出决策（决定）。当学术委员会成为学术治理的机构后，学校党政领导不再兼任主任委员，以民主协商和研讨的方式达成共识，做出决策（决定）。这时，就需要提高学术委员会的协商决策能力，以保证学术治理能够落到实处。另一方面，要提高学术委员会委员个人的治理能力。学术委员会委员应当能够秉持科学范式和学术良知负责任地参与学术事务的治理。

第四，营造有利于学术委员会工作的环境和氛围。作为学术治理机构，学术委员会拥有学术事务的发言权、表决权和决策权。学校要给予学术委员会充分的自主权，使它能够独立地、负责任地履行职责和义务，积极主动地参与学术治理，为学校提高办学水平和教育质量贡献专业智慧。学术委员会的意见和建议，学校虽然不一定全部都采纳，但也要允许其表达出来。唯有在这样一种学术环境和氛围中，学术委员会才能越来越有朝气，其运行才能发挥积极的作用。

嘉应学院学术委员会刚刚重新组建，已经有了新的气象，而且还在逐渐完善。这是一个良好的开端。真诚地祝愿嘉应学院学术委员会制度能够在建设高水平特色大学的过程中发挥重要作用！祝学校越办越好！

谢谢大家！

第五讲

大学风险防控*

尊敬的张书记、李书记,各位老师,各位同学:

大家上午好!

本来我是来听会的,后来组委会特别是姜华院长希望我在最后总结一下。后来发现《会议指南》上面写的是“总结发言”,既“总结”又“发言”,这下要做的事情好像更多了。根据会议要求,我就做一个“总结”和一个“发言”。

一、会议概况总结

其实,总结这件工作由姜华院长来做是最合适的,因为会议是他具体筹备的。昨天他跟我说你“随便”总结就好,那我就根据他的指示对会议概况小结一下。

一方面,本次会议开得很好,来参会的代表有100多位。会议一共收到32篇论文(存在资料包里的U盘上),会议议程上只列出了21位报告人的论文摘要。这次会议的规模不算很大,但是学术材料是比较充分的。这是基本情况。

另一方面,本次会议的学术成果主要集中在两个方面:第一个方面是理论研究的成果,32篇论文和21个报告主要是理论研究的成果,这说明围绕会议主题的理论研究成果丰硕,这点我会在后面展开说明。第二个方面是实践探

---

* 本讲是2017年12月1—2日笔者在大连理工大学高等教育研究院举办的“大学风险防控——权力运行制约与监督”研讨会上所做总结发言的文字整理稿。

索的成果，这些成果在会议上也做了交流。大连理工大学的李成恩书记、浙江大学的马春波书记、武汉理工大学的李进宏书记、百色学院的蒋兴礼书记等跟大家分享了各自学校的经验，这些都是实践探索的成果。

总体来说，本次会议有三个特点。

第一，会议的主题很好。本次会议的主题“大学风险防控”，可以说是一个连续剧的“第三部”。由张德祥院长牵头的“大学风险防控——权力运行制约与监督”这个国家重大攻关课题，每年举办一次学术会议，2015 年举办了有关大学治理的会议，2016 年举办了有关二级学院治理的会议，今年在延续前两次会议成果的基础上，讨论大学风险防控问题。所以，今年是“第三部”，其特殊意义在于抓住了最近甚至未来一个时期大学工作中的热点问题——大学风险及其防控。党的十八大以来，加强大学巡视和巡查之后，大学的风险问题越来越大，好像无处没有风险。解决这个问题就需要研究，要有理论研究成果做支撑。如果不能从理论上解决问题，一般的讨论和工作上的交流是不足以完全认清大学风险究竟是怎么回事的，也无法真正解决问题。所以，会议主题很好，它对于解决现在大学办学中模糊的、矛盾的、不好的各种问题，会有很大的帮助。

第二，这次会议实现了“跨界融合”。这是一个特别突出的特点。这里的“跨界融合”一共跨了“三界”：第一“界”是学术界，前两次会议主要也是学术界的。第二“界”是实践界，就是李成恩书记、汪曦书记、蒋兴礼书记等这些直接从事大学纪检监察工作的领导和老师们，把学校实际的纪检监察、防腐反腐工作中的做法经验以及设想跟大家交流分享，这是非常好的。第三“界”是几位企业界的老总（董事长、总裁等），把自己对于高校风险的认识以及企业参与高校风险防控的一些做法经验跟大家交流，这就给我们打开了另一扇窗户，使我们能了解企业界人士是怎么看大学问题的，这比我们自己看可能会有更多、更新的认识。“三界”融合，相互交流学习，收获超越了单纯学术界的交流研讨。

第三，学术成果很丰硕。学术研讨会就是要出成果，成果越多、水平越高，会议越成功，大家的收获越大。这次会议就达到了这样的效果。概括起来，本次会议的成果主要表现在以下几个方面：首先，关于大学学术权力监督的研究成果丰硕。在专家报告和论文集里有大量关于大学的权力性质、权力分类、权力类型、权力风险防范、权力监督机制等的阐述，如此丰硕的研究成果延续了大学权力风险防控与监督课题研究的一贯要求。经过几次学术研讨会，这个课题在这次会议上有了一个总括性的研究。比如，张德祥院长的报告、姜华院长的报告都对整个课题研究进行了提炼和总结，这样不仅保证了课题研究计划的连续性，而且取得了新的成果。当然，在权力监督研究上也涉及一些新的问题，例如，关于民办高校的权力研究，还有关于日本、美国、澳大利亚、英国等几个国家高校的权力和运行机制的研究，这些方面的成果对于丰富课题研究是很有帮助的。其次，关于大学风险防控的研究成果丰硕。看了大家的论文，听了大家的报告，我很受教益，对大学风险防控有了更多的理解。大学风险防控是一个新问题，也是一个大问题。在对大学风险的认识上，我们可能都要经历一个从模糊到清晰的过程，刚开始关于什么是风险、怎么防控，好像认识越来越多、越来越复杂、越来越不清晰，但是，经过这次会议讨论，现在再慢慢梳理，我们会发现大家研究的问题还是比较集中的，主要集中在大学权力滥用带来的风险，包括财务、基建、招生、道德、人性等方面。所谓大学风险，或者大学权力在运行过程中会出现的各种风险，很多与会者都做了梳理，特别是浙江大学的研究好像把所有的风险点都梳理出来了。如果这些风险点真的如上所述，那我们就可以用人性、信息公开、法律、制度等来规避，对它们进行规范。但是，事实往往可能并不是这样的，这其中还有很多问题值得研究。这次会议关于大学风险防控的开拓性研究非常有意义，比如，研究风险与治理的关联性，这是一个很好的风险研究的视角。大家的研究所涉及的风险防控、大学权力监控、监督的问题，本质上都是治理问题。再次，关于反腐倡廉、风险防控长效机制建设的实践探索成果丰硕。几位来自实践部门的领导将丰富的实践经验和工作成果与大家分享，使大家对于实际工作中究竟如何开展工作、有什么进展、有什么成效、未来还可以怎么做等有了更全面的认识。这是非常难得的！

以上是关于学术研究成果的小结。因为学术成果很多，加之时间有限，30多篇论文我不可能每一篇都很细致地去读，只能粗略地、尽快地浏览完，所以，很可能挂一漏万，没有总结到的，大连理工大学高等教育研究院可能会安排老师进行会议综述，应该能更全面地将大家的研究成果进行总结。

在对这次会议的研究成果进行梳理总结的过程中，我发现了一个现象，即30多篇论文中有1/3以上是大连理工大学高等教育研究院的老师和同学们提交的，这是一个非常好的现象。没有自己的成果，只是搭建一个平台让别人来交流，这虽然也是一种交流，但这种交流对于自身的意义不大，更多的是贡献。这次学术研讨会，既有对外部的贡献，也有大连理工大学高等教育研究院研究成果的展示和发布，更重要的是展示了大连理工大学高等教育研究院的研究实力。大连理工大学不只是东北地区高等教育研究的“龙头老大”，也是全国重要的、有影响力的高等教育研究的重要基地，在张德祥院长的带动下，师生不断地去研究，不断地出研究成果，成效非常显著，特别令人钦佩。

以上就是我的总结部分。

二、也谈大学风险与防控

下面谈“发言”部分。这两天听了大家的报告，一方面收获很大，另一方面也觉得还有很多问题需要进一步研究，至少有三个问题值得我们进一步探讨。第一，大学风险的含义是什么？两天来我们都在谈大学风险，大家写了那么多文章、做了很多报告，但对大学风险究竟是什么却并没有予以解释和论述。第二，大学风险如何评价？应该怎么来评价大学风险，在大家的研究中涉及较少。第三，如何掌控或防范大学风险？受大家研究的启发，我也有一些想法，借这个机会在这里跟大家分享。

（一）大学风险的含义

大学风险究竟是什么？大家说了很多的案例，例如，腐败的案例、道德的案例以及财务管理漏洞带来的后果，这些是不是就是风险？究竟什么是大学风险？这些问题还值得进一步深思，尤其是在我们掌握了这些事实和现象之后，怎样把它们上升到理性的层面，还需要深入思考。风险有很多种解释，有人说风险就是危险，这个意思表明风险肯定是不好的，危险的事情不要干、也不能干，比如，过马路，如果红灯亮了，那肯定是危险的，所以，就应该站着不动；如果绿灯亮了，再过去有没有危险呢？如果有的话，是不是风险？这就值得思考了。按照企业的、一般的解释，风险是指未来的不确定性。在现代企业经营中有风险投资，也就是说未来的预期可能大也可能什么都得不到，什么都得不到就是说投资了却没有得到回报甚至亏损，这就叫“风险投资”。比如，我们做的有些工作，结果是没法预期的。即使可以预期一些结果，但是能不能实现也是不确定的。这就是一般意义上的风险。在大学办学和运行中，会发生很多事情，事情做完之后会不会产生预期的结果？如果不是预期的结果，甚至可能是负向的结果，那可能就是一种风险。这种解释对于认识大学风险有没有意义？我觉得是有的。特别是巡视以后，发现大学经常和“不坚持党的领导”“党的工作弱化”这些词联系在一起，这些是不是风险？我认为这也可能是一种风险，可以把它叫作“政治风险”。中纪委公布了很多大学案例，其中80%以上的是经济问题，也就是利益问题，例如，把国有资产以及学校资产据为己有，或者在基建过程中以权谋私谋利，都属于经济问题，这可能叫“经济风险”。企业大多是追求经济利益的，企业控制大多是内部控制，包括财务控制，即通过会计和审计来进行控制。还有一些参会代表讲到了道德和伦理的问题，例如，经常被人议论的大学师生关系，这其中是不是有道德伦理风险？大学除了政治风险、经济风险或者道德伦理风险以外，是不是就没有其他风险了？如果大学领导或者院长不作为，导致了大学事业的停滞、后退与滑坡，这算不算风险？大学的重大决策没有推动大学的工作往前走，而是影响了大学的学科建设，比如，“双一流”建设是瞄准世界一流的，学校也好、学科也好，都要向世界一流发展，但现在大学中的有些工作影响了向世界一流发展，这是不是风险？我觉得也应该算。这是什么风险呢？这可能与政治风险、经济风险、道德伦理风险都不太吻合，这是一种学术风险。因为大学是一种学术组织，所以，大学要追求学术的不断发展。一流大学更应当追求卓越。如果一所大学没有追求卓越，没有追求更好的发展，它就是在冒着学术风险。因此，大学风险究竟是什么？大学还有些什么风险？这些问题都值得进一步探讨。今天因为时间关系，不能过多展开讨论，我只是把这些问题提出来，我们一起来思考。

（二）大学风险的评价

今天的大学究竟存在什么样的风险？这个问题也要思考。现在大学里面进行的反腐倡廉，特别是“八项规定”的检查以及不断的巡视调查，应该都叫政治体检。政治体检要达到什么目的？防控的是什么？防控的是学校的经济风险、道德风险、政治风险。这两天的会议里有老师说不论是中管高校、教育部直属高校还是省管高校，巡视结果都是“弱化党的领导”“执行八项规定不严”。这些问题只有高校存在，还是在高校特别突出，其他部门、其他组织中有没有？这个问题很值得我们思考。这个问题究竟只是在个别高校存在，还是在全部高校都有？我之前也进行了相关资料的搜集，中纪委对教育部进行的巡视也有反馈。2016年2月1日，中央第八巡视组向教育部党组反馈专项巡视情况，在巡视反馈意见中第一条就是："党的领导弱化，贯彻党的教育方针不到位，全面从严治党不到位，履行群体主体责任和监管责任不到位。""不到位""弱化"等都是共性的问题，不应该是大学自身所引发的，可能也不是单因素决定的，而是一个全国性的、社会性问题。所以，这样的问题在大学有没有必要过分地渲染和强化？现在，大学二级学院也要成立纪委，是不是以后支部也要成立纪委？教育部好像并没有另外成立纪委，还是原来的纪检组在那里工作，只是人员变动而已，这种情况应该如何理解？所以，怎样评价大学风险是一个很值得探讨的问题。

部分大学出现了一些腐败问题，为什么呢？这些问题的出现是必然的还是偶然的？是短时间爆发的，还是一贯就是这样？我觉得可能有两个现象是需要关注的：第一个现象，高等教育大发展之后，大学大规模的基础设施建设带来了大量的资金流动。第二个现象，就像昨天有一位老师讲的，一条河被污染了，河里所有的鱼都会被污染。这就是说你只要沾上了边、下了这条河就可能出问题，只是问题大小不同而已。这说明不是哪一个人的问题，应该有深层的原因。这就需要我们去分析，而不能单纯地只看现象和统计数据。这可能是在我国特定的时期和社会背景下不可避免的现象。有些事情可能有问题，有些事情在过去可能没有问题或者大家不觉得有问题，但是，现在制度规范更严了，把过去的一些事情拿出来再审查的时候就可能有问题。所以，对一些所谓的风险，需要好好地甄别、认识。如何评价风险？是不是一出了问题就是风险？我们拿过去的案例来教育干部、教师，说"这些是有风险的，大家要小心"；明确以后还是出了事，这就不叫"风险"，这叫"顶风作案"。所以，我们所说的"风险"是针对目前工作中的一些人和事有可能出现的问题，这些问题还可能是和学校事业和未来发展紧密相关的。这里还需要区分不同组织的风险差别，政治组织、经济组织、企业组织、政府组织和大学组织是有差别的。我认为，大学其实是风险最低的社会组织，而企业是高风险的。人们经常讲的"当领导风险高"，主要是指在党政部门当领导的风险高，而在大学风险是比较低的。这主要是由大学的性质所决定的，大学一般是平平稳稳地办学，根据学制按部就班地开展周期性的工作。在大学的正常运转中，大量的经费来源和去向渠道都很清晰，真正留给干部、教师机动决策的经费是不多的，出问题的往往就是这部分。这只能说明在特殊情况下是有风险的，但在正常情况下都是相对规范的，风险很小。所以，在大学运行过程中事务的可控性高，即大学的可控性较高，相对而言，企业的可控性比较低。大学中的偶发因素也相对比较少，它不像企业，大学组织健全了，工作步入正轨了，按部就班地办就能办好，不需要天天抢机遇。其实，机遇是包含风险的，没有风险构不成机遇。

（三）大学风险的掌控和防范

我有一个想法——不要将大学风险泛化，也不要把其他组织的风险延伸到大学中来思考，这种思维是存在危险的。大学风险的防范范围、限度以及有限边界在哪里？这些问题要考虑清楚。如果说政府部门做了什么、地方党委做了什么、企业做了什么，大学也一定要做才能控制住什么，这就忽视了大学的本质。大学就是大学，它是一个学术组织，要按照学术组织的要求来做，要遵循高等教育的规律和大学的逻辑，要尊重大学的性质。如果不尊重大学的性质而去搞所谓的风险防控，将无法达到大学本身的目的。大学要不断地探索、不断地创新、不断地出新思想，所以，大学需要一定的自由空间，这个空间并没有界限，所有的科学问题都需要去探索，刚刚探索出来的也要有新的拓展。特别是在人的培养上，要有更宽松的环境。如果没有宽松的环境和土壤，人的培养就是机械的，就相当于把人的培养跟工业生产流水线画上了等号。所以，大学风险防控要尊重大学的性质，不能损害大学的根本职能，即培养人才、发展知识以及社会服务。因此，负责大学风险防控的领导以及相关科研人员应当对采取防控的做法会不会影响大学功能的发挥、会不会影响大学创新型人才的培养、会不会影响大学发展知识特别敏感。概而言之，大学风险掌控和防范，需要尊重大学的逻辑和高等教育规律。

我还有一个想法，即就大学风险而言，掌控胜于防范。不要什么都去防范，防范会使教师、学生人人自危、小心翼翼，科研也好，教学也好，行政也好，生怕越格。这种情况下，教学和科研的发展也会受影响。所以，我认为，尽管大学风险既需要掌控又需要防范，但掌控更胜于防范。在大学风险的掌控和防范中，大学应该更多地去培养大学精神文化。当一所大学的精神文化很强大的时候，当大学的价值和价值追求非常受尊重和推崇的时候，这所大学的风险是极低的。如果没有这些在大学发展中发挥更重要作用的精神、价值和文化，做再多的防范，也只会越来越多地遏制大学的生命力，让一所大学越来越不像大学。所以，防范大学风险的目的是让大学像“大学”，而不是让大学不像“大学”。如果能做到这一点，大学就有希望。我想张院长的课题研究也正是要解决这个问题，即如何把大学办得更好，如何办出更高水平的大学。这才是研究大学权力运行与监督的根本目的所在。

以上是我的发言，供大家参考。

最后，感谢会议的主办方！感谢大连理工大学高等教育研究院的全体领导、老师和同学！大家辛苦了！

谢谢大家！

第六讲

高等教育发展的形势与大学生管理改革*

各位领导、老师，各位同学：

大家好！

我非常高兴又来到河北科技大学，跟大家一起探讨学校改革和发展问题。2007年这个校园还在热热闹闹地建设的时候，我曾经来学习考察，和很多教师交流过一些想法。今天我到石家庄参加中国学位与研究生教育发展论坛，借这个机会来和大家谈谈高等教育发展形势与大学生管理改革问题。

为什么要谈这个问题呢？不管我们是在大学行政部门工作，或是在党务部门工作，还是在大学生管理部门工作，都要清楚高等教育发展面临着什么样的形势，未来将如何发展，大学生管理工作面临什么挑战，应当有什么新的工作策略，等等。这些问题都是我们在工作中不能回避的。

一、高等教育发展的形势

经常有人说，很多教师在高校工作只是埋头拉车，不抬头看路。为什么说只埋头拉车，不抬头看路呢？一年到头大家兢兢业业，特别是负责大学生管理工作的同志，甚至没日没夜地在那里连轴转地工作。即便这样，我们对大学生的发展情况是不是就清楚了呢？对学校的办学情况是不是就了解了呢？对整个高等教育发展的趋势是不是就明白了呢？我们的工作为什么要这样去做，

---

* 本讲是2012年9月20日笔者在河北科技大学干部培训班上所做报告的文字整理稿。

而不那样去做？我们做这些事情有什么背景、有什么依据？对这些问题，我们一般考虑得比较少，往往上级布置要做什么事情，或者文件要求我们做什么事情，我们就去做了。而对全国、全省高等教育发展和我们学校的教育问题，我们一般考虑得比较少。我想，这恐怕是我们在工作中很难避免的。但是，如果我们能够把这些问题解决了，在工作的时候可能会更有依据，更有底气。所以，高等教育发展的形势问题与我们每一个人都是高度相关的。

高等教育发展究竟面临什么样的形势呢？我们在学校工作，每天接触高等教育，有的人上课，有的人做行政工作，有的人做大学生管理工作，这都是高等教育。那么，高等教育发展有什么特点、有什么问题值得我们关注呢？

现在刚刚开学，新生报到、进校了。大家可能也看到了，现在学校招生越来越难，生源在不断减少，生源好像成问题了。还有一些学生出国了，出国留学生的规模越来越大，我们老师出国、交流、考察的也越来越多。这些情况，或者说这些现象究竟反映了什么样的高等教育发展形势呢？总体上看，我国高等教育，包括河北省的高等教育，主要面临以下四种形势。

（一）高等教育的大众化

大家可能会说，大众化不是已经实现了吗，前些年就已经大众化了，怎么还面临大众化的形势？按大众化的统计口径，我国在2002年就已经实现了高等教育的大众化。既然如此，怎么还面临大众化的形势呢？

要理解这个问题，首先需要弄清楚“大众化”这个概念。一般地讲，高等教育大众化的一个重要指标是毛入学率，就是全部大学生占适龄人口的比例。这个比例超过15%就进入了大众化阶段，15%以下属于精英化阶段。2002年我国高等教育毛入学率超过了15%，那就是说，我国高等教育进入了大众化阶段。但“我们实现了大众化”这个说法既对也不完全对。毛入学率超过了15%确实标志着我国高等教育进入了大众化阶段，但另一方面，大众化又不只是一个15%的概念，而是15%到50%的区间，如果超过50%就进入普及化阶段。从2002年进入大众化阶段到现在，去年全国高等教育毛入学率是26.9%。所以，我国高等教育仍然处于大众化发展阶段。

26.9%的比例表明我国高等教育发展还处在大众化阶段，那究竟应当怎样来理解它在大众化阶段的意义呢？我们还可以继续做些分析。大众化又分为初期阶段、中期阶段和后期阶段。15%到30%，是大众化的初期阶段；30%到40%，是大众化的中期阶段；40%到50%，是大众化的后期阶段。我国高等教育毛入学率还处于大众化初期阶段，但接近中期阶段了。尽管到中期阶段应该是不太遥远的事情，但整个大众化发展之路还很长，要达到50%，还需要一个相当长的时期。如果按照《国家中长期教育改革和发展规划纲要(2010—2020)》来发展，到2020年还到不了50%。所以，要到2020年以后，才可能真正地完全实现高等教育大众化。

高等教育的毛入学率只有26.9%，应该说还有很大一部分中学生是没有机会上大学的，那现在为什么就出现了很多学校招生难的问题呢？没有生源了，那学生上哪儿去了呢？今年高考报名人数是915万，占了适龄人口的40%左右，也就是说只有适龄人口的40%左右的学生上了普通高中，毕业后去参加高考。只有这部分适龄人口是高等教育可选择的生源。那还有60%的人没有上普通高中，其中，有与普通高中生大约同等规模的学生上了职业高中，而职业高中毕业生是不能直接参加高考的；还有一部分学生根本连高中都没有上，更不要谈参加高考，成为高等教育的候选生源了。因此，现在出现了部分普通高校面临招生困难的问题，河北省可能也面临这样的问题。有的省高校招生规模几乎与高考报名人数持平，甚至出现了可录生源还大于报名人数的情况。因为很多考生报名参加高考后不参加录取就直接出国了或者放弃了上大学。

高校招生出现的生源问题，我们作为大学教师，应该关注。那么，应当如何看待这个问题呢？很多人都说，这是一个危机！但我觉得，这并不是一个真正的危机，因为这个问题是由我国教育体制所带来的。比如，普通高中和职业高中完全不打通，这种两分的中等教育体制导致有一半的学生被排除在高考制度之外。对职业高中的毕业生，普通高校是没办法录取的。有的人可能说，这部分学生你给我，我也不要，因为他们本来就是连考普通高中都考不上才上了职业高中的，普通高校为什么要录取他们，录取了怎么教育？尽管这种观点不无道理，但却不符合社会公平的要求，不符合文明社会发展的要求。在现代文明社会，高等教育并不是哪一部分人特有的教育，而是所有公民都应当接受的教育，整个教育体制应当是一个公平的制度。虽然因为经济社会发展水平的限制，我国还不能满足每一个人都接受高等教育的要求，但是，教育制度应当向每一个人开放。至少是不是去接受这种教育，有没有能力接受这种教育，是个人选择的问题。

所以，从我国的人口和公民接受教育的需求来看，我国高等教育是不存在生源问题的，只要对教育制度进行改革创新，生源就会源源不断。源源不断的生源还在于对另外一个生源群体的开发。现在每年只有约20%的适龄人口接受高等教育，还有多于70%的人直接进入劳动力市场，进入各行各业去工作了。这些人今年不上大学，明年不上大学，后年还不上大学，但五年、十年以后他们会不会有上大学的愿望呢？我想其中很大一部分人或迟或早会萌发上大学的愿望。现在在欧美大学中，在常规的本科生课堂上，往往有1/3以上的大学生是成人学生，他们被称为“非传统学生”。所谓传统学生就是我们现在招收的适龄人口学生，18岁到22周岁的学生为适龄人口。现在我国普通高等教育制度还是排斥非传统大学生的，但如果将来在制度上打通了传统学生和非传统学生的界限，高校建立了迎接非传统学生的教育机制，生源就更不成问题了。所以，大众化意味着未来整个高等教育还有非常广阔的发展空间和市场。从这个角度来讲，我国高校将来也不必担心没有学生来上学。我国人口众多，在这样一个背景下，随着经济社会文化教育的不断进步，社会文明程度不断提高，人民群众接受高等教育的愿望只会越来越强烈，高校办学的空间也会越来越大，越来越有用武之地。

（二）高等教育的现代化

改革开放以来，我国高等教育现代化不断发展，现代化水平不断提高。现代化主要表现在三个方面：首先，是高等教育理念的现代化，或者思想观念的现代化；其次，是高等教育办学条件的现代化；再次，是教育体系或者教育工作本身的现代化。三个方面的现代化不仅使高校还使整个高等教育发展取得了巨大成就。

就理念而言，30多年来，我国高等教育理念变化很大，进步十分明显。大家可以回顾一下，20年前、30年前我们的学校是怎么办的，当时是用什么思想观念来办学的？那个时候非常落后，很多观念都是很“左”的，完全不是办大学的观念。现在我们知道了大学应该如何办，大学应该追求什么，即所谓的大学理念、大学精神、大学使命；大学办学要以学生为中心、以人为本；大学是一个学术机构，要办成一个教学中心、一个科研中心。这些都属于思想观念的进步。

2011年，胡锦涛在清华大学百年校庆上进行了讲话，有人据此引申出了高校的四大职能：人才培养、科学研究、社会服务和文化传承与创新。从胡锦涛的讲话看，他并没有说高校有四大职能，但有人引申为四大职能，并认为这是观念的创新。众所周知，高校有三大职能，就是人才培养、科学研究和社会服务。三大职能的形成有一个历史演进过程，高校最初只开展人才培养工作，到了18世纪后期19世纪初期，科学研究开始成为高校新的职能。最初的科学研究并不像今天所说的高校科学研究，要发展科学，要搞科学创新、技术研发，最初的科学研究是老师和学生一起，通过研究来开发学生的智力，陶冶学生的心智，让学生得到更好的发展，让他们的认知水平得到提高。所以，最初的科学研究是为学生的成长和发展服务的，后来，高校的科学研究越做越多、越做越大，越来越超出了着眼于学生发展的目的，而成为单纯地促进科学繁荣和技术进步的手段。这样一来，科学研究就成为高校一项重要的独立的职能。当科学没有走向发达的时候，技术发展水平不高，社会生产的科技含量很低，社会对高校没有技术服务的要求。第二次工业革命后，科技与生产密切地结合了，社会生产对高校不仅有了培养人才和开展研究的要求，而且还有了直接的技术指导、工艺改进、产品设计等方面的要求。在这种情况下，高校发展起了社会服务职能。所以，从历史演进的角度讲，高校先有人才培养，再有科学研究，而后才有社会服务。

文化传承与创新和三大职能是什么关系呢？事实上，三大职能都包含了文化传承与创新，人才培养就是通过一代又一代人把人类所创造的文明传播、继承下来，这就是人类文化的传承。在文化传承过程中，教师和学生都在发展自己，也在发展文化，这里面有文化创新的成分。其次，科学研究本身就是在创新科学，从社会文化意义上讲，是一种文化创新。另外，社会服务更是把文化传播到更远、更广泛的范围，不仅仅在大学内部，不只面向学生，还要面向社会公众，面向社会各行各业的需求。所以，这样一来，人才培养、社会服务和科学研究都包含了文化传承与创新。胡锦涛为什么将它和三大职能并列呢？这里我们应当明确的是，胡锦涛是在演讲，不是在宣读论文。演讲是可以将一些重要但并非完全有严谨逻辑关系的东西并列起来阐述的，这样可以将某些被包含了的东西凸显出来，以引起人们的重视。所以，胡锦涛在谈全面提高高等教育质量的时候，在对人才培养、科学研究和社会服务提出要求后，进一步提出要更加注重文化传承与创新，是说得过去的。但如果就此将文化传承与创新看作第四职能的话，就不符合逻辑了，也违背了高校职能的本质。所以，在我看来，关于第四职能的引申不仅是牵强的，说得不好听还有狗尾续貂之嫌。

总的来讲，现在大家对于高等教育的认识更多、更全面、更丰富了。对于怎样办大学、如何办成一所好的大学、什么是现代大学和现代大学制度，等等，高教界都有了比较清晰的认识。应该说，现在是百多年来人们对高等教育认识得最深刻的时期，也是对高等教育规律理解得最好的时期。

就办学条件而言，进步就更明显了。这一点从我们自身也可以看出来，我们河北科技大学在老校区的时候是什么状况、那个时候的办学条件什么样、教学设施什么样，现在我们的新校区又是什么样，对比是极为强烈的。而这样一种强烈的反差不只是出现在我们河北科技大学，而且不只是出现在河北省，它还出现在全国几乎所有的高校。

我国高校办学条件包括各种实验条件和设施等的现代化水平得到了明显的提高是一个不争的事实。尽管从学科专业水平看，我们和欧美先进国家的距离还很大。但是，从我国高校所拥有的现代化办学条件来讲，我们的差距就小多了。今天我们一进学校大门，就看到旁边是一幢国家基地的建筑，它的设施条件是非常先进的。现代化设施条件在我国高校已经非常普遍，可以说，与国外最先进的教学科研设施和条件相比，我国高校的差距并不是太大。所以，现在师生到欧美国家的大学去参观访问，或者去进修留学，不可能再有天壤之别的感觉了。

过去，我们的教师出国后都会感叹国内高校的办学设施太落后了。我是1991年公派赴法国留学的，出去一看才知道人家太先进了。我们的教学设施就是一个讲台、一块黑板、数十张课桌椅。而在国外，人家什么现代化的设施都有，现代化的教学条件保障了各种教学活动的开展。现在我们该有的也都有了，跟国外高校的差距不大。

就教育体系而言，现代化是在不知不觉中实现的。我国高校都进行了人才培养模式改革，包括专业改革、培养方案调整、新的教学计划的实施，比如，素质教育计划、创业教育计划等的实施，建立了新的人才培养体系。我们河北科技大学还在进行个性化教育的实践，这也是教育体系现代化的一种尝试。为什么说个性化教育是教育体系现代化的尝试呢？因为传统上我国高校的教育体系是整齐划一的，是一个统一的人才培养模式，开展个性化教育，就要建立相应的教育体系。

我国高校在人才培养中越来越注重每一个学生的需要，越来越注重满足每一个学生的兴趣，越来越注重给学生更大的选择权、更大的自由发展空间，这是一种从传统向现代的转型。所以，我们说高等教育现代化还表现在教育体系的现代化上。那么，现在现代化的教育体系是不是完全建立起来了呢？应该说还没有。有些可能建立了形式，还没有发展实质。比如，很多高校都在实行学分制。学分制的一项内容就是转专业制度。学生如果对所学的专业感到有困难或不喜欢，可以转到有可能学得下去的或感兴趣的专业。这就是转专业制度建立的目的。它改变了过去学生一选定终身的状况，应该说是一种进步。但是，很多高校转专业的条件是什么呢？一些高校要求学生成绩在专业排名前5%，或前10%，或者前15%才有资格转专业。我看到的最极端的规定是专业排名前三名才有资格转。大家想一想，这种转专业的规定带来的结果可能是什么？按照逻辑推理，就是学得好才可以转，学得不好就不可以转；对专业不感兴趣，学不好是不能转出去的；学得好，而且还要冒尖儿，才可以获得转专业的资格。最后的结果就是，学得最好的学生转出去了，学得不好的学生留下来了。这样一来，是有利于专业办学水平的提高，还是可能降低了办学水平呢？很可能是降低了。转专业成为一种学习奖励制度，这与它作为一种学习救助制度的本质是背道而驰的，也违背了学分制的本质要求。所以，我说有些教育制度可能具有了现代形式，但并不具有其实质。这也提示我们，高等教育现代化还有发展的空间。

（三）高等教育的市场化

高等教育跟市场本来是没有太大关系的。有一句话说，大学过去就像一个象牙塔，象牙塔是和世俗的东西隔绝的。现在，高等教育与市场的关系越来越密切，市场对高等教育的影响越来越大。可以说，现在高校办学如果不关注市场，如果不在一定程度上适应市场的话，那么它很难得到社会的认可。过去我国高校也不与市场打交道，在计划经济时代，高等教育真的不需要市场。那个时候什么都靠计划，什么都有国家的指令，高校只需要按照计划和指令办学就可以了。尽管现在仍然有计划、有国家指令，但市场化的程度越来越高，甚至可以说是无孔不入。市场化主要表现在什么地方呢？其中之一就是高校运行机制。高校办学越来越依赖市场机制，很多办学资源都需要通过市场竞争才能获得；教师聘用，各高校之间的竞争越来越直接和激烈；招生的市场竞争就更不用说了，很多大学是什么手段都用上了。

另外，高校评价也越来越市场化。高校教师评价在市场化，学生的评价也在市场化，越来越注重一些非学术因素、非智力因素，一些市场化的因素影响越来越多。再有，高校的很多活动越来越市场化，很多活动，不管是学术讨论会还是运动会，都要拉一些赞助来冠名，以获得资金或物资的资助。总之，市场化对高等教育的运行机制、评价标准、各种活动等的影响越来越大。

（四）高等教育的国际化

国际化，过去只是少数人、少量的教师或少数高校才享有的待遇。在互联网和信息化时代，国际化已经成为影响每一个学生、每一位教师、每一个干部、每一所高校的重要因素。在国际化的背景下，学生在学期间就可以享受国际化的教育资源，现在网络上的国际化课程，包括外国大学的网络课程，学生可以无偿地作为学习材料使用。这对我国高校教育有没有影响呢？我国高校很多教师还没有看到它的影响。大家可以想一想，我们的大学生听了外国大学的课程以后，他们对我们的课堂教育会有什么要求？对我们的教学会形成什么样的评价标准？对我们的教师会有什么新的要求？对我国高等教育会有什么样的评价？这些问题很值得我国高校及教师好好地研究一下。

国际化为我们带来了一个开放的教育环境。过去我们对国外的教育接触很少，学生只能从教师那里获得教育，学生不知道外界的教育状况，可能觉得教育就是他们所接受的那样。现在不一样了，学生的视野更开阔了，学生的国际交流也越来越多了，除了在网络上可以学习国际课程外，很多高校都将本科生直接派到国外高校进行对等交流，交流生一学期、一学年在对方高校学习，学分互认。因此，国际化对我国高等教育的影响越来越大。

现在，我国高校教师的出国学术考察访学也越来越多，国外的大学是怎么办学的，先进国家的高校、先进的高等教育是什么样的，他们的体会越来越深。在这种情况下，我国高等教育需要变革，需要发展。

仅就毛入学率而言，我国高等教育在国际上处于中游水平或中游偏上水平。我国是一个大国，是一个在国际上要发挥更大影响的国家。为此，我国高等教育还有很长的路要走，需要改革，需要发展。不管是从大众化、市场化来讲，还是从现代化、国际化来讲，这些发展趋势对大学生管理而言，会有许多新的要求、新的问题需要解决。这就是我要谈的第一个问题。

二、大学生管理面临的挑战

我国高等教育发展的形势，总体上是积极的，趋势是进步的，而且发展速度也是很快的。对于大学生管理来讲，高等教育发展形势对大学生管理改革的要求是很高的。大家都在大学生管理第一线，对大学生管理面临的挑战有很多体会。下面我主要从大学生管理面临挑战的来源进行分析。

（一）来自社会的挑战

社会变化太快，而且这是一种无形的东西，对高等教育和大学生的影响很大，但多数时候我们都没办法准确把握其来源、影响方式、影响程度等。比如，现在在大学生中存在一种所谓"读书无用"的倾向，尤其表现在对专业学习不感兴趣上。很多大学生认为，专业只要过得去就可以了，最后能够拿到学位就万事大吉。他们看重的是什么呢？看重社交，看重大学社团活动的资历。很多大学生更重视是不是担任了学生会干部、是不是担任了团支部的干部、是不是担任了社团的领袖，认为这些可以帮助他们在高校积累人脉、积累社会关系资源。很多老师都有这样的发现和体会：在专业课上，一些大学生不来上课，而是去参加社团活动了。我就发现大学生请假不上课的理由很多，比如，除了生病请假以外，中学同学来学校玩，他要请假去火车站去接站；团委、学生会组织一个社团活动，大学生就可以名正言顺地请专业课的假而不上课。这说明学生更看重什么？这说明大学生具有什么样的价值观？这种价值观的影响又从何而来？社会上有一种观念，即关系很重要，人脉很重要，你学得好不好没关系，一个人在社会上发展，能力强不强似乎不是最重要的影响因素。不少大学生似乎受到了这些观念和风气的影响。

当然，可能还有影响更大的社会因素。比如，领土争端问题就是一个社会问题，是国家政治外交问题，对大学生影响很大。最近一段时间，在座的很多大学生管理干部非常辛苦，既要合理引导大学生爱国情绪的表达，又要保证校园正常的学习氛围。这就是来自社会的挑战。

（二）来自学校体制的挑战

高校的体制，包括大学生管理体制，对大学生管理工作有着重要影响。我一直认为，大学生管理人员是高校中最重要的一支队伍。有人可能认为，高校中最重要的应该是教师。其实，教师曾经是最重要的一支队伍。为什么说曾经是呢？在高等教育规模非常小的时候，高校没有专职的大学生管理人员，教师既要教学又要管理大学生，所以，教师是最重要的。当高等教育规模越来越大，高校变得非常庞大的时候，从专业教育角度讲，教师是最重要的；但从大学生全面发展的角度讲，大学生管理人员是最重要的。一名教师负责大学生的一门课或两门课，他跟大学生的接触就是一学期或两学期。大学生毕业的时候，能够把所有给他上过课的老师的名字叫全的情况已经很少见了。这也说明教师对大学生的影响越来越有限了。

既然大学生管理人员对大学生发展的影响越来越大，那高校又是如何来配置大学生管理人员的呢？按照国家政策要求，应当按 1:200 的比例来配置，但很多高校都是按 1:300 甚至 1:400 的比例来配置的。这就是体制问题。我曾经到国外或境外高校考察大学生管理，从大学生管理人员数量上讲，国外高校远远超过了我国高校。国外大学一般不是按学院（系）来配置大学生管理人员的，而是按大学生宿舍。一幢大学生宿舍配备一整套的大学生管理人员，如一个舍监（主任或经理），一批生活服务人员、心理辅导人员、学业指导人员。美国哈佛大学的大学生宿舍经理要求由教授担任。单纯从大学生管理角度讲，这种大学生管理工作体制是比较符合大学生要求的。我国高校的大学生管理工作体制更多的是一种应急体制、一种政治工作体制，它并不是一个大学生服务体系或者大学生发展指导体系。在这样一种体制下，我国高校大学生管理人员虽然职责并不复杂，但责任和工作本身却没有边界，导致大家常常会有有心做好工作但却使不上劲的感觉。这是来自体制的挑战。

（三）来自大学生管理人员自身的挑战

大家可能不理解为什么自己会成为自身工作的挑战，我们可以从以下几个方面来看。首先，由于体制的原因，大学生管理人员的晋升渠道发展到一定程度就没有“出路”了。这样一来，大学生管理人员就成为一种临时性的工作岗位，干一段时间就要考虑如何找到新的"出路"。其次，大学生管理人员大多是非专业出身，只有很少的人学过教育学、心理学或是教育学、心理学专业毕业的。大家都有自己的专业领域，但是，到了大学生管理工作岗位之后，原来学的专业可能发挥不了什么作用，专长发挥不出来，只好靠经验、摸着石头过河，靠向其他同事学习。很多人其实就是领导怎么要求就怎么做，不怎么动脑筋，很难用专业理论来指导工作，也很难用专业的眼光、技术、方法来处理相关的问题。所以，在大学生管理工作方面，很多人都是非专业人士。另外，就现实的工作方式而言，很多大学生管理人员工作非常辛苦，早上 7 点不到就要往学校赶，要张罗大学生起床、早操、自习，晚上还要陪着大学生自习，等大学生回宿舍休息了才能拖着疲惫的身体回家。碰到有大学生生病了，又要陪着去医院。大学生管理工作确实非常辛苦，连轴转。所以，从自身来讲，大家是非专业化的工作人员，是以非专业性的方式来做事的。这是来自大家自身的挑战。

（四）来自学生的挑战

来自学生的挑战可能不一定是最大的，但却是最直接的，也是要求最高的。所以，对这方面的问题我想多费点口舌。首先我想问大家一个问题，大家了解大学生吗？

毫无疑问，现在的大学生主体是"90 后"。不少人一说起"90 后"大学生就摇头，说他们极端自我、以自我为中心；眼高手低，抱负很大，心很大，但是事情做不来；心理非常脆弱，一点压力都承受不了，跳楼、出走，遇到一点感情挫折就想不开；学习上有点困难就受不了，同学之间吵嘴也闹得不可开交，不会寻找有效的方法排解困难。这些当然都是负面的。这种看法在社会上有，在高校中也有。很多教师、领导就持这种看法。但这些现象或表现是不是只有"90 后"大学生身上才有呢，它们就是"90 后"大学生的特征吗？我看未必。

我想我们对大学生的了解可能是有问题的。如果把对大学生的了解划分为三个层次的话，大家可以看看自己属于哪个层次。第一个层次，对所负责的大学生，能叫得出名字，知道他们来自什么地方，知道他们的学习成绩状况，知道他们的家庭经济状况。第二个层次，对所负责的大学生，了解他们的中学成绩、表现情况、家庭情况；他们是各自家庭的第几代大学生、是第几个大学生；

他们对大学各门课程的学习情况、跟其他同学关系的处理情况，包括是不是交了女朋友(男朋友)等。第三个层次，对所负责的大学生，了解他们的心理变化，了解他们的专业志向、理想抱负、面临的心理问题、个人发展要解决的问题等，能够走进大学生的内心，他们愿意与你交心、谈心，而不只是一般的打招呼。

大家可以对照一下看自己属于哪一个层次。如果属于第一个层次，那就是说我们对大学生的了解属于最基本的。这样的了解只能使我们应付大学生管理工作，不可能开展更深入的工作。如果属于第二个层次，那就说明我们能够对大多数大学生开展比较细致的工作，对大多数大学生的发展，包括他们的需求、困难等，我们都能够处理好。如果属于第三个层次，我们的工作就进入了一个全新的境界。那就意味着大学生对我们无话不说，只要有问题、有想法，他们就会来找我们沟通。我们就会成为大学生心中离不开的人，成为大学生的知心朋友。大学生可能会把我们看成他们心灵的守护神。据我了解，达到第三个层次的大学生管理人员是极少极少的，能够达到第二个层次也是少数人，大多数的大学生管理人员还处于第一个层次。甚至有人跟我讲，不少大学生管理人员连第一个层次都很难达到。

只有了解我们的工作对象，才能有的放矢地开展工作。关于“90后”大学生，他们首先是大学生。这就是说，第一，他们有大学生的共同特征。不管是哪个时代的大学生，都有他们共同的特征。第二，他们是青年。现在我国高等教育虽然进入大众化阶段了，但教育对象主要还是适龄人口，是青年。他们有青年的共同特征。第三，他们是“90后”青年，有他们特殊的东西。

作为大学生，他们的共同特征是什么呢？作为大学生，学习是大学生的固有使命，是他们生活中最主要的任务。在高校，大学生主要通过课程学习来谋求发展，所以，课堂，包括理论课堂、实验课堂、实习课堂、实践课堂等是大学生的主要活动场域。课外活动是大学生的辅助发展渠道。大学生除了要追求专业发展外，还要追求全面发展，要发展人格、发展个性、发展品德。大学生还要培养社会责任感，走向社会以后，从事专业工作，通过专业工作实现自己的社会责任和价值。

不论哪个时代的青年，他们的共同特点都是处于人生发展的特殊阶段。青年是一个特殊的阶段，是连接少年和中年的阶段，是人实现社会化的关键时期。大学生的这个年龄阶段，应该是一个在犯错与纠错中成长的阶段。大学生走出大学，成为成年人，就不能再犯什么错误了。有些错误犯了是要受到指责的，有些严重错误犯了可能还要承担法律责任。所以，高校在处理犯错误的大学生的时候，应当与社会上的标准不同。高校制定大学生管理的规章制度是不可避免的，对大学生要求严格也是必要的，但动辄给予处分，甚至开除学籍，剥夺他们学习的权利，却是不应该的。高校是一个大学生成长的环境，这个特殊的环境就是要他们把人性中最薄弱的东西、最落后的东西张扬、暴露出来，这样，高校就能针对他们的错误和问题进行教育，促进他们发展。如果一暴露出来就给予处分，就开除，那还要高校教育干什么？高校不是社会，不是法庭，而是教育机构。所以，高校的各种制度包括大学生管理制度，都应当从教育的角度来要求大学生，要有助于他们的发展。也就是说，高校要从青年的特殊性出发，根据青年的特点来教育和管理大学生。

处于青年阶段的大学生究竟有什么共同的特点呢？心理学的研究结果表明，青年大致有这样几个特点：其一，认知趋于完善，但还很不稳定。就听、看、读、写、想、观察、理解、想象等认知能力看，他们的发展基本上趋于完善，他们对事物的判断能够做到有理有据，他们对问题可以看得很清楚，尽管不一定很全面。所以，高校经常出现这样的情况：老师要讲什么知识，大学生不屑一顾，说这些都是小儿科，早知道了。其二，青年大学生的情感趋于成熟，但还比较脆弱。青年大学生的心理、情感已经比较成熟，该有的情感都有，我们讲哪个少男不多情，哪个少女不怀春，说的就是这个特点。他们都有憧憬，有梦想，青春勃发，情感很丰富。但是，他们又很脆弱，经不起挫折。不管是跟同学的一般交往，还是真正的男女朋友交往，都经不起挫折。青年大学生在这个阶段都会追求感情，追求精神寄托，这是一种正常的状况，没有什么可大惊小怪的，也没有必要去禁止、去防范。如果青年大学生都很理智，都规规矩矩，心无旁骛，目不斜视，一心专注学业，那他们就不像青年大学生了，可能是不正常的。其三，青年大学生往往比较理想化，但对于现实又觉得很无奈。在高校，因为独立的生活刚刚开始，他们看到自己的未来，对未来充满想象，充满期待。但一了解社会实际，看到一些不尽如人意之处，他们就想去改正，现实往往又令他们暂时不能有所作为。在这种情况下，一些大学生可能会产生厌世情绪，极端的还有可能出现愤世情绪。尽管这些并不是积极的，但在青年大学生中却是正常的。

“90后”大学生除了具有青年的共性外，还有他们在这个时代所具有的特性。从大学生管理的角度看，我们教育工作者需要弄清楚这些特性，以便做好大学生管理工作。我想，他们的特性可以从以下几个方面来认识。

首先，他们比较自主。“90后”大学生生活的家庭环境与其前辈们有了很大的不同，他们大多是独生子女，生活在所谓“6+1”家庭结构（“6”指父母、祖父母、外祖父母）中，基本都衣食无忧，是家庭的中心。所以，他们自小就培养起了较强的自我意识，较多地从自己的角度考虑问题，做事、说话不太考虑别人的感受。他们大多在宠爱和呵护中长大，乐于释放自己内心的情感，个性比较张扬，主体意识比较强烈。

其次，他们见闻广博。由于互联网和多媒体的影响，他们从小就接触了虚拟世界。这是一个无限的信息和知识空间，使他们见识广博，不管教师说什么他们都可能知道，甚至教师不知道的很多东西他们也知道。他们的知识不一定全面、系统，他们的理解也不一定准确、深刻，但他们获取信息和知识的渠道很多，而且敏于和善于获取新信息、新知识。看到一些教师拿着翻破了的讲义和不断重复使用的PPT，我真的替他们担心，因为大学生不仅知道的东西很多，而且还可以随时上网，查阅教师课堂上讲授的知识。所以，教师如果不能与时俱进，真的可能被大学生说成井底之蛙。

再次，他们不太相信权威。在“90后”大学生的心目中，没有权威。你要问现在的大学生崇拜谁，他们可能说不上来。高校有院士、有长江学者，你可以问问大学生是否崇拜院士、是否崇拜长江学者。在一些大学生心目中，同学玩什么游戏玩得很棒，他们可能会崇拜，但如果说谁是权威，他们会说你OUT了。很多大学生并不在乎谁是权威、谁是模范、谁是英雄，他们会说，就算他们是，但这与我有什么关系？这就是一种态度。所以，做大学生管理工作，如果用典型、先进、模范人物来给大学生做示范、来引领他们，尽管不能说毫无效果，但效果可能非常有限。

另外，他们中有些人很孤独。“90后”大学生大多生活在自己的世界中，从他们上大学之前这个世界就开始形成了，他们很少有交心的朋友。到了高校以后，尽管有课堂教学，有课外活动，但大学生还是喜欢在虚拟空间内漫游，包括在虚拟世界内与人交往和交流。一些大学生下课后就宅在宿舍，假期就宅在家里，成了纯粹的宅男宅女。很多大学生在现实中不爱跟老师交流，不爱跟其他同学交流，但只要一上网，他们仿佛就成为世界的主宰。他们的心理孤独就是在虚拟环境中产生的。

面对“90后”大学生的共性和个性化特点，大学生管理人员要改革创新，要有新的理念、新的策略。

三、大学生管理改革的策略

大家在工作中有自己的各种考虑、各种想法，也有很多积极有效的做法，这些都是值得总结的。我想，从做实际工作的角度讲，我们可以从以下三个方面来考虑大学生管理改革的策略。

（一）树立新的理念和信念

一般我们讲思想观念、理念比较多，但很少讲信念。我不知道大家从事大学生管理工作有什么信念。其实，人是要有信念的，从事大学生管理工作也要有信念。有人可能会说，“三个一切”是我们的信念。确实，很多高校都把“一切为了学生，为了学生的一切，为了一切学生”作为自己的宗旨。这“三个一切”真的那么好吗？我可能说得不对，但我的看法是“三个一切”听起来很好，其实，它误导了大学生管理工作。之所以这样讲，是因为在我看来，我们的工作并非“一切为了学生”，我们在为了学生之外，还为了政治、为了国家、为了学校、为了自己而开展大学生管理工作。所以，我们不可能一切为了学生，不能标榜一切为了学生，硬要这样说的话，那只能说“说得很好听”！那“为了学生的一切”对不对呢？从大学生管理工作来讲，满足大学生的需要是重要的出发点，包括大学生学习上的需要、生活上的需要、经济上的需要、心理安慰和辅导的需要等，我们都可以设法去满足。但我们只能满足大学生身心全面发展的需要，却不可能也不应该满足他们的一切需要。那“为了一切学生”又有什么问题呢？“为了一切学生”，实际上也并不完全准确。在对待一切学生的时候，我们只看到了大学生群体，即所有的大学生，是看不到大学生个体的。正是因为如此，在大学生管理工作中，高校所关注的往往是全体学生应该怎样，大学生集体应该怎样，很少把注意力放到大学生个体身上，很少针对具体大学生的情形开展工作。所以，我说“三个一切”看上去很好、很动听、很美妙，但实际上，其既不符合事实，也不符合大学生管理工作的要求。

“三个一切”不合适，那我们要有什么样的理念呢？我认为，有两条就够了：面向每一个学生，为了每一个学生的发展。首先，大学生管理人员要有面向每一个大学生做工作的信念。面向每一个学生，跟为了一切学生不同，它要求大学生管理工作要落实到每一个学生身上。我们做的很多工作并没有落实到每一个大学生的身上，更多的是落实到了集体、落实到了重点学生、落实到了学生干部身上，也可以说是浮在表面上。在面向每一个学生的理念和信念下，大学生管理干部要本着公平教育的原则，平等地对待每一个大学生，关心每一个大学生，不能让任何一个大学生掉队。其次，大学生管理工作应当服务于大学生的全面发展。高校担负着培养全面发展的人才的使命，大学生管理工作必须服务于大学生的全面发展。服务于全面发展不是为了学生的一切，大学生的全面发展是一个具有特定内涵的概念，有着确定的、规范的要求。

所以，树立新的理念，就是要树立为了每一个大学生、服务大学生全面发展的理念。从事大学生管理工作，还需要有什么信念呢？有人可能会说，我就做好工作就行了，还要什么信念！实际上，人是有信念的，做每一项工作都应该有信念。我们不能只按照上级要求办、按文件指示办，我们还要有大学生管理的信念。首先，每一个大学生都是可以教育的，都是可以教育好的。做学生管理工作，如果没有这样的信念，工作是很难做的。一碰到问题百出的大学生，你就会讨厌他，你就想放弃他，你就会整天祈祷他不要出事、老老实实，最后平平安安地把他送出校门。时间一长我们自己就越来越倦怠，工作提不起劲，失去了热情，完全没有成就感，完全体会不到工作的乐趣和幸福。这样一来，工作就得过且过，一有机会就赶紧逃离。我们自己是这种心态，大学生会如何看待我们呢？我接触过一些大学生，我在这里说得可能很不客气，很多大学生管理人员在他们的心目中丝毫没有地位。这不应该成为我们的形象，我们是做大学生的塑造工作的，我们本来应该有地位，应该有威信，应该很有影响力的。所以，我们应该有信念，应该用信念激励我们去满腔热情地投身每一个大学生的教育管理工作中，去赢得我们人生的尊严，实现我们人生的价值。其次，爱心、爱的情感能感化大学生。不管是新参加工作的大学生管理人员，还是有丰富的工作经验的管理人员，都要对大学生抱着一种爱的情感，抱着一种热爱之情，去跟他们打交道，去处理他们的各种问题，去关心他们、为他们服务。大学生也是人，爱心和爱的情感是心灵沟通的催化剂，在爱的感化和感召下，我们能够做到与他们交心、谈心，唤醒他们年轻的心灵，激发他们的理想和抱负，使他们焕发出火热青春的活力。只要有信念，大学生管理工作一定能够做好；如果没有信念，那就只能是应付差事，简单地履行职责，得过且过地完成任务。显然，这不是我们所追求和希望的大学生管理人员理想的工作状态。

（二）创新工作方式

新的形势和新的理念要有新的工作方式，要根据大学生的特点，在继承传统有效的工作方式的同时，重视创新工作方式，以适应大学生管理工作的需要。对于如何创新，我建议从以下几个方面进行探索。

其一，把政治和生活服务与学业指导结合起来。过去和现在我们更多的是做大学生的政治和生活服务工作，对政治工作任务、政治要求和大学生的生活，包括课外生活和宿舍生活、情感生活等比较关注，但对大学生的学业指导，我们做得很少。高等教育大众化以后，大学生更多样化了，他们的学业状况各不相同，学习兴趣和理想差异很大，在学业上面临的困难和问题不同，所以，国外高校特别重视大学生的学业指导，这已经成为大学生事务管理与指导的一项常规职能。但我国高校在这方面几乎还是空白，大学生管理工作几乎不涉及这个领域。今天的高校大学生管理工作不能只是要做好政治工作和生活服务工作，还必须帮助大学生解决课堂上解决不了的学业问题，包括学习基础差、学习动力不足、学习方向不明、学习方法不对的问题等。大学生管理工作要配合任课教师的教学工作，使二者结合起来，形成合力，共同促进大学生的全面发展。

其二，将集体指导与个别服务结合起来。我国高校大学生管理善于做集体指导工作，比如，集中开班会、团支委会、各种各样的社团会议，通过集体活动给大学生提供指导和帮助。在高等教育发展的新形势面前，大学生的多样性和个体化特征越来越突出，他们的很多问题都是在个人领域中表现出来的，这就要求大学生管理人员，不仅要善于做好集体指导工作，还要学会深入大学生个体中、深入他们的心灵中，和每一个大学生进行心灵的对话，只有这样，才能真正地了解他们、理解他们、指导和帮助他们。否则，如果只是面上号召、集中要求，大学生管理工作是很难有针对性和实效性的。如何才能深入大学生中去呢？这也要求我们进一步开拓新的工作思路和工作策略，把过去一些常规的管理方法与新的手段如网络和新媒体结合起来。现在的大学生更注重新媒体，博客、微博、微信等，越来越普遍，每一个大学生都离不开。有一个调查反映，大学生有手机的达到100%，有笔记本电脑的达到97%。可以说，大学生离开了虚拟世界就没法生活。我们可以试试看，让他们一天不用手机、一天不用电脑、一天不上网，他们可能就跟丢了魂似的。这不是坏事，但对于大学生管理工作而言，我们要善于运用网络等有效的资源和途径与大学生进行交流对话，开展指导和服务工作。

（三）谋求自身新发展

在高等教育发展的新形势下，面对“90后”大学生，我们不能只沿袭过去的做法，要向专业化、专家化方向发展。大学生管理人员，不管是书记，还是辅导员、班主任，如果不能成为专业人员、实现专家化，那工作效率、有效性是要打折扣的。如何才能实现专业化和专家化呢？只有一条途径，那就是学习。

我们要学习一些教育学、心理学知识。我们要通过学习教育学和心理学知识，来理解大学生的特点，认识和理解高等教育及其规律。我记得20世纪80年代曾经有一门学问，叫青年心理学，主要是研究大学生心理的。心理学还有很多学说，都值得我们重视。教育学，尤其是高等教育学，对大学生的学习和大学生管理与指导都有大量的研究。我们要学习这些理论，用理论武装我们的思想、武装我们的头脑，并善于运用这些理论指导工作。

利用各种机会攻读教育学、心理学专业的硕士、博士学位，是实现专业化的重要途径。大家原先大多不是学习教育学、心理学专业的，现在踏上大学生管理工作岗位了，就要谋求通过接受专业的教育在自己的工作领域实现专业化。教育学、心理学专业的人才培养，既要传授与大学生发展相关的理论，又要训练研究大学生的方法，还会组织开展大学生管理工作的实际研究，这是非常适合大家深造的专业。学校也应当创造机会，提供条件，支持大学生管理人员的专业化发展。

在工作中不断地研究问题，也是实现专业化必不可少的手段。带着问题工作，带着问题研究，研究了之后，又回到工作中去实践，这样不断地在工作中研究、实践，我们就能逐步地走向专业化，甚至成为大学生管理方面的专家。很多大学生管理人员都是有心人，在工作中非常注意学习、研究，平时也善于总结经验教训，将经验上升到理论层面去认识。比如，对什么样的大学生采取什么样的管理和指导方式能够发挥作用，对什么情景下的大学生采取什么管理手段是有效的，他们都有相应的理论指导，说起来头头是道，做起来非常规范、有序，也很有效。这样的人员就是专家型的。大学生管理人员关键是要有心成为专家，要主动地思考问题、研究问题，向专业化发展。有的人可能说，“反正我就是这两年先干一干，以后有机会我再做其他的事情，没有必要较真”。其实，不管在这个位置上做多长时间，我们都要向专业化发展，专业化地做工作。这应该是一种工作态度，是一种工作习惯。我相信，有这样一种态度和习惯，不管你做什么工作，都能取得成效，都能成功！

大学生管理问题是高等教育研究的一个重要领域。在这个方面，我们面临很多新的复杂的情况，很多问题仍处在摸索中，也处在探讨中。

我的汇报交流就到这里，请大家批评指正。

谢谢大家！

第七讲

高等教育学的基本概念 *

各位老师、各位同学:

大家晚上好!

概念问题,不是个小问题。在日常生活中,把桌子说成椅子,问题不算太大。但是,在做学问的时候,把概念混淆了,张冠李戴,或者说一个概念有几种解释,却不知道哪一种解释是合适的,问题就大了,可能导致对问题的理解和研究南辕北辙。从学科的角度来讲,概念本身应该是规范的,应该具有合理的解释,如果解释不一样,就没有办法跟别人交流。你说的是这个意思,别人说的是那个意思,就没办法交流。写文章的时候,对概念、含义的理解不一,前后文用的不一致,这也是个问题。有人可能说"我用的概念与一般的理解不一致,这是创新",有些是可以创新的,但有些是不可以创新的。如果单纯就某一个概念展开研究、创新,这是可以的,但是,一般在使用概念的时候,它是应当规范的。今天,我想借这个机会,跟大家交流一下关于概念的问题。大家都是研究高等教育的,"高等教育"是高等教育学的基本概念,我们就围绕"高等教育"这个概念来进行讨论交流。

---

* 本讲是 2012 年 3 月 21 日笔者在中南财经政法大学高教所为师生所做报告的文字整理稿。

一、"高等教育"概念的误用

"高等教育"是有规范的概念的，不少学者对它进行了释义，学术界也有共识。但在现实中，"高等教育"概念被误用、滥用的情况比比皆是。这样的问题不只出现在研究生的论文中，而且还出现在一些重要的政策文件和领导人的讲话中，甚至在一些知名学者的文章中也不鲜见。这两年，大家都在学习《国家中长期教育改革和发展规划纲要（2010—2020年）》（简称《教育规划纲要》），我们就来看看《教育规划纲要》对"高等教育"概念的几种用法是不是准确。在谈教育事业发展目标的时候，它对高等教育提出了任务，即到2015年高等教育在学总规模达到3350万人，到2020年要达到3550万人。这就是说高等教育与在学总规模是相联系的，或者说高等教育中包含了在学总规模。"在学总规模"是个什么概念呢？就是正在接受高等教育的人数。还有一个是"在校生"，在校生是在校生规模的另一种说法，指的是普通高等学校注册的学生规模。"在学总规模"和"在校生"两个概念既有联系，又有区别："在学总规模"指的是各级各类、各种形式的接受高等教育的人的规模；"在校生"是指在普通高校接受全日制高等教育的学生的规模，在校生中包括了研究生、本科生和高职高专学生。《教育规划纲要》还规定了高等教育毛入学率，它是在学总规模的另一种表达方式。这几个指标告诉我们，高等教育主要是围绕人的培养来展开的。这是《教育规划纲要》中对"高等教育"概念的一种运用。

《教育规划纲要》第七章专门谈高等教育，分为五节：全面提高高等教育质量，提高人才培养质量，提升科学研究水平，增强社会服务能力，优化结构办出特色。从标题看，这里的"高等教育"概念的含义，除了包括人才培养以外，还包括了科学研究和社会服务。比如，它提出"到2020年，高等教育结构更加合理，特色更加鲜明，人才培养、科学研究和社会服务整体水平全面提升，建成一批国际知名、有特色、高水平的高等学校，若干所大学达到或接近世界一流大学水平，高等教育国际竞争力显著增强"。毫无疑问，人才培养、科学研究和社会服务都是高校的基本职能，是高校的常规工作。我们说，人才培养是高等教育，但科学研究和社会服务是不是高等教育呢？如果是的话，需要有什么限制性条件？如果不是的话，《教育规划纲要》又为什么要把它们都放到一起呢？这就涉及概念释义了。很显然，在这里，《教育规划纲要》的编撰者把人才培养、科学研究和社会服务都作为高等教育的内涵来对待，而且是将这三者区分开来的。这样使用“高等教育”概念是不是规范呢？可能唯一合理的解释是，要全面提高高等教育质量，离不开提升科学研究水平和增强社会服务能力。因为从概念的规范性讲，“高等教育”与“科学研究”“社会服务”是不同范畴的概念，在“高等教育”的内涵中，并不包含科学研究和社会服务。但在“高等教育”的条件中，科学研究和社会服务却是不可缺少的。

大家可能注意到了，去年清华大学百年校庆的时候，胡锦涛在讲话里对高等教育发展提出了一些要求，概括起来主要是“四个必须”：高等教育必须提高人才培养质量，高等教育必须提高科学研究水平，高等教育必须促进社会服务能力，高等教育必须促进文化传承与创新。很多人从这“四个必须”出发，认为高等教育的内涵主要体现在人才培养、科学研究、社会服务、文化传承与创新四个方面。其实，这一理解忽视了讲话的表达方式，他用的表达方式是“必须”，即要求高等教育达到什么目的，或完成什么任务，或发挥什么作用，如果把这种表述看成对“高等教育”概念的释义，那就是错误地领会了胡锦涛的讲话意图。

在高等教育学的教材中，对“高等教育”的概念是有界定的。为什么人们在运用它的时候，会在它的内涵和外延上不断地增加东西呢？一般来讲，人们可能出于好心，将一些有关的东西加入对概念的理解中去，在阐述相关问题的时候，就把它们混为一谈了。在不太严谨的表达中，这种现象比较常见。但在学术研究和正式的政策文件中，这种现象是应当尽量避免的。从逻辑学来讲，这是概念误用或偷换概念。《教育规划纲要》第七章在运用“高等教育”概念的时候，是存在误用嫌疑的。高等教育的本质在于人，科学研究的直接目的在于知识发展，社会服务的宗旨在于直接服务民众和企事业组织。很显然，科学研究、社会服务与高等教育并非同一范畴的事物，更不能将科学研究、社会服务混同于高等教育。但高等教育与科学研究、社会服务之间是存在联系的，这就要求我们在运用“高等教育”概念的时候应特别谨慎，在其相互关联的范畴内展开讨论，而不能超越这个范畴。比如，高等教育培养人才的主要路径是教学，此外，科学研究也可以被用来培养人才，社会服务也可以为人才培养发挥作用，它们发挥作用的方式是与教学结合。也就是说，在教学过程中，让学生参与科学研究，让学生参与社会服务，学生通过参与科学研究和社会服务，能够熟悉科研要求，学会科研方法，掌握科研技术，体验科研精神；通过参与社会服务，学生能够熟悉社会现实，了解社会需求，解决社会问题，提高社会实践能力，还可以养成关心社会、贡献社会的品质。所以，科学研究和社会服务与高等教育是有关系的，但这并不意味着我们可将它们之间的关系任意进行界定。科学研究和社会服务只有在作为与教学共同发挥作用的人才培养路径的时候，才与高等教育发生关系。从这个意义上，可以说，科学研究和社会服务是“高等教育”概念外延范畴的事物，属于高等教育的方式方法或手段。

为了使大家更好地理解“高等教育”的概念，我们再对高等教育与科学研究、社会服务之间的关系做更深入的讨论。“高等教育”是培养社会高级专门人才的一种工作、活动或事业的统称，也可以看作一个社会事业部门。高等教育的载体是人和特定的组织，在现代社会承担高等教育任务的人是特定社会组织的组成人员。一般来讲，高等教育的载体主要是高校，即高等教育机构。这里就有两个概念：一个是“高等教育”，一个是“高校”。“高等教育”是一个抽象的概念，而“高校”是具体的；“高等教育”是无形的，而“高校”是有形的。高校以实施高等教育为根本使命，培养人才是其与生俱来的职责。“高等教育”与“高校”之间不能画等号，两个概念不仅性质不同，而且内涵差异显著。高等教育的内涵是高级专门人才培养的规律，高校的内涵则在于其组织的特性。二者之间的关系犹如住房与居住的关系，不能混淆。高等教育是高校的职能，是高校所开展的活动以及履行的使命；但高校的职能不只有高等教育，它还可能承担其他职能，事实上，在社会历史长河中，高校的职能是不断发展的，经历了一个由简单到复杂、由单一到多样的演变过程。这也使高校成为复杂的社会组织，其不仅规模庞大、结构复杂、功能多样、价值多元，而且类型多样、内外关系和运行方式千差万别。所以，我们说“高等教育”与“高校”是两个不同的概念，二者之间有联系，也有重要区别。很多人将“高校”等同于“高等教育”，或者将“高等教育”等同于“高校”，很多误解都是由此造成的。这个问题在后面还会涉及。

高等教育与科学研究的关系可谓不打不相识，二者之间关系的建立经历了一个过程。我国古代有书院，比如，岳麓书院、白鹿洞书院都很有名，这些书院既是学者研究学问的地方，又是他们传道授业、培养人才的地方。从这个意义上讲，我国古代书院是把研究和人才培养结合起来了。但在现代大学的发祥地——欧洲，早期大学却只具有人才培养功能，后来科学得到了发展，但它是通过大学之外的研究发展起来的，大学既不接受科学，也不开展科学研究。所以，欧洲早期的高等教育与科学研究并没有直接联系。科学研究与高等教育之间建立起联系是19世纪初期德国大学的事情，德国现代大学将科学和科学研究引入人才培养过程，不仅使高等教育拥有了更丰富的知识，而且使人才培养有了新的路径，这条新路径就是科学研究。德国现代大学引入科学研究首先是将其作为人才培养的重要路径，为此建立了实验室、研讨班等教学条件设施和组织形式。德国大学崇尚“由科学而达至修养”，科学和科学研究都是为人才培养服务的。这就使高等教育与科学研究建立起了一种内在的关系，科学研究被包含在高等教育过程之中。

科学研究在大学后来的发展中走到了另一个方向。它更专注于知识的发展和创新，成为教师的一个领地，学生往往参与不进去，学生的培养与科学研究隔离了。即便在一些所谓的研究型大学，也只是教师研究工作做得好，科学研究对学生的影响不能令人满意。这样一来，科学研究与高等教育就成了大学两种并行的职能，部分大学在很多时候甚至更重科学研究，很多政策措施用于激励教师做更多更好的科研，而对高等教育则往往口头上说起来很重要，落实到具体办学政策措施上却缺少实实在在的东西。这样的科学研究与高等教育的关系，除了创造新知识可以丰富高等教育的内容这样一种最基本、最一般的联系外，再没有其他更直接、更密切的关系了。所以，谈科学研究与高等教育的关系，不能笼统地谈，要明确具体的条件和情境，否则，就可能出现概念误用或滥用问题。

如果说最初科学研究与高等教育之间发生联系还是基于高等教育的需要的话，那么，社会服务并不是基于高等教育的需要而成为高校职能的。最初服务社会纯粹是高校的需要，当威斯康星大学提出全州每一个民众的需要就是大学的需要、州的边界就是大学的边界的时候，威斯康星大学并不是从高等教育角度提出办学宗旨，而是在高等教育、科学研究之外，发展了学校的第三种职能，即社会服务职能。所以，社会服务与高等教育最初是以一种并列关系在高校得到发展的，二者之间几乎没有什么交叉，社会服务更不是高等教育概念的内涵要素。

在社会服务成为高校的职能之前，高校的办学往往与社会的直接需要没有什么关系，除了从社会中获得办学所需要的物质条件和不间断的生源外，高校封闭办学，高等教育只是针对招到学校来的那些学生，科学研究也是在学校实验室和工作室做出来的，都与社会企事业单位没有关系，与那些没有机会上学接受高等教育的民众没有关系。所以，高校被看作象牙塔，不食人间烟火。但是，科学技术在发展，社会生产在进步，科学技术在社会生产中应用不但对生产从业人员的素质提出了更高的要求，而且是社会企事业单位在生产中时常面临的更新生产工艺技术、改造生产设备环境、优化生产过程和流程等的需要。这些需要是企事业单位自身不能满足的，社会其他组织也不具有满足这些需要的能力，只有高校拥有企事业单位所需要的专业人员和科学技术，这就使高校不得不走出象牙塔，实施开放办学，在履行高等教育和科学研究职能之外，发展直接服务社会的职能。高校开展社会服务后很快就尝到了甜头，不但开拓了自身的活动空间，有了更广阔的用武之地，而且受到社会欢迎，为争取更多的社会支持奠定了基础，所以，高校往往更自觉地投入社会服务中。也就是在社会服务中，高校发挥了其高等教育功能，使学生在参与社会服务的过程中增长才干，提高实践能力和动手能力，即这种社会服务发挥了双重作用：一是服务企事业单位，解决企事业单位的难题；二是开展产学合作，在服务社会的同时，使学生获得现场锻炼的机会，在帮助企事业单位解决问题的过程中，提高人才培养的质量。这样一来，社会服务就不再是单纯地以服务社会为目的了，它同时具有了高等教育的意义。从这个意义上说，社会服务与高等教育是有关系的，在“高等教育”的概念中应当有社会服务的位置，关键是从哪个角度来看。不过，几乎可以肯定地说，在“高等教育”概念的内涵中是找不到社会服务的位置的，它应该是“高等教育”概念外延范畴的要素。

明确了“高等教育”概念的含义，理解了高等教育与科学研究、社会服务之间的关系，我们就可以分析一些政策文件、名人讲话、专家论文中误用“高等教育”概念的情况。同时，高等教育学科的专业人员和学生在运用“高等教育”概念的时候，要特别小心谨慎，不要人云亦云，不要盲目崇拜专家权威，要用专业的眼光看问题，规范严谨地使用概念，养成严谨治学的风气。

二、高等教育与专业教育

“高等教育”概念被误用的情况很多，这说明要理解它的内涵和外延不是那么简单的事。从理论上讲，高等教育是在普通高中教育基础上所实施的一种专业教育，以培养高级专门人才为目的。一般来讲，这个概念包含了几个要素：一是普通高中教育是基础。有人就根据接受普通高中教育的年龄要求推导出其教育对象，一个人六岁或七岁开始上小学，12 岁或 13 岁上初中，接着上高中，一共是 12 年。一个人六岁开始上小学，正常情况下，18 岁上大学接受高等教育。据此人们把 18 岁年龄段的人口作为高等教育对象，把 18 ～ 22 岁年龄段的人口看作高等教育适龄人口。二是培养高级专门人才。一般而言，社会专门人才分为初级、中级和高级几个层次，初级专门人才主要由初等职业教育培养，中级专门人才主要由中等职业教育培养，高级专门人才则主要由高等职业教育培养。当然，社会上一些职业培训机构也能培养各种层次的专门人才，但学校教育除了进行职业能力训练外，还要对人进行全面发展教育。所以，高校在培养人才的时候，除了对学生进行专业教育以外，还要给予学生很多其他方面的教育，以完善学生的品德修养、身体素质、审美情趣、眼界见识和社会责任感等。这些不但有助于学生的专业发展，而且有助于学生适应社会，实现终身发展，过上美好的生活。在这两个要素中，高等教育适龄人口是教育对象，培养高级专门人才是目标，专业教育是手段。

传统上，18 ～ 22 岁的年轻人是高等教育适龄人口。但时代在发展，社会在进步，自古以来人们所说的活到老学到老，在今天的高等教育中已经不是问题。世界上很多国家或地区的高校都接收了大量的非传统适龄人口接受高等教育，我国已经放开高考年龄限制，不论多大年纪，只要个人有意愿，符合高考报名条件都可以参加高考，可以获得接受高等教育的机会。这一变化表明，高等教育对象已不局限于 18 ～ 22 周岁的年轻人，而是包括了各年龄段的人口。这既是社会的进步，又是高等教育的进步。

培养高级专门人才是现代高等教育发展的结果。有人认为，欧洲大学自古就开展专业教育。他们所指的专业包括法学、医学和宗教学教育，以培养律师、医师和牧师为目的。其实，这是一种误解。在欧洲古典大学阶段，大学教育所培养的人走上社会以后，如果要就业的话，只有教师、医师、律师和牧师等极少数几种职业是社会需要的。大学教育要对学生进行一定的文学、法学、医学和神学教育，但这些教育既不是分学科组织的，因为那时还没有现代的学科概念，更不是按专业组织的，专业教育是现代社会生产发展的需要。所以，不能将欧洲古典大学的教育理解为任何意义上的专业教育。

进入现代社会以后，高校的人才培养发生了一个显著的变化，就是按照专业来培养人。今天所讲的“专业”的英文词汇很多，有称为 concentration 的，有称为 major 的，还有称为 speciality 的，minor 与专业也有关系。这些英文概念作为高校的教育单位是很晚之后的事情，有人考证是在 19 世纪后期才开始出现的。从这里也可以看出，在此之前，“高等教育”是没有专业概念的。当时的高等教育是如何组织开展的呢？英国牛津大学、剑桥大学中有很多被称为 college、hall、building、school 的机构，今天我国高教界把这些机构称为“书院”，牛津大学、剑桥大学的教学就是在这些机构中组织的。这些机构的教学不分专业，学生接受的是一种综合性教育；培养的不是专门人才，而是一种类似于百科全书式的人才。到了德国现代大学，高等教育开始有 faculty，大学设若干个 faculty，比如，哲学院、文学院、法学院、医学院、神学院（也有称之为哲学学部、文学学部、法学学部、医学学部、神学学部的）。各学院之间是平等的，各自集中于自身学科领域的人才培养，当然，各学院之间的交叉沟通是专门学科领域教育的基础。现代科学或学科发展很快，知识分化迅速形成新的学科领域，原先一个学院的教育已经不能适应社会发展的需要，不能满足科学或学科发展的需要，于是在学院之下设若干个学系，学系可以根据自身的学科领域组织专门的人才培养计划。这样一来，高等教育又向专门化迈进了一步。19 世纪后期 20 世纪初期，工业化已经在一些国家实现，社会生产进入了机械化和电气化时代，社会分工日益复杂，与社会生产相关的很多职业对接受高层次专门教育提出了要求。不分专业、过于泛化的高等教育不能满足社会分工对高级专门人才的要求。部分大学曾经将学生的发展权完全交给学生，完全由学生自己选择学习内容和未来发展方向，试验下来，效果不理想，学生学习内容五花八门、零散无序，还有一些学生选那些容易通过的课程，所学课程缺乏内在联系，缺少社会职业适应性。在总结经验教训的基础上，一些大学开始尝试将学生要学习的课程进行适当的集中、聚焦，这样就使学生能在某一方面学得比较多，对与之相关的社会职业有更好的适应性。另一些大学在这种尝试的基础上更进一步，围绕特定职业需要组织起一套课程，形成一个培养方案，将之称为 major，让学生在完成一定的公共课程（通识课程）学习之后，就进入各种不同的 major 学习。major 就是所谓的专业，学完一个 major 的培养方案就是完成了一种专业教育。这种专业教育与社会职业是有直接关联的，比如，机械制造专业的学生毕业后，就可以进入机械制造企业，担任机械工程师或技术员。major 在有的国家叫 speciality，不管叫什么，翻译成中文都是“专业”。当专业成为大学教育的基本单位时，高等教育也就成了专业教育。所以，当今世界无论在哪个国家，无论在哪所高校，只要是高等教育，就必定有专业。哪怕是在那些传统最深厚的高校，它们也要进行某种形式的专业教育，以使自身的高等教育能够适应社会发展的需要。

专业教育已经成为现代高等教育的根本属性。这样说的话，那高等教育与专业教育之间是不是就可以画等号呢？这个问题并不简单。尽管高等教育的根本属性是专业教育，但高等教育还有其他属性，这也是不能忽视的。在不同的国家，高校开展的高等教育除了专业教育外，还有文化素质教育、人文教育、博雅教育、通识教育、基础教育或基本教育、自由教育、人文艺术教育，等等。这些都是高等教育不可或缺的组成部分。尽管我们说现代高等教育必须适应社会生产的需要，为社会各行各业培养能够胜任职业要求的高级专门人才，但与此同时，高等教育还要着眼于人本身发展的需要，在塑造人的品德、精神和灵魂方面发挥积极而重要的作用。不能把人当作单纯的职业从业者来培养，而应把人作为从事职业的人来培养，让受教育者的人性得到张扬，不但成为社会职业的专才，而且成为社会生活的积极参与者。所以，高等教育的内涵不只是专业教育，而是比专业教育范围更广。专业教育的主要取向是社会职业，而高等教育的着眼点是人的全面发展。

三、高等教育与大学

与“高等教育”概念密切相关的另一个概念是“大学”。不论是在严谨的学术研究中还是在人们日常的话语中，“大学”这个概念都用得很普遍。几乎只要谈到“高等教育”，就免不了要运用“大学”概念，正如我们在前面的讨论中经常会涉及“大学”一样。实际上，“大学”概念的含义是非常丰富的，比如，我们讲“我念大学”“我在上大学”“我要上大学”“我们学校要升格为大学”，这里的“大学”概念包含了不同的含义。每年 6 月，高中毕业生要参加高考，然后根据考试分数填报志愿“上大学”。这里的“上大学”，指的是进入各级各类高校接受高等教育。也就是说，这里的“大学”概念是一种泛指的接受高等教育，就大学组织而言，它包括了各级各类高校。但当我们讲“升格为大学”

的时候，它就不再是一般意义上的高校了，而是特指的一类高校，即特定层次、特定水平的高等教育机构。

就“大学”而言，它的含义实在是太丰富了，很值得品味，比如，古典大学与现代大学的含义差别很大。很多人写文章、出专著，论述大学逻辑、大学精神、大学理念、大学制度、大学文化，等等。很多时候不同的作者所运用的“大学”概念并不一致，差别很大，有的用的是古典大学，有的用的是现代大学，有的可能是古典大学和现代大学交替使用，还有的可能根本不区分古典和现代而是笼统地谈大学。要把这其中的差别弄清楚，需要明确什么是现代大学。现代大学是指 19 世纪初期以后以德国柏林大学为蓝本发展起来的高等教育组织。德国柏林大学被誉为“现代大学之母”，也被称为“世界第一所现代大学”。这所大学有什么独特之处呢？它的独特之处主要是针对古典大学而言的，也就是 19 世纪初期以前欧洲创立的那些大学，比如，当时的牛津大学、剑桥大学。今天的牛津大学、剑桥大学虽然已经现代化了，但在 19 世纪中期以前，它们都还是地地道道的古典大学。它们对学生实施古典的自由教育(或称“博雅教育”)，以培养绅士为目的，用拉丁语教学，教学内容不涉及现代科学，主要教古典学问，包括古希腊哲学和基督教教义等。这样的教育在社会现代化以前是可以的，有人把它看成农耕文化时期的产物，但到了 19 世纪，科学技术发展了，社会生产进步了，古典大学的教育脱离时代需要，与科学技术发展和社会生产需要格格不入。古典大学的保守为新大学的创办提供了契机，伦敦大学的建立就是英国在牛津大学和剑桥大学之外开拓高等教育发展新空间努力的结果。柏林大学的创办尽管有其特殊的动因，但它的实际办学表现出与古典大学完全不同的气象，包括引进科学和科学研究，采用本国语言教学，运用实验和研讨培养人才，办学中各学部地位平等，等等。这些都顺应了当时先进的文化科学发展和社会进步的需要，所以，柏林大学的办学模式被世界众多国家所效仿，几乎成为后来所有大学的标准办学模式。也正因为如此，它获得了“现代大学之母”的美誉。

我们现在要建设现代大学制度，是不是就是要建设 19 世纪柏林大学的那套制度呢？很显然，我们不是针对古典大学来讲的，古典大学离我们很远很远，但也不是复制 19 世纪的柏林大学制度，因为即使是现在柏林大学的制度也与当初名噪世界的制度有了很大不同。毫无疑问，我们已经处于现代社会，我国大学都具有现代大学的基本特征，但与此同时，我国大学又缺少现代大学不可缺少的一些制度规范、精神理念和文化。所以，建设现代大学制度，是要在今天中国的政治经济文化科技背景下，为我国大学开辟一条持续健康发展的道路。

我国曾经有发达的古典大学，但后来没有传承下来。湖南长沙的岳麓书院、江西九江的白鹿洞书院，都是古典大学；北京的国子监也是古典大学，但这些古典大学在清末都停办了。清末开始建立现代大学，比如，1895 年创办的北洋公学，1896 年创办的南洋公学，1898 年创办的京师大学堂。虽然这些现代大学初步建立了现代的制度形态，但现代大学制度并不是一朝一夕能够建成的，尤其是在像我国这样传统文化深厚的国家，建设现代大学制度是需要时间的。从清末到现在，经过一个多世纪的探索和努力，我国现代大学及其制度建设取得了巨大成就，现代大学对社会发展和进步发挥了基础作用。但毋庸讳言，我国大学的现代性仍不稳定，制度建设的任务仍然非常繁重。这也是为什么现代大学制度被作为国家政策提出来的原因所在。

在明确了大学的演变以后，我们就能对“大学”和“高等教育”两个概念有更深刻的认识，也能发现这两个概念被误用或使用不当的情况。大家在看一些相关的高等教育研究文章的时候，会发现不只是研究生的文章中会出现概念使用不规范的问题，有些学者，包括一些著名的学者在概念的运用上往往也存在使用不当的现象。高等教育学中有很多概念来源于实践，将这些概念上升到理性认识层面是高等教育学科建设的基本任务，需要包括高等教育学专业的研究生在内的所有学者共同努力，对基本概念进行科学释义。比如，除了“高等教育”“大学”“高校”“现代大学”“现代大学制度”等概念外，像“学科”“专业”“学系”“学院”“学分制”“学年制”“选课制”“必修课”“选修课”“导师”“校长”“教师”“教授”“教学”“课堂教学”，等等，都是需要谨慎对待的概念。严谨地对待概念反映的是治学严谨的态度。我们在写文章的时候，如果概念使用不当，是很难写出好文章的；如果概念运用规范，没有问题，至少可以说作者做学问的功底比较扎实。同学们在高等教育学科领域的发展刚刚起步，从一开始就要培养严谨对待概念的态度，打好学术功底，为未来的学术发展铺平道路。

今天我想跟大家聊的高等教育学的基本概念问题就是这些。大家如果还有什么问题我愿意再做一些交流，我也想听听大家的看法。

谢谢大家！

问答环节

问：概念问题确实重要，您能不能谈谈怎样理解“高校行政化”这个概念？

答：这是一个现实的概念。要理解“高校去行政化”概念，不能不谈“高校行政化”概念。关于“高校行政化”“高校去行政化”两个概念有很多的界定。这些界定有些是合理的，有些是不太合理的。“高校行政化”是个描述性的概念，它描述的是高校行政的程度或影响力的现象或形态，即行政权力影响过大的现象。这个概念抓住了高校行政权力或行政势力影响过大，导致高校办学不能按照它应有的要求来办这个核心要素。“高校去行政化”是与“高校行政化”相对的概念，是指高校消解过大的行政权力，减少行政影响力的改革过程。有人说去行政化就是取消行政级别，这样理解过于简单了一些，没有抓住行政化的核心问题所在。还有人说成立高校学术委员会就是去行政化。这不是在直接给概念下定义，而是用去行政化要做的工作来代替给概念下定义，从逻辑学来讲，这是不行的。

问：我有一个很迫切的问题，您认为当前高校去行政化有什么最切实可行的手段或途径？

答：你的这个问题比概念问题要复杂多了。高校去行政化要解决的问题是很复杂的，我不知道你有没有看过相关的文章，我曾写过几篇文章论述高校去行政化的问题，但我还是感觉没能把问题说得很清楚，所以，有再进一步研究、写文章的内在动力。从你刚才提出的问题来看，你是很有想法的。高校去行政化最关键的问题在于高校与政府关系的调整，高校行政化的问题大多源于政府对高校过多的、直接的管理，不解决这个问题，高校去行政化不可能有根本的改变。

问：昨天看到一则新闻，中南大学聘一位22岁的年轻教师为教授，网上对这方面有很多的讨论，您如何看待拔尖创新人才培养？

答：22岁当教授，绝对是天才。这样的天才不是今天我们大学的培养方式能够培养出来的。我一直对大学举办实验班、基地班、拔尖创新班等来培养拔尖创新人才持保留意见。拔尖创新人才应该是在平等、自由的环境中逐步冒出来的，不是在温室中培育出来的。温室中培育出来的苗子只要见到阳光就蔫了，没有了那个环境它就没有了竞争力。所以，拔尖创新人才培养的关键不在于建立特殊的机制，而在于完善现有的普通培养机制，就是一般的教学改革。

问：《教育规划纲要》提出了高校人才培养模式改革的要求，您认为应该朝什么方向改，采取什么创新措施才能更好地实现创新人才培养模式的转变？

答：这个问题其实很深刻，对这个问题最有发言权的应该是同学们自己。要解决这个问题，首先要认识这个问题的根本所在。大家刚刚从本科生成为研究生，可以反思一下，学校培养我们的过程，哪些是我们不满意的？应该怎么办？从反思中就可以找到现在的问题是什么，改革的方向在哪儿。现在很多学者的研究不是建立在调查研究基础上，而是凭概念进行想象，然后提出很多所谓的解决现实问题的办法。很显然，这些办法都没有什么实际意义。我一直跟我的学生讲，要有反思精神、批判精神，要能从我们自己所受到的教育中去找突破口，不要从文件或者别人的文章中去找。我们自己接受了中国大学教育，老师是怎么教我的，学校是怎么要求我的，哪些是有益的，哪些是有效的，哪些是我喜欢的，还有哪些是我不喜欢的，要通过这种反思和批判来发现问题、明确方向。念高等教育学跟念其他的学科是不同的，念其他的学科可能是一种“隔靴搔痒”的体验。比如，念企业管理专业，作为学生不可能有企业管理的体验；念机械专业，也没有机会去机械企业亲身体验。但念高等教育学不一样，我们可以通过反思自己的高等教育经历来理解高等教育，在反思中探讨高等教育发展问题。自己经历了，有了切身的体验和体会，再去看书、学理论，就可能产生共鸣，也就是与作者共鸣。很多同学在学习高等教育学的时候，也像学其他学科一样，没有把沉睡的教育经历和经验激活，这是非常可惜的。我国高等教育的人才培养问题就在我们自己身上，我们要把自己的教育经历利用起来，以我们个人的成长经历为研究对象，从切身体验出发探讨我国高校人才培养改革问题。当然，我们也要学习理论，把理论学习和经历反思结合起来，让我们的学习和研究更有真实感，提高学习和研究的针对性和有效性。

第八讲

高等教育内涵式发展*

实现高等教育内涵式发展，既是党和国家关于高等教育发展的大政方针，也是高校办学的基本要求。内涵式发展是高等教育发展的永恒主题，更是当下我国高等教育发展面临的重大课题。我国高等教育发展即将迈入普及化阶段，虽然外延式发展还有空间，但主要任务已经转变为实现内涵式发展。尽管如此，很多人只知道有这个政策要求，但对什么是高等教育内涵式发展、为什么要实现内涵式发展、内涵式发展要解决什么问题以及如何实现内涵式发展等问题并没有清晰的认识。一些相关理论研究对高等教育内涵式发展的解读往往更重于理论推理。这些状况无助于高等教育内涵式发展政策的全面落实，无助于高等教育发展实现从大众化向普及化的顺利过渡，无助于促进高等教育持续健康发展。本文将围绕实现高等教育内涵式发展的若干基本问题展开深入的讨论，以期从理论和实践两方面解答实现高等教育内涵式发展面临的若干基本问题。

一、何谓高等教育内涵式发展？

就高等教育发展而言，党和政府曾经提出了多种相关政策，内涵式发展只是其中之一，其他还有积极发展、加快发展、稳步发展、协调发展、特色发展、高

---

* 本讲是2017年7月3—5日笔者在中国高等教育学会主办的“2017年中国高等教育学会学术年会暨高等教育国际论坛”所做报告的文字整理稿。

水平发展、转型发展，等等。显然，这些政策之间既有联系，又存在显著差异。但是，很少见有关部门和相关人员对这些政策做出权威解读，往往是一些研究人员根据自身的理解进行解释，如此便造成人们对政策认识常常存在歧见，对高等教育内涵式发展政策的理解也是如此。

（一）高等教育发展与政策概念释义

根据有关学科的释义，发展是指事物前进的状态，包括由小到大、由简到繁、由低级到高级、由旧到新的运动变化过程，既包含了量的变化，又包含了质的变化。高等教育是一种培养高级专门人才的事业或活动。从国家或社会范畴看，它是一种事业；从高校范畴看，它是一种职能活动。因此，高等教育发展便是高等教育系统或高校职能活动由小到大、由简到繁、由低级到高级、由旧到新的量变和质变过程。就高等教育系统而言，发展是指培养高级专门人才的事业规模、范围、形式、结构、内容、效益、效率以及适应性、满意度等的量与质的积极变化；就高校职能活动而言，发展是指高校培养高级专门人才的活动覆盖面、受益人群、方式方法、内容、标准、效果、水平、质量和特点等的积极变化。前者着眼于高等教育整体，后者着眼于高校个体组织，但都指向培养高级专门人才。也就是说，不是培养高级专门人才的事物或活动，不应纳入高等教育发展范畴，一些与高等教育发展有关的事物或活动，比如，高等教育拨款或筹资，高校的科学研究、行政管理是高等教育发展的支持或保障要素，它们本身的发展不是高等教育发展。

高等教育系统的发展和高校人才培养的发展都有很多方式。按发展速度分，有快速发展、稳步发展等；按发展品质分，有特色发展、高质量发展、高水平发展等；按发展要素的范畴分，有外延式发展、内涵式发展、转型发展等。就高等教育发展动力来源而言，有自然延伸发展，也有主体选择性发展。前者使高等教育发展不受外力影响，甚至高等教育内部动力也是自发的，有一种顺其自然的意味；后者则是国家、社会组织或高校对高等教育发展方式的主动选择，追求一种目标导向明确的发展。因此，高等教育发展政策是政府、社会组织或高校根据宏观或微观高等教育发展状况，从满足经济社会发展需要和人民群众的高等教育要求出发所选择的高等教育发展方式。影响政府、社会组织和高校做出选择的因素很多，比如，经济社会发展水平和需要以及经济社会发展能够为高等教育发展提供的保障和支持，科技进步和产业升级改造的需要，国际化、全球化发展与国家和企业核心竞争力提高的要求，职业分化、升级及其对从业者素质和能力的要求，民众接受高等教育动机的激发以及家庭和个人经济能力的增强，高等教育自身扩张的要求。从一些国家和高校的高等教育发展政策看，在国家高等教育发展的不同历史阶段和学校生命周期的不同时段，政策往往有很大差别。这说明高等教育发展政策不可能脱离时代要求，把握时代脉搏、紧扣现实发展的需要是高等教育发展政策的着力点和生命力之所在。

（二）高等教育内涵式发展概念释义

党的十八大报告提出“推动高等教育内涵式发展”，党的十九大报告提出“实现高等教育内涵式发展”。姑且将“推动”“实现”两个行动要求放到一边，内涵式发展无疑是党和国家新时代高等教育发展政策的核心。那么，应当如何理解高等教育内涵式发展呢？在高等教育专业的词语中，有些词语源于英文表述，或直接由英文翻译而来，如“通识教育”“博雅教育”。有人解释“通识教育”的时候，将它拆分为三个语词，即“通”“识”和“教育”，在分别解释它们意思的基础上再概括“通识教育”的含义，对“博雅教育”也是如此。不论其含义解释得是否准确，单就这种释义方式的合理性就值得质疑。与前述一些词汇不同，高等教育内涵式发展是一个非常中国式的表述，因而可以通过对各构成语词的解释来理解其意义。

由于上文已经对“高等教育发展”进行了阐述，这里主要对“内涵式发展”展开探讨。就“内涵”的本意而言，它有两重意思：一是指事物的本质，二是指事物的内容。事物本质的发展主要表现为坚持与弘扬，事物内容的发展可以表现为增加，也可以表现为加强。对高等教育内涵式发展而言，“内涵”的两重意思是不能分离的，只有二者结合方能体现发展的意义。也就是说，高等教育内涵式发展要体现高等教育本质内容的增加或加强，即缺少的要补充或充实，已有的要加强或提升。

很多学者对“高等教育内涵式发展”进行了富有启发意义的探讨，相关研究论文数以万计，多数学者认为高等教育内涵式发展是相对于高等教育外延式发展而言的。比如，瞿振元认为，外延式发展强调的是数量增长、规模扩大、空间拓展，主要是适应外部的需求表现出的外形扩张；内涵式发展强调的是结构优化、质量提高、实力增强，是一种相对的自然历史发展过程，发展更多是出自内在需求。内涵式发展道路主要是通过内部的深入改革，激发活力，增强实力，提高竞争力，在量变引发质变的过程中，实现实质性的跨越式发展。张德祥认为，高等教育内涵式发展是以提高质量为核心的质量、结构、公平以及制度等各要素统一、协调、可持续的发展模式，判断高等教育是内涵式还是外延式发展的标准在于是否有利于高等教育的人才培养、科学研究、社会服务以及文化传承创新等基本职能的发挥与实现。在很多学者看来，内涵式发展是高等教育外延式发展的合理延伸，或者说是对外延式发展不足的纠偏。

究竟应如何理解高等教育内涵式发展呢？根据汉语表述习惯，“内涵式发展”中的“式”本身有多种含义，比如，物体外形的样子、特定的规格、典礼或有特定内容的仪式、自然科学中表明某些关系或规律的一组符号、一种语法范畴，表示说话者对所说事情的主观态度。不过，这里提到的几种语义解释似乎都不适合用于解释“内涵式发展”。在“内涵式发展”这个语词中，“式”的含义可以理解为“以某种方式”的意思，但即便如此，要将“内涵式发展”的意思解释清楚，还需要补充为了简化语言表达而省略了的词语，这里被省略的词语是“重视、加强、充实、增加或升华”等。所以，“内涵式发展”的完整表述应当是“以增加或充实内涵的方式发展”，当然，也可以是“以加强或重视内涵建设的方式发展”。由此可见，“高等教育内涵式发展”是“以增加或充实内涵的方式发展高等教育”或者“以加强或重视内涵建设的方式发展高等教育”的缩略语。这里所说的“内涵式发展”是政策言明了的，还有没有言明的，即内涵式发展的目的，就是通过内涵式发展要达到的实现特定的高等教育功能的目的。内涵式发展所要实现的高等教育功能，就是现在的发展还没有实现或实现得还不是很充分的功能。具体来讲，就是要提升高等教育品质，使同样规模、相似结构的高等教育能发挥更大的作用，产生更大的影响力，包括对完善学生人格、素养发挥更积极的作用，对社会文明进步发挥更大的推动作用，甚至对开辟新时代发挥引领作用。

如上所述，高等教育可以从宏观和微观两个维度来考察，高等教育内涵式发展需要从宏观和微观两个维度来解释。所谓宏观的高等教育内涵式发展是指在保持高等教育系统规模稳定或小幅增长的背景下，通过调整或优化结构、提高水平和质量的方式，使高等教育发挥更大、更好的作用。宏观的高等教育发展主要涉及高等教育结构、高等教育与人的社会化发展以及高等教育与经济社会的相互适应和互动等，就是说不仅涉及高等教育系统内部，而且涉及高等教育系统外部。因此，宏观的高等教育内涵式发展主要关注的是高等教育系统结构的改善和优化、高等教育系统运行效率和效益的提高、高等教育系统办学能力和办学质量的提升以及高等教育所发挥的社会功能等。

微观的高等教育内涵式发展主要涉及高校的教育教学及其功能的发挥。有人将微观的高等教育内涵式发展等同于高校内涵式发展，实际上二者之间是既相联系又相区别的关系。微观的高等教育内涵式发展着眼于高校的教育教学，也就是人才培养职能，但高校还承担了科学研究、社会服务等职能，如果这些职能与人才培养相结合、为人才培养服务就是内涵式发展所关注的；如果是单纯地发展科学研究和社会服务，就不能归入高等教育内涵式发展的范畴。因此，微观的高等教育内涵式发展是指高校以提高人才培养水平和质量为目的，所采取的加强人才培养能力、优化人才培养环境、改善人才培养条件、提高人才培养成效的举措及其所产生的效果。很显然，微观的高等教育内涵式发展可以有多种方式，比如，树立或强化以学生为中心的教育理念，提高教师的教学能力，丰富和扩大优质教学资源，建立健全个性化、更有效的教学运行机制，培育优良的教学文化，以达到提高人才培养水平和质量的目的。

概而言之，就我国高等教育发展的内在需求而言，内涵式发展的根本意旨在于从提高高等教育整体办学水平和办学质量出发，改革宏观和微观层面制约高校提高人才培养水平和质量的各种体制机制，加强高校教育教学条件和环境建设，改善并不断优化人才培养过程，建构与各级各类高等教育功能相适应的人才培养模式，保证各级各类高校人才培养不但与自身办学定位相吻合，而且能够很好地满足受教育者的高等教育意愿，适应国家和地方经济社会发展需要，对促进国民素质提高和社会文明进步发挥更大的作用。

二、为什么要实现高等教育内涵式发展？

内涵式发展是解决高等教育内在问题的方法，是高等教育众多发展方式之一，是高等教育自始至终永恒的发展要求。一般而言，内涵式发展往往是在高等教育发展过程中自然而然地实现的，尤其是在高校人才培养过程中通过师生的自省和自觉不断完善教育教学过程等实现的。但在高等教育逐步成为国家和社会利益的关键推动力量之后，政府和社会组织常常出台高等教育发展政策，以在宏观和微观层面指导高等教育发展。在高校进入现代化办学时期以后，战略选择和政策引导成为学校提高发展水平和办学质量的重要手段，高校也越来越重视制定自身的教育教学发展政策。但这还不足以使内涵式发展成为国家和高校高等教育发展政策的主题。

（一）内涵式发展政策是我国高等教育发展政策的逻辑延展

党和政府选择内涵式发展作为高等教育发展政策不是偶然的。梳理改革开放以来的高等教育发展政策发现，除个别年份有所摇摆外，我国高等教育发展政策的总体变化趋势是符合高等教育发展形势的。比如，1977 年党的十一大报告提出，要采取强有力的措施，扩大和加快各级各类教育事业发展的规模和速度，提高教育质量，以配合各项经济事业和科学技术事业的发展，适应社会主义革命和建设的需要。在“文革”结束后，推行扩大和加快高等教育发展规模和速度的政策是必要的。1982 年党的十二大报告提出，必须大力普及初等教育，加强中等职业教育和高等教育。在改革开放事业初步展开的形势下，加强高等教育是合乎时宜的。1992 年党的十四大报告提出，要优化教育结构，大力加强基础教育，积极发展职业教育、成人教育和高等教育，鼓励自学成才。在大力实施社会主义市场经济体制改革的背景下，积极发展高等教育是明智之举。

从 1977—2017 年历届党代会报告提出的国家高等教育发展政策（表 1）可知，高等教育发展政策明显地表现出阶段性，大致可以划分为四个阶段：1977—1996 年为第一阶段，主要表现为积极发展、加强发展政策；1997—2001 年为第二阶段，主要表现为稳步发展政策；2002—2006 年为第三阶段，主要表现为加快发展政策；2007—2017 年为第四阶段，主要表现为提高质量、内涵式发展政策。在前三个阶段，除了 1997—2001 年奉行稳步发展政策外，其他两个时期都实施积极发展、加快发展政策。即使在 1997—2001 年，1999 年实际开始执行的扩招政策使 1997 年提出的稳步发展政策没有能完全付诸实施。因此，可以说，从 1977—2006 年，我国高等教育发展政策总体上是以加快发展和加强发展为主线，以扩大办学规模、培养更多的高级专门人才为目的，以满足社会主义现代化建设快速发展的要求。2007 年我国高等教育发展政策开始转型，提高高等教育质量的发展政策于 2007 年明确提出，2012 年提出推进高等教育内涵式发展政策，2017年进一步提出实现高等教育内涵式发展政策，这三个五年期的高等教育发展政策一脉相承，步步推进，既具有历史发展的逻辑性，又具有现实需要的合理性。从这个意义上说，实现高等教育内涵式发展是40年来我国高等教育发展政策演变的必然选择。

表1　1977—2017年历届党代会报告国家高等教育发展政策一览表

年份	党代会	高等教育发展政策
1977	党的十一大	要采取强有力的措施，扩大和加快各级各类教育事业发展的规模和速度，提高教育质量，以配合各项经济事业和科学技术事业的发展，适应社会主义革命和建设的需要
1982	党的十二大	必须大力普及初等教育，加强中等职业教育和高等教育
1987	党的十三大	要坚持教育为社会主义现代化建设服务的方针，按照实际需要，改善教育结构，提高教育质量，克服教育脱离实际和片面追求升学率的倾向。必须下极大的力量，通过各种途径，加强对劳动者的职业教育和在职继续教育，努力建设起一支素质优良、纪律严明的劳动大军
1992	党的十四大	要优化教育结构，大力加强基础教育，积极发展职业教育、成人教育和高等教育，鼓励自学成才
1997	党的十五大	发挥各方面的积极性，大力普及九年义务教育、扫除青壮年文盲，积极发展各种形式的职业教育和成人教育，稳步发展高等教育
2002	党的十六大	坚持教育创新，深化教育改革，优化教育结构，合理配置教育资源，提高教育质量和管理水平，全面推进素质教育，造就数以亿计的高素质劳动者、数以千万计的专门人才和一大批拔尖创新人才
2007	党的十七大	优化教育结构，促进义务教育均衡发展，加快普及高中阶段教育，大力发展职业教育，提高高等教育质量
2012	党的十八大	办好学前教育，均衡发展九年义务教育，基本普及高中阶段教育，加快发展现代职业教育，推动高等教育内涵式发展，积极发展继续教育，完善终身教育体系
2017	党的十九大	加快一流大学和一流学科建设，实现高等教育内涵式发展

（二）内涵式发展政策符合我国高等教育发展战略趋势

政策必须顺应现实需要，因势利导，方能发挥引领、调节、促进或者限制的作用。40年来，我国高等教育发展政策总体上是顺应经济社会发展需要的，对我国高等教育发展发挥了重要的促进作用。历史比较表明，改革开放40年是我国高等教育发展的黄金时期，是高等教育持续积极发展时间最长的时期，是高等教育发展取得成就最大的时期，是人民群众从高等教育获益最多的时期，也是高等教育对国家经济社会发展发挥作用最显著的时期。

与上文谈到的政策相比，这 40 年的高等教育实际发展轨迹大致可以划分为三个阶段：第一个阶段是改革开放初期至 1998 年的缓慢增长期，第二个阶段是 1999—2010 年的快速增长期，第三个阶段是 2011 年以来的内涵发展期。改革开放初期，我国高等教育通过拨乱反正迅速恢复了秩序，高校人才培养开始走上正轨，到 1998 年，其间偶有较快增长，但总体呈缓慢增长趋势。据统计，1977 年普通高校本专科在校学生人数为 62.53 万，到 1990 年，增长到 208.21 万人，高等教育毛入学率达到 3.4%。1998 年，高等教育在学总人数为 923 万，其中，普通高校本专科在校生人数达到 340.87 万，高等教育毛入学率为 9.8%。从 1999 年开始，高等教育发展进入“快车道”，规模迅猛增长。到 2002 年，高等教育在学总人数达到 1462.52 万，其中普通高校本专科在校生达到 903.36 万人，毛入学率达到 15%。随后，我国高等教育毛入学率以年均 2%左右的比例不断增长，到 2010 年，高等教育在学总规模达到 3105 万人，毛入学率达到 26.5%。单就规模而言，我国高等教育发展创造了世界奇迹。从 2011 年开始，规模增长保持了平稳趋势，更加重视质量提高成为我国高等教育发展的主线。到 2016 年，高等教育在学总规模达到 3699 万人，比 1998 年增长了 300.76%，比 2010 年增长了 19.13%；普通高校本专科在校生达到 2695.84 万人，比 1998 年增长了 690.87%，比 2010 年增长了 20.79%；毛入学率达到 42.7%，比 1998 年增加了 32.9%，比 2010 年增加了 16.2%。另外，研究生教育发展也表现出类似的特点。统计表明，1998 年我国研究生教育招生数为 7.25 万，其中，硕士生招生 5.75 万人，博士生招生 1.49 万人，研究生在校生为 19.89 万人；到 2016 年，研究生招生数为 66.71 万，其中，博士生招生 7.73 万人，硕士生招生 58.98 万人，在学研究生达到 198.11 万人。2016 研究生招生数、硕士生招生数、博士生招生数和在学研究生总人数分别是 1998 年的 9.2 倍、10.26 倍、5.19 倍和 9.96 倍。

总体来看，改革开放 40 年来，不论是高等教育总规模、普通本专科在校生人数、高等教育毛入学率还是研究生招生数、硕士生招生数、博士生招生数和在学研究生总人数，在前 20 年有增长，但增幅较小；2000 年前后出现了一个快速增长期，增幅是惊人的；近年来在保持小幅平稳增长的基础上，发展重点发生了转向。应该说，在前一个阶段以规模扩张为典型特征的外延式发展中，高等教育保持了基本秩序稳定，守住了高等教育的底线，但高等教育系统整体办学水平和质量提高并没有同步实现。短时间里高等教育的快速大规模增长需要一个时期来消化增长所带来的办学压力，以保证高等教育持续健康良性发展，因此，可以说，高等教育系统的扩张激发了内涵式发展的动力。

高等教育水平和质量除了与高等教育系统规模和毛入学率等密切相关外，还与高校的办学状况直接关联。高校是高等教育的专门组织，高校办学历史的长短和办学规模的变化与高等教育水平和质量有密切关系。高校办学历史长短可以通过校龄来考察。从校龄来看，我国高等教育系统还非常年轻。统计表明，1949年，我国有普通高校205所，经过院（系）调整后，到1953年只有181所，1977年达到404所，1998年增长到1022所，到2016年达到2596所。若忽略在此期间的高校撤并情况，92%以上的高校都是在60余年里建设起来的。从建校历史推算可知，我国约30%的高校校龄少于10年，59%以上的高校校龄少于15年，超过73%的高校校龄少于35年，超过84%的高校校龄少于40年。年轻意味着发展空间大，但同时也往往伴随着发展不成熟，尤其是在我国，新的高校在建校初期常常是因陋就简办起来的，很多高校在师资力量、教学仪器设备、学科专业结构、管理与治理制度、教育教学规范和文化等方面与办学要求有较大差距，后期建设与发展的任务十分繁重和艰巨。另一个与高校高等教育水平和质量密切相关的问题是，我国普通高校办学规模增长很快，且增幅很大。1998年我国普通高校校均规模为3335人，到2016年增长到10342人，其中，本科学校校均14532人，高职（专科）学校校均6528人。2016年校均总规模比1998年增长了2.1倍。一面是大批新校的创办，一面是校均规模的激增，这两种情况都是提高高等教育办学水平和质量的大忌。我国高校底子薄、积累少、扩张快、资源少，如果说保证短时期的快速增长是一种不得已而为之之举的话，那么，在快速扩张达到一定程度后高等教育应当适时转变发展方式，由外延式发展转变为内涵式发展。

三、实现高等教育内涵式发展应当解决什么问题？

政策不是口号，不是空洞的倡议。政策应当具有实践导向和现实针对性，能够为实践或活动提供具体指导。作为一种政策，高等教育内涵式发展是针对现时代高等教育发展面临的重大挑战和现实需求提出来的，是现时代高等教育发展的行动指南。由于高等教育发展在宏观和微观两个层面的侧重点存在差异，所以，高等教育内涵式发展政策在宏观和微观层面要解决的问题也是不相同的。区分这个差别有利于更准确地把握高等教育内涵式发展政策的要义、正确认识高等教育发展的任务,从而在宏观和微观层面采取适当的战略举措,有效地解决高等教育发展问题,实现高等教育持续、健康、优质发展。

(一)宏观层面高等教育内涵式发展应当解决的重要问题

我国高等教育系统是庞大的,并具有鲜明的中国特色。在世界上的所有国家中,高等教育系统在学人数超过1000万的有三个国家,即美国、印度和中国,其中,美国为1900万人,印度为2800万人,中国为3600万人。而且如上所述,我国高等教育规模的大幅度增长是在1999年以后的10多年中实现的,我国高等教育系统是一个年轻的系统。从体系上讲,我国高等教育的各构成要素都是完备的,但内涵和底蕴不足却是客观事实。加强内涵建设,实现高等教育内涵式发展,是我国高等教育系统发展的紧迫要求。在宏观层面,实现高等教育内涵式发展主要应解决以下三大问题。

第一,高等教育发展重心偏低问题。在我国近2600所高校中,1300多所高职院校基本上是1998年以后发展起来的,它们大多兴起于中等职业教育,很多甚至是零起点创办起来的;在1200多所本科院校中,有600多所是2000年以后发展起来的,它们在举办本科教育以前主要是一些高职高专院校,所以,它们中的大多数举办本科教育的历史不到20年。从这个意义上讲,我国高等教育系统起点低、历史短、发展重心偏低。我国高等教育在快速扩张中十分重视质量保障,建立了完整的高等教育评估体系。从评估要求看,不但新建本科院校仍在努力达到合格标准,而且即便很多本科院校参加了审核评估,其教育条件和发展成熟度都还不能令人满意。本科院校的教育情况如此,高职院校的教育情况也很难说令人满意。从学校数量和教育规模看,新建的高职院校和本科院校是我国高等教育系统的主体,是我国高等教育大众化的主要依托力量,也是未来普及化阶段的主体力量。这些高校教育水平的高低直接决定我国高等教育整体水平的高低。办学历史短是不能改变的,这需要更多的时间,需要历史的沉淀,但教育发展水平与高校办学历史并非必然的因果关系,办学历史只是高校教育发展水平的影响因素之一,且不是决定的因素。在中外高等教育发展史上,很多高校办学历史并不长,却发展了高水平、高质量的教育,成为高水平人才成长的摇篮。所以,重视这些高校的发展,解决这些高校发展的困难是我国高等教育内涵式发展面临的重大任务。实现高等教育内涵式发展就是要提高新建高校的教育水平，整体性地提升高等教育系统的发展重心。

第二，高等教育同质同构问题。我国高等教育同质同构问题由来已久。尽管我国幅员辽阔，各地高等教育文化积累差别很大，不同地区高等教育发展很不平衡，但由于国家对高等教育实行集中统一领导，各地各高校均执行相同的高等教育政策，全国一盘棋，从而导致全国高等教育发展雷同现象明显。这种同质同构现象不仅存在于同层次、同类别的高等教育中，而且还存在于不同层次、不同类别的高等教育之间；不仅表现在高等教育学科专业结构、运行机制、管理制度等方面，还表现在高等教育的人才培养目标、教育标准与要求以及高等教育的文化精神等方面。比如，在高等教育发展与改革中，热门学科专业常常为各级各类高校所重视，开展文化素质教育、加强实习实践教学、推行通识教育、发展双创教育等几乎在同一时间受到所有各级各类高校重视，从而形成了全国高等教育几乎“齐步走”的壮观景象，由此带来的结果就是我国高等教育差异化、个性化不足，各地各高校办学特色不鲜明，高等教育对受教育者个性的塑造力薄弱，不能很好地满足人民群众千差万别的需求。

第三，优质高等教育发展不充分问题。优质高等教育是一个相对的概念，在一个庞大的高等教育系统中，肯定存在水平、质量的差异，这种差异不但存在于全国范围内，也存在于地区和省、市、自治区范围内。但如果我们将我国高等教育与国际上先进国家的高等教育比较，可以发现我国各类高等教育在水平、质量上都存在较大差距，尤其是在高水平、高质量的高等教育部分，我国所占的比例都很小。以世界一流大学为例，在各类大学排行榜上，我国位于前列的大学的数量非常有限，而美、英、德、日等国位于前列的大学的数量比我国多。优质高等教育发展不充分导致我国高等教育功能的发挥存在很大的局限性，造成我国高等教育培养的一流人才严重不足，高等教育促进经济社会发展的作用还远远不能满足需要，我国高等教育对人类文化进步和文明发展所做出的贡献还非常有限。正因为如此，大而不强成为我国高等教育发展必须解决的问题。

（二）微观层面高等教育内涵式发展应当解决的问题

高校是高等教育系统的主要组成单元，高等教育的功能主要通过高校的人才培养工作实现，高校的人才培养工作状况直接影响高等教育功能的发挥程度。在过去的20年里，我国高校从外到内发生了重大变化，高校的教育规模成倍增长，学科专业数量大幅增加，师资队伍人数由40余万扩张到160余万；很多高校的人才培养方案经过了多次修订，进行了一系列教学改革，课程体系改革和教学内容更新、与人才培养密切相关的综合改革等受到重视。所有这些改革和发展都对高校履行高等教育使命产生了积极而重要的影响。与此同时，高校教育教学工作中的一些深层次问题还没有得到解决，人才培养的基本模式仍然是传统的。在微观层面，实现高等教育内涵式发展应当直接针对教育教学和人才培养的一些深层次问题，采取有效举措，务必取得突破，使高校人才培养水平和质量提升到一个新的层次。

第一，高校人才培养专业化刚性过强问题。高等教育区别于基础教育的典型特征在于它是专业教育，以培养高级专门人才为目的。专业是高校组织和实施高等教育的基本单位，各种各样的高等教育活动通过专业得以有序地组织起来，造就社会各行各业所需要的人才。所以，高校人才培养的专业化是世界高等教育的共性特征。我国在20世纪50年代向苏联学习的时候，高校建立了严格的专业教育体系，确立了按专业组织人才培养活动的原则。在专业教育上，我国高校把专业与专业之间的关系看作孤立或对立的关系，把专业与社会职业之间的关系看作简单的对应关系，从而导致专业教育口径狭窄、缺少相互融通、人才培养的社会适应性不强。改革开放以来，高校对专业教育进行了持续不断的改革，但专业化刚性过强的问题在各级各类高校中仍然不同程度地存在，即便在一些高水平综合大学，专业刚性过强的问题也非常明显。这种状况不符合新时代世界高等教育发展趋势，也不适应社会人才需求多样化的现实要求。

第二，高校课程教学浅表化问题。高校人才培养的主要形式是课程教学，课程教学质量对人才培养质量有奠基性的作用，当然，这并不是说课外活动、社会实践、自学等对人才培养就没有意义或者不重要。不能说我国高校不重视课程教学，也不能说我国高校在课程教学改革上无所作为，实际上，教学改革一直是高校人才培养改革的重要主题。但教学改革深入课堂还很不够，尤其是教师的教、学生的学仍表现出很传统的倾向——教师主要教知识，而且是教材上的知识；学生主要学知识，且主要学教材上的知识。教学方式主要是教师讲、学生听，理论界热情倡导的探究式、启发式、讨论式、研究式、情景式、对话式等各种教学方式方法仍只在非常有限的范围得到应用，很多教师教的目的就是帮助学生通过考试，学生学的目的也是为了通过考试。这样，就形成了教、学、考高度一致的教学景象，现实的教学结果就是教得不深、学得很窄、考得很浅。课程教学浅表化的问题在我国高校由来已久，且造成这种现象的原因是多样而深刻的。不解决这个问题，不可能真正提高高等教育水平和质量。

第三，高校优质教学资源不足问题。教学资源是人才培养的基础条件，教学资源的优劣多寡对人才培养有重要的制约作用。我国高校十分重视教学资源建设，对发展优质教学资源倾注了不少的力量，但整体来看，效果还不是很明显，尤其是优质教学资源严重不足的问题没有得到根本改观。浏览各高校网站的学校简介会发现，一所有数万在校生的高校往往只有几位教学名师、若干精品课程、几个特色或优势专业；笔者在所参与的一些高校本科教学工作评估中发现，不少高校的老专业优质教学资源少，而新专业往往在为建设基本满足教学需要的资源条件而努力，优质教学资源建设还提不上议事日程；很多高校实践教学体系虚化，与企业签订的合作办学协议缺乏落实的保障机制，分散的实习实践教学形同“放羊”，集中的实习实践教学缺少稳定可靠的基地支持；教学与研究相结合、研究反哺教学往往停留于文件或号召中，本科生真正进入教师的科研项目团队或实验室参与研究的人数非常有限。优质教学资源不足已经成为影响我国高等教育水平和质量的主要问题，大而不强、大而不优不是我国高等教育发展应有的状况。

第四，高校教育教学文化薄弱问题。高校既是一个有形的人才培养组织体系，又是一个无形的人才培养文化环境。有形的部分对人才培养的影响不言而喻，不论是学科专业组织方式还是教学活动组织形式，都直接影响人才培养水平；无形的部分尽管看不见、摸不着，但同样有着重要作用，有时甚至比有形的部分影响更深远、更持久。我国高校教育教学文化经过“文革”的破坏后长久以来没有得到恢复，加上市场经济的消极影响，功利化、指标化的行政管理导向，更使教育教学文化发展偏离了应有的方向。例如，有的教师为了完成工作量而教学，有的学生为了获得文凭而学习，有的学校为了得到更多的生均拨款和学费而多招生，有的管理人员习惯于用各种指标评价师生的表现与教学的价值。价值导向的偏差使高校的人才培养缺少了精神的追求，师生之间缺少心灵的对话，教学过程缺少智慧的碰撞，校园活动缺少对生命意义的体验，学生的发展缺少爱的播种和善的教化。浅薄的文化不可能孕育高品质、高品位的教育教学，只有精神的力量才能触及心灵，才能感化灵魂，我国高等教育发展应当重视内在品质的改善，培植优良的教育教学文化，为人才培养提供适宜的土壤。

四、如何实现高等教育内涵式发展？

作为政策，内涵式发展符合我国高等教育发展的要求，也符合高等教育发展适应国家经济社会发展的要求。内涵式发展政策就是要解决好制约高等教育发展的体制机制问题，提升高等教育办学条件的品质，优化人才培养模式，更好地发展高等教育，使高等教育壮大起来，以发挥更大更好的功能。从内涵式发展政策的演变看，从党的十八大到党的十九大，从“推动”到“实现”，表明内涵式发展已经从发展方式要求转变为发展方式与发展目标相统一的要求。实现内涵式发展，尽管在宏观和微观层面路径是不同的，但都应紧紧围绕建构与各级各类高等教育功能相适应的人才培养模式，采取有效举措保证政策落地、产生实效、达到目的。

（一）宏观层面的内涵式发展路径

在宏观层面，实现高等教育内涵式发展的主体主要是高校主管部门，即中央和地方各级党委和政府及其职能部门。党委和政府落实政策的杠杆很多，包括制定规划或计划、资金支持、审核批准、扩大自主权限、评估、评优并予以表彰奖励等，这些杠杆都可以用来实现高等教育内涵式发展。比较而言，在我国高等教育发展的现实背景下，在宏观层面，要达到完善和优化人才培养模式的目的，内涵式发展更应重视以下三种路径。

（1）进一步扩大高校办学自主权，强化高校特色化发展。改革开放以来，政府对高校采取了比较宽松的领导管理方式，高校办学自主权扩大，办学的自主性增强。与此同时，在办学的很多方面政府的管控依然严格，包括招生计划、专业开办、课程设置、教材选用以及人员编制、师资聘用、管理与评价等都受到政府的直接管控，高校办学自主性未能得到充分的彰显，人才培养出现趋同现象，特色不足。高校不能自主办学，难有特色化发展；没有特色或者特色不鲜明，高等教育便难有内涵。实现内涵式发展必须解决高校办学自主性问题，为高校特色化发展创造条件。政府应当根据“放管服”改革要求，进一步扩大高校办学自主权，将一些不必要的行政审批、指标制定、人员考核、课程设置等方面的权限下放给高校，为高校自主办学创造必要的制度环境和行政文化氛围。应当采取必要的政策调控和资源配置手段，引导高校特色化办学，鼓励高校在人才培养方面进行符合自身条件要求的改革探索，推动每一所高校办出自身的特色。应当以更有效的政策支持和行政服务帮助高校解决依靠自身力量不能解决的人才培养的重大障碍问题，比如校企合作办学、产教深度融合的问题，使高校能够开拓办学空间，提高办学的社会适应性，造就高素质专门人才。

（2）发挥政策的杠杆作用，差异化配置高等教育资源。政府是国家利益的实现机制，是全体国民利益的维护者和实现者，是社会公平正义的监督者和保障者。政府掌控着主要社会公共资源的配置权，政策杠杆是政府配置资源的重要手段。毫无疑问，今天的高等教育与国家利益、国民利益、社会公平正义关系密切，社会公共资源配置对高等教育内涵式发展有重要影响。中央政府公共财政应从国家高等教育公平发展出发，进一步加大对中西部地区高校的支持力度，提高中西部地区高校的办学实力和办学水平。与此同时，加强对一流大学和一流学科建设的资助力度，支持部分大学和学科向世界一流迈进。对于保障国家重大战略的高等教育，中央财政应当予以重点支持，提高高等教育服务国家需要的能力。我国高校的主体部分是地方院校，地方院校不强，我国就不可能建成高等教育强国，因此应当更好地发挥地方政府的统筹作用，赋予地方政府更多的治理职能。地方政府应从地方高等教育协调发展出发，以增强地方高等教育服务地方经济社会发展能力为目标，根据优先发展要求加大对不同层次和不同类型地方高校的财政支持，在保证地方高校正常运行的基础上，支持地方高校重点发展、特色发展和优势建设，全面提高省域高等教育的办学能力和水平。

（3）进一步扩大开放，引进和吸收更多国际优质高等教育资源。优质资源不足是我国高等教育内涵贫乏的突出表现，这个问题在各级各类高校都有表现，只是程度不同而已，因此，加强我国高等教育的优质资源建设是实现高等教育内涵式发展的必然选择。一方面，政府应当引导优质资源的建设方向，为高校开展优质高等教育资源建设提供必要的支持；另一方面，进一步扩大开放，为高校对外合作提供更有效的政策支持，鼓励高校加强高等教育国际合作与交流，推进与国外高水平高校之间的深度合作交流。尤其是要为中外合作办学等提供更宽松的条件，加大对国外优质高等教育资源引进的力度，以补充我国高等教育优质资源，同时为高校师资队伍建设、人才培养方式方法改革、办学条件建设和运行管理等提供借鉴。

（二）微观层面的内涵式发展路径

尽管高等教育内涵式发展政策是由党和政府制定的，政策的实施需要宏观和微观两个层面的努力，但从根本上说，内涵式发展必须落实在高校人才培养上才能真正产生作用。因此，落实高等教育内涵式发展政策，各级各类高校既要承接宏观层面的要求和影响，又要发挥自身的积极性和主动性，将宏观要求与自身实际相结合，将宏观的影响转化为积极的促进效果，以人才培养为中心，建设性地开展人才培养改革与建设工作，构建内涵更多、水平更高、质量更优和效益更好的人才培养新模式。

（1）全面推进课程教学改革，强化学生有效的学习体验。高校开展高等教育的方式多种多样，包括课程教学、课外活动、社会实践等，但主渠道是课程教学，人才培养的进程是根据课程教学进度来计划的，人才培养的成效主要是通过对课程教学的评价来考核的。因此，课程教学在高校人才培养中居于核心地位，课程教学水平和质量往往决定了人才培养水平和质量的高低，课程教学的内涵往往代表高等教育的核心内涵。改变高校课程教学内涵单薄、教学水平和质量偏低的问题，是高校人才培养实现内涵式发展的根本要求。课程教学改革的关键在于改变简单的以知识传授为目的的课程教学范式，建立以促进学生全面发展为目的的课程教学范式，特别是要改变一讲到底、满堂灌注的教学方法，在课堂教学中融讲授、探究、实验、调查、讨论、展演、汇报等各种教学方法于一体，使学生能够深度参与、亲身实践、有效体验教学过程，克服学习只是听课的浅层和表层学习，真正实现深层的自主学习。

（2）多渠道开发利用教育教学资源，丰富教育教学内涵。在我国高校人才培养中，教材被赋予了特别重要的意义，它不仅是教师教的基本依据，更是学生学习不可缺少的教学资源范本；教师以教教材知识为主要目标，学生以掌握教材知识为学习目的，其他教学资源很少得到有效利用，以至于我国高校成为

"一本书的大学"。教育教学资源的丰富与否、利用充分与否对人才培养质量有重要影响，我国高校一般都比较重视图书馆、实验室建设，但图书馆资源常常没有被很好地利用，实验室的利用也不足。这些问题不仅与课程教学对学习的要求流于肤浅有关，而且与教育教学资源单调、资源的可利用性不高以及服务水平低有很大关系。要实现高等教育内涵式发展，高校应当加强对教育教学资源的开发，尤其应当开发适合信息技术和网络环境下学生学习的教育教学资源，重视与社会企事业单位发展合作教育，开辟社会教育教学资源利用渠道。高校还应当加强高水平教师队伍建设，重视优质教育教学资源的开发和利用，在充分开发和更好地利用校内优质教育教学资源的同时，加强与其他高校之间的教育教学资源共享互通，扩大优质教育教学资源的影响面，使更多的学生能够共享优质教学资源，从而丰富人才培养内涵，提高人才培养质量。

（3）进一步改革教学管理，构建弹性化、个性化的人才培养体系。我国高校人才培养刚性化，统一要求有余、个性化不足的问题由来已久，这个问题与教学管理陈旧落后有关。长期以来，我国高校教学管理采用垂直的行政管理方式，校长和主管教学工作的副校长为主要决策者，教务处处长和教务处各部门负责人为学校决策的主要咨询者以及决策的主要实施者和监督者，各二级院（系）往往是被动的学校统一政策和制度的执行者，二级院（系）灵活机动的权限非常有限。所以，各高校不同学科专业之间从培养方案到课程修读要求再到教学方式方法和毕业要求等大同小异，学科专业特点没有受到重视。尽管很多高校实行了学分制度、选课制度、转专业制度、双学位制度等教学管理制度，但由于理念陈旧、思想保守，这些制度往往徒有其形，没有真正保障学生接受弹性化、个性化的教育教学。实现高等教育内涵式发展，必须进一步改革高校教学管理，尤其要深化教学管理制度改革，在学分制度、选课制度、转专业制度、双学位制度、学生评教制度、教学考核制度等教学管理制度中，注入以学生为中心的元素，贯彻立德树人、教书育人的精神，赋予教学管理制度更多的人文关怀属性。要改革过度行政化的教学管理，建立健全校、院两级各类教学委员会制度，在教学管理中尊重教师的参与治理，保障各学科专业人才培养的内在逻辑得到遵循，为人才培养的弹性化、个性化创造条件。改革教学管理作风，树立以学生为本的教学管理价值观，从尊重学生个性发展的要求出发，构建满足学生个性化发展的人才培养体系。

（4）加强高校教育教学文化建设，培育高品质校园文化。文化是一种校园氛围，高校教育教学质量不但取决于课堂教学效果，而且取决于校园文化。优良的校园文化是一种无声的教育教学，学生置身其中、耳濡目染便习以为常，养成某些品质。校园文化润物无声，影响却恒绵久远，常常会伴随学生一生。我国高校校园文化底蕴浅薄，教育教学氛围浮躁，师生教学功利化倾向严重，如此将难以有高水平、高质量的人才培养。实现高等教育内涵式发展，高校必须加强教育教学文化建设，注重培育敬畏学术、尊重人性、热爱真理、亲爱良善的人文氛围，建设以促进学生全面发展为目的的师生学习共同体，打造紧密联系、相互理解、共同切磋的师生关系，大力提倡尊师爱生的风气，为师生心灵对话、智慧碰撞、情感互动创造适宜的条件和环境，使教育教学文化逐步沉淀下来，塑造高品质的校园文化，筑牢人才培养的文化根基。

第九讲

高校内涵发展*

各位领导、各位老师:

大家上午好!

首先欢迎大家来到厦门大学教育研究院学习!

这一次讲座的主题是“高校内涵发展”。近20年来,我经常去山东高校做调研,对山东高校的情况有一些了解。我知道山东高校都在抓发展内涵和内涵建设,很多领导对此很重视但同时也有疑惑:究竟什么是高校的内涵?怎么来抓内涵发展和建设?教育部明确要求推进内涵发展,但内涵发展与外延发展、特色发展、高水平发展、科学发展之间有什么关系?现在又提倡高校转型发展,内涵发展与转型发展之间有什么联系?高校领导弄清楚这些问题,对于谋划学校发展非常重要。今天我们围绕高校内涵发展主题,主要讨论四个问题。

一、高校内涵发展的含义

发展是一种变化,是一种从小到大、从弱到强、从简单到复杂的变化过程。这种变化包含了内涵的发展,只有有内涵的发展才是真正的发展。那么,什么是内涵?从概念上讲,内涵包括两层意思:第一,是事物的本质。我们说某人有内涵、某事物有内涵,往往是指人和事物的本质,指人和事具有好的品质。从这个角度讲,内涵更多地表现为一种内在的品质,是一种抽象的、整体的、概

* 本讲是2015年10月16日笔者为山东省高校干部培训班所做报告的文字整理稿。

括性的要素。第二，是事物的内容。内容丰富便是有内涵，事物有各种各样的表现，这种表现有层次上的，有类别上的，这些就构成了事物的内涵。所以，总体来说，如果既有本质又有内容，那么，这个事物就有内涵。明确了内涵的概念，我们就可以继续进行讨论。

为了更好地理解内涵发展，我们先来辨析几对关系概念。

第一，内涵发展与外延发展的关系。内涵发展在我国的提出不是偶然的，它有现实的高等教育发展背景。要理解内涵发展，可以从提出内涵发展的背景进行考察。过去，我国高等教育长期维持小规模、精英化的发展态势，高校规模小，在校生人数少，学科专业数量有限，校园面积普遍比较小。有人研究提出高校应当扩大规模，提高规模效应，这种发展方式被称为“外延式发展”或“外延发展”。外延发展的核心在于注重数量的增长。在高校发展中，数量表现在很多方面，但比较有代表性的指标主要是招生规模、学科专业数量、校园面积、建筑面积、教职工人数、财政收支。外延发展与内涵发展是什么关系呢？应该说，二者之间的关系是复杂而多样的。有人认为，外延发展与内涵发展是相互矛盾的关系，也就是说，外延发展必然导致内涵发展不足，或影响内涵发展。在高等教育发展策略上，只能要么选外延发展，要么选内涵发展，二者不能兼顾。表面上看，这样的认识似乎是有道理的，比如，学校大幅度增加招生规模，必然要求扩大建筑面积，增加教职工人数，筹集更多办学资源。在优质高等教育资源有限的情况下，数量的增长必然导致优质高等教育资源被稀释，高等教育水平和质量必然受影响。世纪之交的高等教育大扩招就是典型的例子。当国家高等教育招生规模以平均20%以上的规模扩张的时候，很多高校的高等教育资源紧张，现有资源完全不能满足新增学生的要求，宿舍、教室、食堂、教师、学科专业数量等都处于超饱和状态。为了维持正常的办学秩序，促进高等教育事业稳步发展，在财政部能给予有效支持的情况下，很多高校不得不大规模举债，新征教育用地建新校区，大量增设学科专业，大规模招聘新教师，这样一来，高校的办学犹如摊大饼，办学涉及的范围越来越宽，办学水平和质量可能不升反降，内涵弱化。在这种情况下，外延发展与内涵发展不是相向而行的，而是外延越发展内涵越薄弱，也就是说，外延发展与内涵发展是相互矛盾的。在这种背景下，高校要自觉控制外延发展，更注重内涵发展，不断提高办学水平和质量，提升办学品质。但外延发展与内涵发展并不是绝对矛盾的关系，实际上，它们也可以是相互促进、相辅相成的关系。在内涵发展的同时，适度的外延发展，有助于高校扩大内涵发展的效益，使更多的人享受高品质的高等教育。同理，在外延发展的同时，不放松内涵发展，尤其是注重新内涵的开拓和培育，可使外延发展与内涵发展相得益彰。所以，只有根据高等教育改革发展的需要，准确理解内涵发展与外延发展的关系，辩证地处理高校发展问题，才能把握学校发展的正确方向。

第二，内涵发展与特色发展的关系。在我看来，高校对特色发展的关注丝毫不亚于内涵发展，甚至可以说，对特色发展的追求体现在实际的办学过程中，而对内涵发展的重视主要还是在文件和会议上。我们知道，特色发展是在21世纪初期普通高校本科教学工作水平评估中提出来的，在评估方案中有一个办学特色项目，要求各参评高校总结提炼自身的办学特色，由此高校开始重视学校发展中的特色问题，很多高校明确提出要特色发展，打造鲜明的办学特色。关于特色发展、特色办学，有几句很经典的话——人无我有，人有我优，人优我特，能做到这几点，学校发展就有自己的特色。关于内涵发展与特色发展的关系，有人认为，特色发展有抓手，能抓出成效来，内涵发展太抽象，不知道从哪里下手。还有人认为，特色发展是刚性的，因为有专门的评估要求，如果学校办学与发展没有特色，评估结果不可能是理想的，而内涵发展的要求不明确，还处于号召阶段，没有评估验收。也有人认为，抓内涵发展可能影响特色发展，因为学校重点抓的内涵可能不是学校的特色。总之，内涵发展与特色发展之间不是相互关联的，而是相互割裂的，甚至可能是对立的。事实上，内涵发展与特色发展之间既不是对立关系，也不是相互排斥的关系，更不是要厚此薄彼的关系，它们之间是互为表里、相辅相成的，在很多时候甚至是完全一致的。没有特色的高校，一定是缺少内涵的；有特色的高校，或特色鲜明的高校，一定是内涵十足的高校。比如，有的高校在发展中重视研究和开发地方文化教育资源，将地方文化资源转化为课程或教学材料，供师生教学使用，这样就使地方文化精神融入学生的血液。有的高校重视培养学生的创新精神和创新能力，在课程教学中重视采用研究性教学方法，在第二、三学年就让大部分学生进入教师的研究团队，参加真实的科研课题研究，同时鼓励学生自己组织研究团队，参加创新竞赛活动。还有的高校积极推动产教融合，与关联企业一起组织开展校企合作教育，双方共同制订合作教育计划，组成合作团队，开展有实效的校企合作，学生对社会和企业的认知得到了拓展，实践和动手能力得到了提高。难道我们能说这些只是特色，不是内涵吗？显然不能，这些既是特色又是内涵，这些高校既是在追求特色发展，又是在推进内涵发展。从这个意义上讲，特色发展与内涵发展是一致的。根据我的观察和研究，内涵与特色是不可分的，特色就是内涵，在高校发展中，不存在有内涵却没有特色或有特色却没有内涵的现象。

第三，内涵发展与高水平发展的关系。从理性上讲，所有高校的发展目标都是指向高水平的。追求更高水平的发展是高校与生俱来的特点，在高校的人才培养中总有很多新的奥秘需要师生去破解，每一个学生都是一个特殊的个体，高校干部、教师都应当以止于至善的精神，研究学生的特点，采取适当的教育服务方式，帮助学生实现个性化的发展。铁打的营盘流水的兵，我们不可能找到两个完全一模一样的学生，即使是双胞胎大学生，他们也有各自的需求。所以，教育探索无止境，追求更高水平的办学、培养更高质量的学生是高校永无休止的使命。另外，高校担负着发展文化科学技术的使命，科学研究是高校的主要职能之一，科学研究是常新的，故步自封就会落后，不断追求高水平是科学研究的内在需要。因此，从高校的使命和职能看，实现高水平发展是一项永恒的战略。高水平发展有两层意思：一是对于发展过程的要求，二是对于发展结果的要求。过程与结果的统一是高水平发展的意涵所在。通过高水平发展过程，实现高水平发展结果，就是不但要追求发展过程的品质，而且要追求发展结果的品质，这与内涵发展有异曲同工之处。内涵发展就是高校要在发展过程中，不断提升发展品质，提高人才培养、科学研究和社会服务的质量，为社会文明进步、文化科学技术和经济产业发展做出更大的贡献。所以，高水平发展可以看作内涵发展的另一种表达。那么，高水平发展与内涵发展之间是否存在矛盾或对立呢？至少从高校办学实践看，二者之间不存在矛盾或对立的情况，任何追求高水平发展的实践都是在发展学校内涵，尤其是与学校办学功能直接相关的内涵。

第四，内涵发展与转型发展的关系。教育部要求高校转型发展，这一要求似乎越来越强烈，影响面越来越大，甚至有人提出所有高校都要转型发展。为什么要转型发展？是不是所有高校都要转型发展？从转型发展提出的过程来看，它首先是针对新建本科高校而言的，转型的方向主要是应用型，即要求新建本科高校向应用型发展，而不能像老的本科高校那样往理论型或学术型发展，不要走老本科高校的老路。为什么不走老本科高校的发展之路？因为经济社会发展需要大量的应用型人才，地方现代化建设在很大程度上取决于产业转型升级发展，如果没有大批应用型人才参与产业转型升级发展，地方的现代化建设是不可能实现的。所以，在地方经济社会发展中，新建一批本科高校，发挥它们在培养应用型人才方面的作用，成为地方社会现代化的现实需要。这些学校为什么不能走理论型或学术型的发展道路呢？一是它们本身的办学条件不足以支持，二是社会发展与高等教育整体布局的要求。这就说明转型发展是针对特定的高校提出的发展要求。所有高校都这样去转型发展，未必是高等教育的幸事，很可能是高等教育的悲哀。转型发展主要是对高校发展形态的要求，尽管可能对内涵有所涉及，但更多的还是形态，比如，人才培养目标的基本类型、学科专业的类型、教学中的主要知识类型、教学方式方法的特点、教学活动的组织方式。当然，应用型发展不是低质量的发展，它也追求高品质，但就其基本要求而言，首先是形态的转换。所以，转型发展与内涵发展可能有某种联系，但它们所关注的侧重点有显著差别。因此，我的基本看法是内涵发展与转型发展可以同步进行，也可以有先有后。

综上，内涵发展是一种专注于品质的发展，指高校学科专业的高品质办学、高水平发展，是对民众和经济社会发挥更大、更好的作用的发展，是健康可持续发展。

二、高校内涵发展的要求

内涵与外延是事物的两个方面，缺一不可。任何事物都不可能只有外延没有内涵，或者只有内涵没有外延，一定是内涵与外延的统一。但这并不是说事物的内涵与外延完全是同步发展的，在一定的时期，事物的发展可能在内涵与外延之间有所侧重。现在高校内涵发展之所以受到高度重视，与我国高等教育发展的阶段性特征有关系，也与高校自身发展的特点密切相关。概括起来，高校内涵发展的要求主要来自以下几个方面。

（一）政策要求

在高校内涵发展的要求中，国家政策发挥了引领作用。可以说，国家政策要求甚至早于高校的自觉。在较早的高等教育发展政策中，曾经有一项协调发展政策对高校影响很大，这就是规模、结构、质量和效益协调发展。除了规模外，结构、质量和效益都与高校内涵直接相关。当然，在国家高等教育政策中，明确提出内涵发展的要求是近年来的事情。2010年中共中央国务院印发《国家中长期教育改革和发展规划纲要（2010—2020年）》（简称《纲要》），提出以质量为核心的教育发展观，注重教育内涵发展。这是发展理念的转变。另外，政策中也提到鼓励学校办出特色、办出水平，出名师、育英才。这是发展结果的要求。所以，《纲要》中既有对发展理念、发展方式转变的要求，又有对发展结果的要求。我们在学习政策的时候，还要注意政策是针对学校层面还是针对国家层面提出的。

第二个文件是2012年教育部发布的《关于全面提高高等教育质量的若干意见》（简称《意见》）。《意见》共有包括30条，第一条就是坚持内涵发展，进一步明确了高校内涵发展的要求，内涵发展政策由此成为指导高校发展的主导性政策。这个政策是从国家高等教育系统层面提出来的。值得注意的是，近期关于高校转型发展的要求并不是高教司提出来的，更多的是规划司提出来的。部分学校落实转型发展在校名上大做文章，这只是表面的、形式上的转变，并不是内涵上的转型。

另外，需要明确的是，政策主要是引导性的，而非强制性的，政策往往有资源相配套。高校有自身的办学自主权，是否选择迎合政策需要高校根据自身的情况做出判断。高校办学需要有定力，不能一味地为迎合政策而迷失了自身发展的方向。

（二）舆论要求

21世纪以来，高等教育发展很快，为社会做出了一定的贡献，也让更多的人接受了高等教育。但是，高等教育并没有得到更多的赞扬和掌声，得到更多的可能是批评。我国高等教育总规模达到了3559万人，这在国际范围内也是不可匹敌的。将来有没有其他国家超过我国？根据我的研究，只有印度有超越我们的可能。2012年印度高等教育总规模达到了2800多万人，而且发展势头非常迅猛。我国高等教育毛入学率为37.5%，印度人口比我国略少一些，如果印度提高高等教育毛入学率，它是有可能超越我国的。从这个角度来说，印度高等教育发展的空间和我国大体相当。但是，印度也有限制其高等教育发展的因素，比如，经济发展水平弱、阶级等级鲜明。我国社会阶层的平等性是鲜明的，而印度的种姓制度非常严格，它在一定程度上限制了民众的社会阶层流动。美国高等教育规模庞大，而且实力强大，质量高，国际声誉好，但由于人口总规模较少，美国高等教育规模也只能维持在2000万人左右。如果美国不继续扩大国外留学生规模的话，它的高等教育总规模还会减少。除了印度和美国外，世界其他国家高等教育规模跟我国不在一个档次上。从规模角度讲，我国高等教育在世界上是无可匹敌的。

尽管国内舆论对高等教育少有很高的评价，尤其是“两代会”的委员代表们常常对高等教育发展提出尖锐的批评意见，但高等教育发展的成就是客观的，满足了数以千万计的民众接受高等教育的需求更是事实。我国高等教育发展取得的成就在国际上有很高的评价，尤其是在很短的时间内实现了高等教育由精英化向大众化的平稳过渡，建立了超大型的高等教育规模，在国际社会是罕见的。随着高等教育大众化向更高阶段发展，从“有学上”到“上好学”已经成为民众的新需要。近年来社会舆论对于提高高等教育质量的呼声日益强烈，反映了民众对优质高等教育质量的渴求。内涵发展就是对民众新需要的呼应。

（三）规律要求

我国提出普及高等教育的时间很早，20世纪50年代后期我国提出用15年的时间来赶英超美，普及高等教育。由于当时不具备普及高等教育的经济、文化和教育基础，所以，当时提出的宏伟目标没有实现。在高等教育由精英化向大众化发展，尤其是大众化发展的后期以后，高等教育毛入学率的增长速度将逐渐趋缓，高校发展的战略主题将由规模扩张转入水平提高。高等教育发展进入普及化阶段后，巩固规模发展成果，充实教育过程内涵，提高人才培养质量，成为高校办学的优先任务。

国际化既是高等教育的固有特征，又是衡量高等教育发展水平的重要指标。一般来说，接收越多留学生的国家，其高等教育发展水平越高，高校内涵发展越好。统计表明，我国接收外国留学生的数量排在世界第九位，看上去这个位次是不错的，但我国接收的留学生人数占国际留学生总数的比例仅为

2%。这一成就的取得并不容易，国家提供了大量的奖学金资助，各高校也是八仙过海、各显神通，以吸引来华留学生。在座的有些领导是主管国际教育的，对这方面的情况更熟悉。这种状况说明我国高等教育的国际影响力还不够高，国际声誉还有待改善。改善国际声誉不单纯是一个宣传问题，更是一个实实在在的提高办学水平、提高人才培养质量的问题。与来华留学生的情形形成对照的是，我国出国留学生人数排在世界第一位，规模远超其他国家。我国有170多万人在外国留学。也就是说，如果这些人回国的话，我们还要办170所万人大学。如果我国高等教育的质量不提高、内涵不丰富，那么，出国留学生的人数还会增加。

（四）高校生命周期要求

高校是一种生命组织。高校的生命周期分为创业期、中兴期和成熟期，每个时期的任务是不同的。在创业期，学校发展的任务主要是两个：建基立业和建章立制。建基立业包括基础设施建设、学科专业布局等。建章立制就是要建立规章制度，使学校运转起来。高校建立之初，办学实力比较弱，还谈不上有内涵。比如，哈佛大学一开始只有九个学生、两个临时代课教师，各方面的办学条件都十分简陋；斯坦福大学建校之初几乎办不下去了；卡内基·梅隆大学最开始只是一所中专学校。这些大学都经历了一个不短的创业期。高校发展到中兴期后，因为基础已经打好了，高校发展的主要任务转变为抓内涵建设、抓特色建设、抓优势建设和抓质量建设，学校开始进入爬坡发展阶段。中兴期的时间可长可短，各高校的情况有所不同。最后进入成熟期，成熟期的高校有以下表现：常规化地办学，高水平地贡献。常规化办学的意思是高校到了这个时期，不需要特殊的改革，只需要常规性地办学，就可以做出高水平的贡献。这是高校发展所追求的一种理想状态。

我国高校大多处在创业期向中兴期过渡的阶段，处在创业期的一些“尾巴”问题还没有解决。比如，建章立制问题在我国高校中还没有完全解决好；学科建设问题，即使在清华大学、北京大学也是存在的。从高校的生命周期看，从创业期向中兴期发展的阶段就存在转型问题，转型发展要适应每所高校发展的生命节律。另外，高校还存在自主发展问题，高校的法人化还面临不小的困难。尽管我国高校自主办学能力有了明显的提升，但自主发展能力不足问题还很突出。高校拥有办学自主权，就能够决定自己的发展道路。处于发展中兴期的高校必须重视内涵发展，才能增强办学底蕴，积攒向成熟期过渡的实力。

三、高校内涵发展存在的问题及其根源

内涵发展的前提性判断是内涵不足。据统计，1999 年我国普通高校共有 1071 所，其中，有 1/3 左右的高校在高等教育管理体制改革中进行了合并或整合；2014 年，全国普通高校数增加到了 2529 所。这就是说约有 2/3 的普通高校校龄不足 15 年，从这个意义上说，我国高校整体上是非常年轻的。因此，我国高校内涵不足也不以为奇。但令人奇怪的是，那些校龄较长的高校也都存在内涵单薄的问题，且问题非常严重。这就不能不引起重视了。

（一）高校内涵不足问题的主要表现

内涵不足不是一个单因素问题，它是一个复杂的、多层面、多方面的问题，也就是说，表现在高校办学的方方面面。归纳起来，主要有如下几个方面。

第一，教育内涵单薄。教育内涵单薄突出地体现在“一本书的大学”上，即教师教一本书，学生学一本书，考试考一本书。这本书就是教材。上个星期，我作为教育部评估专家到一所大学进行本科教学工作审核评估，考察表明，有 20% 的学生四年中从来没有去图书馆借过书。虽然重视教材无可厚非，但是，过度重视教材，甚至片面地依靠教材，就不好了。2002 年，我去美国波士顿学院访学，为了深入了解美国大学教育，我修了两门本科生的课，对这两门课进行了全程跟踪，参加了所有的教学活动。上第一节课的时候，老师发给学生教学大纲，其中包括所用教材、主要阅读书目、期刊和报纸的文章、主要教学内容、每一次课的学习要求和任务、考核方式、评分标准等。学校对学生每学期选修课程的数量是有限制的，不能选修过多的课程，以免造成学习负担过重，学习效果不好。比如，哈佛大学规定学生四年要修 32 门课，平均每个学期修读四门课。大家不要以为修读四门课是一件轻松的事情，实际上，课程难度非常大，要得到通过的成绩必须付出很大的努力，要取得优良成绩必须付出全部的努力。相比之下，我国高校学生的学习过程是比较轻松的，很多学生修读 10 门以上课程都不在话下。据我观察，极少学生上课的时候会在书包里带上学

术著作，他们所需要的只是笔记本和教材。与发达国家相比，我国高校教育内涵单薄是不言而喻的。

第二，学科专业内涵单薄。这个问题在我国高校或多或少都存在，尤其是在新建高校中问题更加突出。有些高校在宣传网站上写有几个重点(品牌)专业、有多少位知名专家，每每看到这些宣传数字的时候，我都不知道这些高校的宣传网站到底是在表扬学校还是在批评学校。高校如果有数十个专业，但却只有几个重点(品牌)专业，就不值得宣传。曾经有大学二级学院领导问我："什么是专业？什么是学科？"专业是高校根据社会人才需求设置的教学单位。专业由以下几个要素构成：社会人才需求、知识、学生。从知识要素来看，每一个专业所涉及的知识都不应该是单一学科的，而应该是多学科或跨学科的。我国高等教育有一个弊端：往往把专业的知识领域过于狭隘地理解为某一个学科领域的知识，与其他学科知识关系不大，这就限制了专业的内涵。高校应当根据大学生的特点来设置专业，以此为出发点再去考虑其他相关问题，比如，专业的办学规模、办学条件、师资力量、专业培养方案。这样一个完整的专业办学体系就建构起来了。

专业与学科是什么关系呢？高校专业知识的背后是各门相关学科。一个专业的知识可以一个学科的知识技术为主，协调其他相关学科领域的知识技术。如果学科的水平低、内涵少，那么，专业所开出的课程会是有限的，发展的水平也是有限的。因此，要抓学科建设，就要从知识、技术方面抓。知识技术领域越开阔、内容越丰富，这个学科就越发达。所以，专业建设和学科建设是相互支持的。在座的领导有学师范教育出身的，有一个比喻能够形象地说明学科专业的区别：综合大学的学科就像是一头大象，庞大而多姿，师范大学的学科知识就如同大象的一条腿，学科的基本要素能够满足专业的办学需要就可以了。总体来说，学科、专业内涵和高校内涵之间是有交叉重复的，当然，它们之间也存在差别。

第三，师生价值观单薄。这个问题非常复杂，就教师而言，主要表现在为了迎接评估而抓教学建设，为了领导高兴(满意)而工作，为了满足工作量要求而教学，为了评职称而做科研。就学生而言，他们并不是真正在追求知识和享受教育过程，而是为了拿文凭而不得不学习。有一个制度我觉得特别不可思议：一个学生可以不修某一门课，只要通过考试就可以得到学分。课程的目的是要让学生体验教学，而不只是让学生通过考试。体验式的教育课程才是我们所期望的。华中科技大学教育科学研究院的涂又光先生曾提出了一种泡菜理论：在制作泡菜的过程中，如果泡的时间过长，泡菜会变质，不能吃；泡的时间短了，泡菜还没有进味，不好吃；只有泡的时间刚刚好，泡菜才爽口好吃。这个理论很形象地说明了培育过程对学生发展的作用。教育不是可以随意减少或者增加的，教育本身是有规律的，不能违背规律办学。

第四，办学条件单薄。21世纪以来，我国高校办学条件得到了显著改善，但条件不足、标准不高的问题依然突出。到目前为止，我国没有一所高校能够为每一名教师提供办公室，高校在设计办学条件的时候往往比较重视集体办公场所，而不重视教师个人办公室建设。这就导致高校教师成为“走教性”教师，有课就到学校，没有课的时候教师在学校无立锥之地。办公室是教师的工作场所，是师生交流沟通的场所。没有办公室的教师只是高校的临时工。教师只到学校上课，上完课就走了，不在学校从事其他工作，这样的高校必然缺少学术氛围，师生交流互动很少，对学生成长的影响也比较小。另外，很多高校重视教学实验室建设，研究实验室很少。有足够的教学实验室，只能说满足了本科教学最基本的条件。行政办公条件比较充分，教学科研条件单薄，这表明高校的内涵是不足的，功能发挥必然是有限的。

第五，制度单薄。高校制度包括正式制度和非正式制度。不能说我国高校不重视制度建设，事实上，我国高校非常重视正式制度和非正式制度建设，但就正式制度而言，很多制度的行政化色彩浓厚，与高校作为学术组织的特性并不完全吻合，比如，高校干部使用中的轮岗制度、领导干部直接从地方党政部门调任制度、教师聘用中的公考制度、经费使用中的结余收回制度，对高校学术发展的作用存在弊大于利的问题。此外，在非正式制度建设方面，很多高校重视校园文化建设，比如，重视开展一些热热闹闹的文化活动，重视建设亭台楼阁，铺陈花草奇石，营造优美的校园环境。这些以文化之名开展的工作，实际上文化内涵非常薄弱，尤其缺少与高校学术发展和学科专业办学相匹配的文化要因。很多高校的校园文化活动开展得热热闹闹，但学术文化内涵却十分单薄。这是非常令人尴尬的景象。

我国高校内涵单薄不但制约了高等教育快速、健康、可持续、高质量发展，而且无助于增强高等教育的实力和竞争力。

（二）造成我国高校内涵不足的主要原因

我国高校内涵不足是一个比较普遍的问题，造成这一问题的原因不是单一某方面的：有高校内部的，也有高校外部的；有现实的，也有历史的；有条件方面的，也有思想和制度方面的。就高校内部而言，有几点需要重视：一是高等教育理念发生了偏移；二是高校的组织性质发生了异化；三是教师的职业理想不再那么纯粹；四是学风浮躁，师生员工在外部诱惑面前缺少了有效的防火墙；五是学术文化积淀不足。很显然，这些问题都不是一天两天形成的。

这里我们不就每一个方面的原因进行详细的讨论，主要就高等教育理念偏移的现象做些说明。高等教育是一种人类活动，现代高等教育不但继承了人类教育文化传统，而且为了适应现代社会需要形成了具有现代性的思想观念。现代高等教育理念是高等教育规律的反映，是高校办学的基本依据。现代高等教育具有服务社会生产发展的功能，高校在教育教学过程中必须注重培养学生的职业技能，以使学生毕业后能够胜任一定的职业。可能是因为这个缘故，有人提出了一种高等教育理念，即办学要以就业为导向，要求高校专业建设与调整、办学条件建设、教师素质要求、学生能力发展要求、学校工作评价等都为学生就业服务。有的高校甚至提出一切以就业为导向，似乎就业是高等教育的全部。不敢想象这种理念指导下的高等教育可能带来什么样的后果！

我们不否认就业的重要性，但就业能力培养只是高等教育的功能之一。高等教育的本质在于人的塑造，塑造人格健全的社会职业从业者是高等教育的使命所在。这就是说，就业能力不是孤立存在的，而是学生综合素质的一个组成部分。不能只见树木不见森林，高等教育尤其不能片面化，应当着眼于学生的全面发展，特别是要着眼于培养拥有健全人格的人。有人可能会说，如果不高度重视学生就业能力培养，要是学生就业出了问题，就业率达不到教育部的要求怎么办，谁能负得了这个责任？确实没有人能够负得了这个责任，但我们也不必为这个问题太费心思。

根据我们的研究，我国高校毕业生就业本身没有太大的困难。我国每年新增就业人数超过 1300 万，而每年的高校毕业生人数只有 700 多万，在我国现在的就业环境下，大学生是就业市场上的优势力量，他们的就业竞争力是很强的。从这个意义上说，高校毕业生的就业问题其实是一个“假问题”。当然，我们也看到每年确实有部分毕业生没有及时就业。调查发现，这些毕业生没有就业的原因是多方面的，有的学生因为想考研而没有就业，有的学生因为家庭背景优越而不选择工作，有的学生因为没有找到自己满意的职业岗位而没有就业。可能也有一部分毕业生是因为自身的能力和素质问题找不到工作。高校毕业生就业问题也存在区域不平衡的现象，我国地域辽阔，西部、中部、东部地区产业发展水平存在较大的差异，用人需求各不相同，这就导致了就业的不平衡。

为了提高学生的就业能力，各高校有各自的方式、方法。客观上讲，有些高校的方法并不一定能够达到目的，有的方法可能还限制了学生就业能力的发展。比如，有的高校在现有课程体系之外希望通过开设创新创业课程，达到提高学生创新创业能力从而提高就业能力的目的；还有的高校重视课外创新创业教育与实践，希望学生在创新创业实践中增强就业能力。这些方法不能说完全没有效果，但都属于“打补丁”的方法，不能从根本上解决问题，更确切地说，这些方法有舍本逐末之嫌。我们知道，高等教育的主渠道是课程教学，学生素质的养成主要是通过几年不断线的课程教学实现的；学生的综合素质和各种单项素质，包括就业能力，主要是通过各门课程教学培养的。如果不在每一门课程教学上下功夫，学生的发展是非常有限的。提高每一门课的内涵，让每一个学时发挥其应有的作用，才能从根本上提高学生培养质量。

四、高校内涵发展的策略

高校内涵发展是一篇“大文章”。不同高校的校情不同，内涵发展的要求和任务也不同，发展策略也各不相同。所以，不能期望有一套适合所有高校的内涵发展策略。这里仅从一般意义上就高校内涵发展应当重视的几个方面略做讨论。

第一，落实法人地位。高校内涵发展是有条件的，这些条件不只是高校内部的，还有高校外部的。在一定程度上，如果外部条件不具备，高校内涵发展是很难真正实现的。在外部条件方面，政府落实高校法人地位，赋予高校应有的法定办学自主权，是高校实现内涵发展的重要前提。如果政府部门对高校管得过细，这种管理方式无异于捆住了高校内涵发展的手脚，会令高校动弹不得。内涵发展既是高校的内在要求，又是政府的战略诉求。政府应当转变管理方式，依法落实高校办学的自主权，使高校真正拥有法律赋予的法人地位，为高校实现内涵发展松绑，使高校能够从校情出发选择适合自身发展的道路。

第二，解放学术生产力。要实现内涵发展，高校应当进行制度改革和再造。我国高校的很多制度不是基于高等教育规律制定的，而是基于行政管理的要求制定的。这些制度不符合高等教育的要求，对高校内涵发展是起限制作用的，应当改革，以解放学术生产力。比如，高校人事考核制度过于重视教师工作绩效的数量要求，包括年课时量、发表文章数量、课题数量、研究经费数量、成果转化产值等。这个绩效指挥棒就使很多教师单方面地追求数量指标。事实上，一些工作绩效数量占优势的教师得到了更好的待遇。很多教学制度非但不能激励教学优秀，反而可能导致教学平庸。转专业制度在各高校得到了普遍实施，但学生申请转专业的条件大多不是因为学习有困难、兴趣和志向不在现有专业，而是学习成绩优秀，往往是排名在年级前列。这样，转专业制度就由一项学生学业困难救助制度变成了学业优秀奖励制度。教材使用制度往往规定一门课程只能采用一本教材，这就使得课程教学内涵严重不足。总之，高校应当遵循高等教育规律，对各种教育教学制度进行改革或再造，建立健全符合内涵发展要求的制度，提高学术生产力。唯其如此，高校办学水平才能不断提高，高校发展内涵才是符合高校组织性质要求的。

第三，转变办学模式。我国很多高校因为受限于办学自主权，往往采取按照政府部门指示办学的方式。这样做的好处是能保证政治方向正确，不容易犯错。但是，数以千计的高校办学所面对的复杂形势和要求，并不是坐在政府办公室的几位行政管理人员就能考虑周全并能做出正确决策的。实际上，政府部门官员从来不会因某一所高校发展而进行全面系统的跟踪研究，并为其定制相应的政策。高校必须转变办学模式，由遵循政府部门指令办学转变为根据自身需要自主办学。这是高校内涵发展的要求，在高校已经拥有一定的办学自主权的情况下更应当如此。高校应当实施战略管理，以战略引领发展，确保办学的前瞻性和持续性；要研究战略，制定适切的战略。高校发展战略主要由三大要素构成，包括发展愿景、发展目标和重大行动。用发展愿景指引学校发展方向，用发展目标规范学校发展轨迹和任务，用重大行动推动学校发展转型升级。

第四，提升培养过程质量。培养过程是高校内涵的集聚地，是高等教育质量生成的过程。显然，培养过程质量的高低对高校内涵有着非同一般的影响。我国高校培养过程过于简略，一本教材的教与学贯穿整个教学过程，教师教教材，学生学教材，考试考教材，教学过程的内涵集中体现在教材内容上，这样的培养过程是不可能培养出高素质人才的。应打破一本教材一统天下的培养模式，丰富高校教学内容和教学方式方法，改变满堂灌、照本宣科的陈规陋习，坚持以学生为中心，培养学生自主学习能力，为突破一本教材的教与学奠定坚实的基础。提高培养过程质量的关键在教师，落脚点在学生。教师应当主动作为，自觉学习并践行先进的教育教学思想，在讲授之外积极采用讨论、小组合作、汇报、研究、实验、表演等多种教学方法，调动学生学习的积极性。与此同时，组织并指导学生自主学习，使学生在自主学习中学会自我发展，从而达到提高人才培养质量的目的。

第五，培育宁静的校园文化。高校是一种文化传承组织，文化的性质、类型、功能、表现形式、活动者的行为等都对人才培养有着重要的影响。高校文化传统如果悠长而深厚、学术含量浓厚、学术色彩鲜明，那其内涵必定是丰富的，对人才培养的影响也是积极而有效的。我国高校不能说不重视文化建设，尤其是在学生的文化活动方面，我国高校往往下很大功夫组织，表面上轰轰烈烈、热热闹闹，但真正能够体现高校性质、沉淀下来对学生发挥深刻影响的却不多。高校是学术组织，它主要是通过学科专业的人才培养活动造就社会所需要的全面发展的人才。学科专业不同，其文化特性也不同，高校应当重视发展与学科专业相匹配的文化，重视与教育规律相匹配的教育文化。不论是学科专业文化还是教育文化，都有一个特殊的属性——宁静。校园应当是宁静的，而不是嘈杂的，更不能是浮躁的。宁静的文化及其氛围和环境更有利于学生修身养性、陶冶情操，更有利于他们在学习过程中深度思考、沉淀思想。这样的文化氛围和环境才能体现高校的内涵，才能发挥润物细无声的作用。

第六，发挥关键人物的作用。高校内涵发展是全校师生员工共同的责任，只有全校每个人都参与才能从根本上转变学校发展模式。但高校实施内涵发展也离不开关键人物的推动。在我国高校，关键人物就是书记、校长，所以，在座的各位领导都是推动学校内涵发展的关键人物。研究表明，所有高校的发展过程中都有关键人物的印记，他们往往在学校发展的关键时期扭转了学校的办学局面，推动了学校的发展，给高校带来富有传奇色彩的发展成就。他们因为做出了特殊贡献，往往被载入高校发展的史册，为人们所传颂。我国高校整体上正处于发展的转型时期，这是一个需要传奇的时代，需要有人勇敢地站出来，担当起时代使命。大家在各高校担任领导工作，要以能力、资源以及对高等教育规律的领会和理解，推动学校内涵发展。党和政府既然赋予了大家在学校发挥重要影响的机会，那就应当在学校发展中发挥关键作用，在学校发展历史上留下浓墨重彩的一笔。

最后，真诚祝愿大家在以后的办学中取得更大的成就！

希望我们的高校越办越好！

第十讲

大学组织文化的内涵与建设路径*

文化是一种复杂的社会现象。大学文化是人类文化的瑰宝。与大众文化不一样，大学文化主要以学科为基础，学科知识是大学文化的内核。作为一种小众文化，大学文化在各学科领域汇聚各类精英人才，以学科专业的知识活动为手段，造就社会所需要的高层次专门人才，促进各学科领域知识创新与发展，推动社会文明进步，使大学源源不断地造就高层次人才和创造新的知识，成为人类社会发展进步的动力源泉。大学文化更因其高深知识的基础和相关活动自成一体，表现出强烈的"神秘感"，使不能置身其中的人几乎不能理解其机制。大学文化主要分为两类：一类是以人文社科、自然科学和其他应用性知识体系为载体的学科文化，另一类是大学作为一种社会学术组织在办学过程中所积累起来的组织文化。两类文化之间既有天然的联系，又有重要差别，都是大学所不可缺少的。前者是大学功能之所在，也是大学功能的底色；后者则是大学实现功能所不可缺少的支持环境和条件，是大学功能活动所积淀的办学精神环境。本文主要围绕大学组织文化展开探讨。

一、大学组织文化的内涵

大学组织文化是大学在创建、办学和发展过程中所积淀下来的精神及其

* 本讲是2019年1月27日笔者在江苏大学举办的"2019镇江·长江教育论坛"上所做报告的文字整理稿。

物化表现。众多大学中，有的被人们认为传统深厚、文化气息浓厚，是人们心目中大学的样子；有的却被认为文化贫瘠，不像大学。尽管人们对大学的这些印象与学科文化密切相关——学科文化发达的大学往往受人推崇，学科文化不发达的大学难以受到人们的重视，但组织文化对人们对大学印象的影响更直接、更现实、更可感，因为人们在大学中首先接触的常常是组织文化，其次才是学科文化。发达而优良的组织文化是大学学科文化发挥功能的基础，是增强大学办学实力的重要保证。

价值是文化的基因，组织价值是大学组织文化的核心。大学组织文化内涵丰富，外延宽泛，要准确把握其实质并不容易。只要进入大学，只要与大学中的人和物接触，不论这些人在哪里，不论这些物是什么，都能感觉到大学组织文化的存在。这就是说，它是一种感知的存在，在一定程度上，需要感知者个人的认知和精神建构，这样大学组织文化才能显现出来，为一般人所了解。否则，一个对大学缺乏感觉的人，是感觉不到大学组织文化存在的。比如，大学校园中的建筑、景观、标志等都体现了大学组织文化元素，只有对大学有感觉的人才能从建筑物的式样风格中体会大学的理想，从校园景观中体悟它的教育价值，从学校标志中感受它的力量。从这个意义上说，要真正理解大学组织文化的内涵需要借助一定的中介，而这个中介一定是大学的组成要素。

组织文化是大学组织特性的反映。一般认为，大学是学术机构，承担着培养人才、发展知识、服务社会的使命。实际上，大学的使命远远不止这些，除了这些学术使命外，大学常常还承担了其他使命，比如，政治使命、经济使命。有的使命是大学自身主动承担的，有的使命是外部赋予的。我国大学既是学术组织，又可以看成行政组织、政治组织和经济组织，是具有多种组织特性的混合组织。具体表现为我国大学除了设置院、系、所、中心等学术机构之外，还设置了数量庞大的行政机构、党务机构和企业机构，这些机构的职责并不完全是服务学术的。所以，大学在履行学术使命的同时，还要履行行政的、政治的和经济的使命。这就使大学在学术价值之外，还要追求行政价值、政治价值和经济价值。在长期的办学过程中，具有混合组织特性的大学形成了比较典型的多元组织文化共存的局面，在多种文化价值的博弈关系中，占主导地位的文化价值对大学组织发挥着主要的影响力。

组织文化是大学学科文化的投射。作为学术组织，学科是大学的主要组织元素，以学科为基础设置的办学机构应当是学校的主体机构。我国将学科划分为 13 个门类，很显然，任何一所大学都不可能囊括所有学科门类，只能根据自身办学定位，选择性地开办部分学科。大学开办的学科不同，在办学中所秉承和追求的价值也是不同的，由此大学被划分为综合型、多科型和单科型等。不同类型大学的组织文化表现出不同的特点，比如，综合型大学是以文理基础学科为主再加若干其他学科所构成的，所以，它的组织文化往往表现出更多的差异化、包容性和批判性；多科型大学虽然学科种类有若干个，但往往以工科为主，所以，它的组织文化更多地表现为与主干学科性质相一致，比较务实，注重效率，讲究全校一盘棋；单科型大学以一门学科为基础建立办学体系，比如，医科大学、艺术大学、体育大学、财经大学，其学科设置单一，组织文化相对也比较单纯，医科大学的临床倾向、艺术大学的艺术气息、体育大学的锦标精神是这些大学组织文化的重要标志。由于大学学科设置不是固化的，所以，其组织文化也会随着学科设置的变化而发生改变。

组织文化是大学功能活动的沉淀。大学办学的初心在于培养人才，现代大学将发展知识和服务社会的功能引入办学，拓展了功能领域，放大了办学的社会作用。由于办学实力和定位不同，不同大学的功能领域存在显著差别，即便都高度重视人才培养或高度重视科学研究的大学，其功能领域的侧重点和发挥作用的方式也是存在显著差异的。这些差异往往会体现在组织文化上。比如，很多大学高度重视人才培养，但有的大学可能重研究型人才培养，有的大学可能重应用型人才培养，还有的大学可能重复合型人才培养，这样，其组织文化也会表现出重视研究、应用或复合的差异；很多大学可能高度重视科学研究，但有的大学可能重基础科学研究，有的大学可能重应用科学技术研究，有的大学可能二者兼顾，这样，不同大学的组织文化也会表现出明显的差别。为了发挥某种功能，大学需要日复一日、年复一年地组织开展相应的活动，不懈地努力，方能达到目的。这些活动过程的记忆慢慢地就会沉淀下来，成为大学办学的印记，印刻在大学的精神之中，成为大学人自觉的行为习惯。

组织文化是大学师生员工行为习惯的累积。文化的作用在于化人，也就是影响人、教育人，但文化是人创造的，是人有意识的行为结果。大学是为了实现一定的社会目的而创办的社会组织，师生员工的行为与大学的目的存在直接的因果关系。大学中干部、教师、学生和工勤人员担负的职责不同，所以，他们的行为方式也存在显著的差异，尽管如此，他们的行为具有共同的目标指向。这种群体内比较一致、群体间差别显著，但相互之间又是为了实现共同目的的矛盾现象，构成了大学师生员工特有的行为方式，塑造了大学组织文化特有的现象，即干部、教师、学生和工勤人员都有自己惯常的行为方式，相互之间不仅存在差别，而且常常会出现冲突和矛盾。这种矛盾的“和谐状态”是大学组织文化的常态。

组织文化是大学传奇人物影响的结果。文化是人为之物，大学从数十人发展到现在数以千计、数以万计，组织文化也在不断丰富和发展。在大学办学过程中，铁打的营盘流水的兵，学生从新生到毕业生，教师从入职到退休，来来往往，不计其数，有的人受组织文化影响，而有的人既受组织文化影响又是组织文化的影响者。影响大学组织文化的是大学的传奇人物，比如，洪堡之于柏林大学，艾略特之于哈佛大学，蔡元培之于北京大学，朱九思之于华中科技大学，他们对大学的贡献不在于学科创新和知识发现，也不在于人才培养方式方法的创新，而在于他们为大学组织注入了某种精神，使大学焕发出了与众不同的生命活力。他们的大学精神为师生员工所传颂，他们也成为大学史上的传奇人物。这些的传奇人物中，既有大学领导、教师、学生，还有工勤人员，也有与大学有关的社会人士。传奇人物往往有传奇故事，故事可以发生在校内，也可以发生在校外。缺少传奇人物、没有传奇故事的大学，组织文化注定是贫瘠的。

二、大学组织文化的价值关系

文化必有价值，大学组织文化有丰富的价值内涵。组织文化是大学文化的一部分，深受大学学科文化影响，但与学科文化不同，它并不以学科知识为基础，而是以满足大学人、社会和国家需要为目的，所以，它比学科文化更复杂，这种复杂性更多地表现在多样的价值及其之间的关系上。概而言之，大学组织文化主要包含道德、知识、政治、行政和经济五种价值，道德价值是大学为了达到培养人的目的而追求的教化意义，知识价值是大学为实现学科发展目的而追求的促进学科发展的认知和行为导向，行政价值是大学在行政过程中追求行政目的而形成的行政化心理倾向，政治价值是大学为达成某些社会政治目的而确立的意识形态信念及相关要求，经济价值是大学在办学过程中表现出来的经济意识以及对经济目的的追求。这些价值共存于大学组织文化之中，为大学人所实践和追求，影响大学人的精神旨趣，从而塑造大学组织的品格和品位。

组织文化价值的多样性是由大学所担负的使命所决定的。现代大学不再是远离尘世、自我欣赏的象牙塔，而成为社会的中心，大学的职能也由最初的人才培养转变为教育教学、科学研究和社会服务三位一体，大学的教育功能已经由小规模、精英化地培养人才、传承文化，转变为大规模、普及化地造就社会各行各业所需要的高级专门人才。大学还发展了发展知识和服务社会的功能。功能的多样化以及大学的直接功能所衍生的社会影响更使其越来越多地受到社会各方的高度重视，尤其是各种社会政治经济力量，包括政府，都不能不将大学置于优先考虑的地位，不仅重视大学所发挥的直接和间接作用，而且高度重视大学所培养的人才和所开展的科技创新成果可能带来的巨大社会影响。加上大学自身的组成人员日益多样，办学体系和运行机制越来越复杂，大学组织的文化意涵也不断得到发展和丰富，不断增加的内外诉求对大学办学的影响越来越大。

道德价值主导的文化价值关系是大学与生俱来的，几乎为各个历史时期的大学所追求，为社会所期盼。道德价值本来是大学教育的价值，大学教育通过道德陶冶、品格塑造培养教养好、素质高的专业人才。正因为如此，社会不但对大学生的道德素养有较高的期待，而且对大学干部、教师的道德品质也有更高的要求。不仅如此，人们常常还要求大学作为社会的良心，担负起促进社会文明和道德教化的责任。这样一来，大学组织文化便包含了道德教化的价值。由于大学的首要功能在于人才培养，这一功能也决定了大学组织的结构和基本运行模式，因此，道德价值在大学组织文化的多种价值中自然就受到人们的重视。在一些高等教育传统深厚的大学，道德价值常常被置于大学组织文化多种价值的首位，组织文化价值之间的关系由道德价值主导。道德价值主导的大学组织文化特别重视师生员工的道德品质和行为修养，人们对教师的行为角色往往以“蜡烛”“园丁”“灵魂工程师”等类比，教师行为价值常常被誉为“百世之师”“为人师表”“师道尊严”“言传身教”等。在道德价值主导下，大学组织文化的价值关系是围绕道德价值建构起来的，其他价值的实现服从于道德价值的达成。换句话说，影响道德价值达成的其他价值表现往往是大学必能容许的。

知识价值主导的文化价值关系一般在研究型大学中有着明显的表现。知识是大学功能实现不可缺少的依靠，大学功能都是通过知识和知识活动实现的，知识在大学功能中具有举足轻重的地位，尤其是在研究型大学中，知识创新更是大学追求的主要功能之一。所以，在大学组织文化中，尊重知识、尊重人才成为重要的价值，知识渊博、学术功底深厚者不仅为社会所尊崇，而且为大学所追捧，为大学运行制度所重视。这样一来，知识价值成为大学组织文化的主要价值之一，人们看重知识，将知识作为评判大学办学和师生员工工作、学习成效的重要标准。知识价值本来主要是在研究型大学组织文化中受到推崇，研究型大学因为其功能更重知识创新的成就，在办学过程中自然就形成了对知识价值更加看重的风气。但在绩效导向的高等教育资源配置改革和受排行榜左右的社会问责日益加强的背景下，越来越多的大学形成了重视知识价值的风气和氛围，知识价值甚至主导了大学组织文化价值，知识成为衡量师生工作和学习意义的优先标准。在知识价值的主导下，大学组织文化价值关系主要表现为道德价值式微；知识价值甚至可能与政治、行政和经济价值合体，导致某些功利性比较强的知识成为大学功能最重要的领域；某些种类的知识和某些表现方式的知识更加受到大学和社会有关方面的重视。

政治价值主导的文化价值关系是大学受外部政治力量影响的结果。大学原本是高等教育组织，人才培养是其主要功能。到了现代社会，大学不但在人才培养之外承担了越来越多的任务，发挥了越来越大的社会影响，而且人才培养的影响本身也超出了学生个人及其家庭的范围，成为推动国家经济社会稳定和繁荣进步的重要力量。因此，大学不能再“独善其身”，社会政治团体和相关力量也不能不重视大学及其作用。尽管在不同的国家中政治体制和高等教育传统差别很大，政党和相关政治组织与大学的关系也有很大的不同，但现代国家中政党重视大学、重视发挥大学的作用却是共同的。政治组织对大学的影响有的是直接的，有的是间接的。我国大学是中国共产党领导下的教育组织，贯彻执行党的路线方针政策是党赋予大学的责任。不仅如此，大学内部设置了体系健全的党的工作机构，大批党务工作人员不仅担负着党的组织、宣传、统战等方面的任务，而且担负着统一领导和管理学校工作的使命。由此我国大学便形成了政治价值主导的组织文化价值关系，政治价值主导大学组织文化，影响办学的方方面面，道德、知识、行政和经济等价值服从于政治价值，它们的某些要素甚至被整合到政治价值中，成为政治价值的一部分。比如，道德价值中的道德品质要求的部分内容被纳入了政治价值，成为政治思想、政治修养和政治操守要求的重要内容，在大学办学中为师生员工所遵循和践行。

行政价值主导的文化价值关系往往与大学特定的行政管理体制有关。大学是高等教育组织，高等教育的目的主要是由教师和学生的教与学实现的，校长只有依靠教师才能办好学，所以，办学是教师的事情，大学最初的行政工作非常简单，主要是校长服务于教师和学生。很多时候校长都是从教师中选拔的，或者是由教师推举的。在大学的社会地位和作用发生了重大转变后，大学行政的职能越来越多、越来越强，建立了体系庞大的行政机构，行政团队规模越来越大，行政对办学的影响越来越大。毋庸讳言，行政的价值取向与道德和知识价值是不同的，尽管大学行政的目的也在于维持办学的正常秩序、促进学校功能的实现，但是，行政工作的逻辑与高等教育和学术研究是完全不同的，所以，行政管理人员在服务学校功能活动的同时，也要遵循行政逻辑，追求行政价值。正因为这样，在一些政府集中统一管理高等教育的国家或地区，在大学办学过程中，行政往往处于比较强势的地位，行政价值对学校师生员工的行为具有重要影响。我国大学行政化倾向比较鲜明，行政价值与政治价值在大学组织文化中发挥着主导作用。

经济价值主导的文化价值关系常常出现在一些营利性大学中。尽管一些非营利性大学也会有经济收益，但经济利益一般不会成为大学办学和师生员工的主要追求。而在一些营利性大学中，由于缺少外部经费来源和资源支持，学校运行主要依靠自身办学的经济收益，学杂费和其他营利活动是学校收入的主要来源，为学校领导和管理部门所看重，而且学校干部、教师的工资待遇往往难以与非营利性大学相比，为了激励干部、教师的工作积极性，学校往往会制定奖金和津贴制度，它们对干部、教师的行为具有重要影响。在这类大学中，经济价值往往主导着学校组织文化价值关系，经济价值发挥着杠杆作用，调节着学校的办学行为和干部、教师的工作行为，对其他价值具有约束作用。在一些非营利性大学中，学校为了提高办学效率，采取过强的绩效导向管理和过度的经济调节措施，也会在一定程度上、在一些部门或领域强化经济价值作用的发挥，严重者就会导致出现经济价值主导学校文化或部门文化的现象。

从这个意义上说，经济价值主导的文化价值关系不但会在营利性大学中出现，而且也可能在非营利性大学中生长。

大学的五种组织文化价值关系既可以单独存在，又可以几种同时共存。一所大学的组织文化价值关系如何，既需要研究其自身的办学行为，包括历史传统和现实状况等，又需要研究其社会环境，包括国家政治体制、意识形态和高等教育管理制度等。需要注意的是，大学组织文化价值关系是变化的，在不同的时代、不同的社会背景下，大学组织文化价值的博弈会带来价值关系的变化，道德价值、知识价值、政治价值、行政价值和经济价值都可能成为主导价值，而主导价值地位的确立往往不是单因素作用的结果，而是大学内外错综复杂的政治、经济、文化和教育各种因素交织作用的结果。当然，在一定程度上，大学对组织文化的价值关系也是可以选择的，这往往取决于大学所拥有的办学自主权的大小以及大学对自身办学定位的坚守。

三、大学组织文化建设的路径

文化价值关系决定大学组织文化形态，也是决定大学组织文化能够发挥什么作用的主要因素。我国大学组织文化价值关系错综复杂，上述五种主要文化价值关系在我国各级各类大学中都有明显的表现，不过，应当看到，我国大学组织文化价值之间的关系也不只是这几种，各种文化价值之间的博弈此消彼长，变化多端。文化是一种软实力，组织文化是大学发展的温床。加强组织文化建设，有利于大学凝聚发展共识，激发师生员工活力，营造新的办学氛围，转变办学模式，舒缓学校文化价值矛盾与冲突，提升学校向心力，实现发展目标。组织文化建设涉及大学办学的方方面面，组织文化本身又有物化的、制度的、行为的、思想观念的等多种层面的文化内涵，所以，建设任务繁杂，建设工作常常难以找到有效的抓手。尽管如此，大学组织文化建设的核心仍在于将与大学办学和发展要求相匹配的文化基因植入师生员工的行为中，使其经过一段时期的发育、成长和沉淀，转化为新的学校组织文化。大学组织文化建设的路径如下。

(1) 赋予大学更大的办学自主权，更好地发挥道德价值和知识价值在优化大学组织文化中的作用。我国大学办学受政府管理较多，大学组织文化受政府价值和管理方式的影响也很大。政府管理大学的本意是为了更好地发挥大学服务政府经济社会发展战略的作用，以促进社会进步、经济繁荣和人民幸福。但如果政府管得不得法，采取了不适当的管理方式，大学就会被管死，大学组织可能异化，政府的价值可能侵蚀大学组织文化，从而使大学组织文化价值关系发生位移，偏离大学组织特性。在大学组织文化价值关系中，政治价值和行政价值主导的大学办学往往难以尽如人意，不但大学教师不满意，社会公众和用人部门不满意，而且政府常常也不满意。大学是高等教育组织，应当享有国家法律所赋予的自主办学地位，政府应当依法履行宏观管理职能，减少直接干预，保障大学自主办学。在自主办学的条件下，大学的办学与运行才可能回归其自身的选择，大学组织的内生价值才会凸显出来，在大学组织文化价值关系中发挥主导作用。因此，要想扭转道德价值和知识价值在我国大学组织文化中出现的式微倾向，应当改善政校关系，依法赋予大学更大的办学自主权，使大学能够从自身组织特性出发，在办学过程中更好地发挥道德价值和知识价值的作用，展现大学作为社会精神堡垒的象征和示范意义。

（2）加强干部、教师的高等教育理论修养，更好地发挥他们在大学组织文化建设中的主体作用。师生员工是大学组织文化的主体，其中，干部、教师又发挥着引领作用。但一个不可忽视的事实是，我国大学干部、教师的高等教育理论修养薄弱，缺少对高等教育规律的基本尊重，缺乏对大学逻辑的坚守，很容易为其他因素所影响。他们的很多行为及行为背后的思想观念、动机和追求往往不是源于对高等教育和大学的深刻理解和理性洞察，这样一来大学组织文化往往缺少了合理的内核，大学组织往往表现得很柔弱，大学组织文化的价值关系常常发生扭曲，结果就是大学表现得不像大学，而更像社会其他组织。大学组织文化应当是保障大学更好地实现自身功能的“防火墙”，是不适当的内外部影响的过滤器，因此，加强干部、教师的高等教育理论修养，造就一支掌握了高等教育规律的干部、教师队伍，改善大学组织文化，培育与大学组织特性相一致的组织文化，保持大学组织文化价值关系的合理张力，是大学组织文化建设面临的重要任务。近年来，我国很多大学建立了教师发展中心，教师培训工作受到了重视，受训教师尤其是青年教师得到了初步的高等教育理论培训。但大学干部、培训问题还没有引起重视，除了学校领导干部和青年后备干部外，对其他干部的培训还没有建立起有效的途径。因此，进一步加强对大学干部、教师的培训，完善培训机构和设施条件，提高培训水平和质量，需要大学和相关社会组织共同努力。

（3）深入开展校史和办学传统研究，更好地发挥传奇人物和传奇故事对提升大学组织文化感染力的作用。大学组织文化与学科文化不同，学科文化是建立在大学各学科专业的知识和办学水平基础上的，而组织文化是大学师生员工行为和大学办学活动所积淀下来的习惯和传统。在大学办学过程中，一些对学校发展发挥了重要影响或在师生员工中有广泛影响力的干部、教师和学生常常为师生员工所喜爱、钦佩和传颂，一些学校办学过程中长期坚持而又对发展发挥了重要、积极影响的做法，都是组织文化的重要组成部分，是具有持久活力和影响的构成要素。很多大学不善于从校史和办学过程中总结和发现本校的传奇人物和传奇故事，导致学校无所称颂，令人感到这样的大学既可悲又可怜。没有传奇人物和传奇故事的大学，其组织文化必定是平庸的，是缺乏感染力的。事实上，凡有历史的大学都是有故事的，凡持续办学的大学都有传奇，很多大学不是没有传奇人物和传奇故事，而是缺少发现，既缺少发现的眼睛，又缺少发现的智慧。因此，我国大学应当高度重视校史研究，不论历史长短，校史都是可以研究的，也是应当得到研究的。大学一般都设有档案馆，档案馆不能只是一个保管档案的地方，它还应当是校史研究机构。档案馆既要配备档案专业管理人员，又要配备校史研究专业人员，加强校史和办学传统研究，梳理和发现学校传奇人物和传奇故事，总结传奇人物和传奇故事所包含的文化意义，使这些人物和故事在学校为师生员工耳熟能详，这样一来，学校组织文化就鲜活起来了，组织文化就有了感染力。

（4）做好组织文化物化物的设计和利用，更好地发挥大学组织文化物化物的价值投射作用。大学组织文化不只体现在师生员工的行为上，很多时候其更直观地表现在大学的一些物质形态的东西上。概括起来，表现大学文化的物化物主要有五类：第一，大学建筑设施。大学建筑具有实现学校功能的意义，它不只是提供教学、科研等功能活动的空间和条件，还通过附着于其风格和形态上的文化符号发挥影响。比如，北京大学的燕园和校门代表了中国传统文化，清华大学的工字厅代表了西式风格，武汉大学的老建筑融合了中国文化与西方文化，厦门大学的建筑体现了西式风格与闽南传统文化的结合。第二，大学校园景观。大学校园不只是一个开展教育教学活动的场所，它本身就是一种教育环境，发挥着环境育人的作用。这种作用主要是通过精心设计的小桥流水、亭台楼阁、园林雕塑等景观来实现的。第三，大学的艺术装饰。大学的建筑设施内部都会进行艺术装饰，人物肖像、风景绘画、历史典故、雕刻等常常被大学用来装扮大厅、会议室、教室、办公室等场所。第四，大学纪念品和日常办公用品。很多大学都设计并制作了书签、笔架、校徽、校旗以及笔记本、信封、领带、茶杯等，以展现学校的某些文化意涵。第五，以文字和艺术形式为载体的文化物。这类文化物尽管不是物质实体，但它所发挥的作用与上述物质载体是相同的，如校训、校歌。这些文化物有助于使无形的大学组织文化形象化，便于人们认识、理解和接受。我国大学重视发挥文化物的作用，尤其重视校园景观和校训校歌等，但总体看，重形式更甚于内涵，重表面的热闹更甚于内化，重展示更甚于实效，所以，发挥大学组织文化物的作用还有很大的空间。大学应当在思想上高度重视，在态度上严谨细致，在工作上全盘谋划，在行动上一以贯之，从物质环境方面营造浓厚的文化氛围，使组织文化成为重要的教育资源，更好地发挥其感染力。

第十一讲

大学书院的性质与功能 *

书院是一个既古典又现代的概念。说它古典，是因为它在1000多年前就成为我国重要的教育组织；说它现代，是因为它在我国教育界消失近百年后，近年来又在我国大学开始发挥重要的作用。有人将书院与牛津大学（简称"牛津"）和剑桥大学（简称"剑桥"）的住宿学院相提并论，可能有一定道理。我曾经翻译过一本书——《现代大学及其图新》，2013年由北京大学出版社出版。这本书对18—19世纪牛津、剑桥的住宿学院内部运行情况进行了翔实的阐述，包括学生的生活、导师的工作、住宿学院内部建筑式样和环境布置等，都描绘得非常具体和深入。我曾经访问我国香港大学和台湾政治大学的书院，考察过哈佛大学的学舍，参观过肇庆学院的各书院，专题研究过汕头大学的书院。在考察和研究过程中，我特别关注大学书院的性质与功能，因为这不但是理解大学书院的核心问题，更是在纷繁复杂的大学人才培养体系中为书院找到合理定位的关键要素。这里试图从大学书院的发展入手，对其性质与功能做出解释，以求教于大家。

一、大学书院的发展

说到书院，我国历史上曾经出现过许多著名的书院，比如，白鹿洞书院、嵩

* 本讲是2014年12月5—6日笔者在肇庆学院举行的"全国首届大学书院建设的理论与实践研讨会"上所做报告的文字整理稿。

阳书院、岳麓书院。前段时间，我带着一些博士生和硕士生专门去调研岳麓书院，研究它在古代是如何聚众讲学、作育英才而成为一时之兴的。清末教育改革中，作为古代教育的基本形式之一，书院被停办了，但书院的功能并没有因此而中断，书院所具有的讲学、藏书、印刷、研究等功能在其他形式的教育机构中得到了延续。

今天我们所讨论的书院与古代书院有一脉相承之处，当然，也有显著的差异。我在网上搜索了一下书院，发现很多方面都使用了书院的概念。有研究团体以书院为名，比如，中国文化书院，它是由北京的一些学者联合起来成立的一个研究团体，大家聚在一起相互讲学、探讨问题。再如，山东龙口的万松浦书院，与有关大学合作，开展讲学、游学、研究、研讨工作。它与复旦大学开展世界华人文化研究，与上海大学合作开展当代文化研究，与山东大学合作开展艺术批评研究，与烟台大学合作开展人文研究。宗教界也有书院，比如，菩提书院，就是佛教界的一个讲学机构。还有以书院为名，从事培训、教育工作的。比如，华鼎书院，在国内主要做国学培训，类似于国学教育组织。更有意思的是，有的城市楼盘以书院为名，以提高楼盘的文化品位。比如，北京的万柳书院，其实就是某地产商开发的楼盘。

上面所讲的书院与我们今天讨论的书院有本质的不同。我们所讨论的书院是一种大学内部的组织设计。这种大学内部机构的形式很多，功能也多种多样。现在全国最年轻的书院可能是2014年9月成立的清华大学新雅书院。据介绍，新雅书院设立的目的是延续清华大学的传统，开设以“文明与价值”为主题的通识教育课程，实行住宿书院制度，面向少数人群。复旦大学的书院是大家比较了解的，办得比较规范。西安交通大学是开办书院比较早的一所大学。据不完全统计，全国有70多所大学开办了书院。2014年7月，我国多所大学在北京航空航天大学开会，成立了一个书院联盟。这是第一个书院联盟，不是大学联盟，复旦大学所开办的五个书院中的任重书院加入了这个联盟。从这个意义上说，书院这个概念不仅在社会上被广泛使用，在高教界的使用也是多样的。

我们讨论的书院是由大学开办的学生生活与文化活动组织。这种书院大多以现有学生宿舍为基地，或在新建学生宿舍的时候，根据学生生活尤其是文化活动的需要设计、建设。在我看来，只有大学开办的面向学生的书院，才有可能将书院的历史传统延续下来。这样的书院，就其运行模式而言，主要包括以下四个要素。第一，它是一个学生社区。书院有固定的场所、固定的成员，包括生活在这个社区的学生以及导师。这个社区有一定的独立性。昨天我们参访了肇庆学院的书院，它们就是相对独立的，即便书院之间，也保持各自的独立性。这也是古代书院的一个特点。第二，它有导师团队。书院由导师负责，书院院长是导师中的一员。导师不但负责学生的生活指导、服务与管理，而且负责指导学生的文化生活与身心成长。第三，它是学生自主、自助组织。学生共同维护书院秩序，共同治理社区生活，学生在这个社区里是平等的，导师也是生活在社区中的平等的一员。大家共同协商、共同讨论、共同关心、共同处理书院事务，自主、自助地解决各种问题。第四，学生宿舍混编。在这个社区中，学生宿舍采取混编的方式。肇庆学院书院的混编方式和程度有很多种，有院（系）专业混编，有男女混编，如华东师范大学师范生的书院是男女混编的。为什么要混编？不同院（系）、各学科专业的学生生活在一起，可以发挥学科专业互补的作用；一个社区中男、女生生活在一起是自然的，有助于男、女生之间更好地交流，这也是学生成长的一部分。人为地将男、女生的生活区割裂开来，建成男生社区或女生社区，无助于学生身心的健康成长。书院运行模式的四大要素得到了广泛的认同，所以，各大学在开办书院的时候都非常重视。这也是各大学书院能够正常运行并发挥一定的积极作用的重要原因所在。

当然，书院在发展中也存在一些问题。根据我的考察，主要存在以下四个问题。

（1）书院的管理体系要与现存的学生管理体系协调好关系。如果这个关系不能协调好，书院就很难生存。肇庆学院的书院的发展有学校党政领导的强力支持，与传统的学生管理体系既相对分离，也相互支持，学生管理人员也参与书院工作。就现行的体系来看，二者分属不同的工作体系，各有宗旨和使命，相对独立地履行职责。不过，温州大学实行的学生社区制就是在传统的学生思想政治管理体系的基础上融入了书院的元素，使学生社区具有了新的生命活力。在部分大学，书院管理体系与学生思想政治管理体系互不包含、互不隶属，各自发挥不同的作用，这就需要协调好二者的关系，使之形成合力。

（2）要处理好书院与学科专业学院的关系。传统上，学生工作是学院的主要职责之一，学院配备了专职的学生工作人员，包括从主管学生工作的党委

（党总支）副书记到人数不等的学生工作人员。书院成立后，书院导师是否属于学生工作人员系列？如果答案是肯定的，那就应当纳入学院学生工作人员队伍中去；如果答案是否定的，那他们应该归属什么系列又是一个新问题。肇庆学院在这方面有些经验，他们提出了“学科专业学院制，生活社区书院制”的指导思想，使书院与学院工作在一定程度上既有分工又有合作，保持了协调发展。但根据我对一些大学书院的调查，这方面的矛盾冲突是不可避免的，主要表现为：有的学院领导认为，既然有了书院，学生工作就与学院无关了，学院负责学科专业的教学，而书院在工作中往往感到有心无力或心有余而力不足，很多工作需要学院配合，但学院并不热心；书院在学生心目中的地位不高，学院拥有无可争议的地位，学生对学院往往心服口服，对书院工作往往采取应付的态度。过去没有书院的时候，学生工作与学科专业学院是一体化的，各学科专业学院有学术体系和思想政治教育体系，二者有分工但却是一体的，学生各方面的问题都在一个学院解决。书院成立后，与学科专业学院既要分工又要合作，如何处理相互之间的关系，是改革面临的新课题。

（3）要解决书院自身存在的合理性问题。合理性是指书院内部的运行模式，从理念到运行的规则、工作方式以及所开展的各种活动是否能在学理、教育目的方面连续起来，是不是教育所必需的？书院是不是具有不可替代性？如果是可替代的，那么，书院自身的逻辑就不存在了。尽管各大学的书院都有一整套的理念、愿景、制度和规范，但很多人仍然心存疑虑。实际上，书院内外对其的质疑往往也因此产生。

（4）要解决书院的合法性问题。合法性是什么呢？现在没有国家政策、文件、法规要大学建设书院，现在所建的所有书院都是大学自己决定建立的。在我国，大学办学要按上级文件的精神办，政府文件没有要求的事情如果大学做了就是自主行为，而自主行为的合法性往往为人所质疑。在书院的建设上也是如此，所以，有的大学内部总有一些反对、质疑的声音。有的人抱着一种怀疑的态度，主要基于教育部、教育厅对此没有明确的要求。肇庆学院的书院制改革被广东省教育厅列为教育体制改革示范项目，这就在合法性的道路上迈出了重要的一步。但是，毕竟还是没有政府文件要求大学的学生工作以书院的形式来进行，这意味着书院的合法性问题仍然没有得到彻底的解决。如果书院从合法性、自身逻辑、各种关系方面解决了上述问题，成为一个常态的学生工作组织，就不再需要反复地去探讨建立书院的必要性问题了。

二、大学书院的性质

书院对我国港台地区的大学有重要影响，尤其是在香港大学和香港中文大学中，几乎所有的学生都生活在书院中。据了解，我国不少大学在建立书院的过程中参考了香港大学和香港中文大学的书院，不仅组织有关人员去现场参观考察，而且还邀请相关人员传授经验。就香港地区两所大学的书院而言，其有三个主要特点：第一，所有学生都可以自主选择一个书院，而且必须要选择一个书院。书院是大学特殊的生活环境，学生在书院中可以感受大学生活的影响。有一种观点认为，办大学就是办一种氛围，就是营造一种特殊的文化，学生只有置身这种氛围和文化环境中，才能在人格陶冶和精神塑造方面更丰富、更完善；学生如果住在家里或租住校外，不在书院的氛围和文化环境中生活，其教育可能是有缺陷的。第二，每一个书院都致力于打造自身的文化特色。书院往往要在自身的运行中塑造一种文化精神，使学生在日复一日的生活中把这种精神内化到其素质中去，成为其整体素质不可缺少的一部分。书院的本质不在于它是一个住宿的环境，而在于其文化精神。这种文化精神是书院的生命之源。如果一个书院只是学生生活的场所，只是一般的娱乐活动场所，就不可能发挥应有的价值。第三，书院配备的生活设施齐全。一般的学生宿舍的生活设施是不齐全的，学生只在休息和自由活动等时在宿舍中。但书院却不同，其不仅有床铺、桌椅等生活和学习设施，更有各种活动场所，包括报告厅、活动室、会客室、座谈室和办公室等，有的还有播音室。香港中文大学的书院还有食堂，学生一起吃饭、一起交流，各种早餐会、午餐会、晚餐会等都是教育的环节。书院教育是于无形中实现的，让学生在自由的、自然的接触中相互影响。由此可以看出，大学的书院本身既是学生生活的场所，又是学生自我教育、相互教育的环境，还是学校实施全人教育的领地。所以，书院是大学教育不可缺少的组成部分，是大学教育理念、价值和愿景的实践场所。

我们今天所谈论的书院在大学中发展的历史并不长，长的有十几年的历史，短的还只是刚刚建立。不论历史长短，大学书院的若干表现给人以深刻的印象：首先是其所表现出来的一种追求，它们都是为了某种目的而建立起来的。书院中的导师和学生志愿者都表现出一种精神的力量、一种对自身使命的虔诚。其次是其成员，学生是其必需的组成人员。再次是其非行政性。书院一般没有行政级别，这在各类大学组织机构中是非常少见的。正是这些印象让我们对书院另眼相看。作为大学内部一种新型的组织形式，它们表现出与众不同的特点，究其原因，在于其性质的差异。

性质是事物所具有的本质特征。作为新生事物的大学书院，可以从以下几个方面归纳其性质：第一，它是一种理念组织。不论是大学的理念还是它自身的理念，凡书院必标榜其理念。在这一点上，大学的其他组织机构都难以与其相提并论，不论是行政管理部门还是学科专业学院，少有明确宣示其理念、宗旨的。而书院则大不相同，书院自建立之日起便确立了教育理念。比如，西安交通大学、复旦大学的书院都以校长的名字命名，刻意从理念上揭示书院的使命；其他书院大都以能够激发学生积极向上、奋发进取精神的词语命名，以昭示其办院理念。第二，它是一种社团组织。书院不是行政管理组织机构，不属于任何行政管理系列的建制，它通过组织开展多种形式的课外文化、科技、娱乐、体育、生活、社交等活动，将学生联系起来，结成一个团体，形成一种学生社团。它是一种学生自助组织，又是学生自我教育、自我管理组织。书院的规章制度是学生共同认可的，书院的管理是学生民主参与的自我约束。第三，它是一种特殊的教育组织。书院的教育不同于学科专业学院的教育，它不组织系统学科专业教育，也少有正式的课程计划。尽管书院可能针对学生的学习组织一些课程辅导或学业指导，但这只是辅助性的，不能代替学科专业学院的课程教学。书院的教育是通过社团生活和学生之间的相互影响实现的，其教育主要不是针对学科专业的学业发展，而是针对学生的道德与精神培养，可以说，书院的教育是一种心灵的陶冶、精神的升华。它与学科专业学院共同担负大学教育的责任，完成人才培养的使命。

总之，书院是一种创新性的学生生活与文化教育服务组织。大学开办书院，都抱有教育理念，意图将学生宿舍建设成为与专业学院相得益彰的教育组织。与以往的学生教育组织不同，其创新之处就在于采取了一种社团组织的方式，由学生自己组织，在相关老师的指导下建立自我教育、自我发展的工作体系。与此同时，书院也是学生生活及进行相关活动的场所，教育理念和社团活动的植入，使以往的生活场所有了新的意义。

三、大学书院的功能

大学书院大多是近十年建立起来的，有的甚至是近两年才建立的，都属于新生之物。尽管如此，它已经在大学人才培养过程中发挥了不可替代的作用，为大学育人功能的实现增添了新的渠道，为大学教育充实了新的内涵。这也正是书院为越来越多的大学所认同和接受，呈现出积极发展态势的主要原因。考察部分大学书院所发挥的作用，发现它具有以下主要功能。

第一，生活支持功能。大学书院是以学生宿舍为基础建立起来的，学生宿舍既是其载体，也是其组成成员的边界，也就是说，只有在书院中生活的学生才是书院的组成人员。既然是宿舍，就是学生生活的中心，学生在校期间的很大一部分时间都是在宿舍度过的。除了提供休息场所功能外，书院还具有学生生活指导、生活救助与服务和生活关爱等功能。以往大学宿舍主要发挥服务学生休息的功能，其他方面的功能未能得到充分的开发。书院建立起来后，不但配备了完善的生活设施，改善了休息的环境，而且大多开展了学生生活指导，倡导积极阳光的生活理念，帮助学生养成健康的生活习惯。与此同时，很多大学书院还开展学生生活救助与服务、生活关爱活动，帮助在生活中遇到各种困难的学生，使学生能够在大学生活愉快，积极投身学业，顺利完成学习任务。

第二，教学辅助功能。大学书院的建立旨在帮助学生更好地成人成才，很多书院都特别重视我国传统文化的传播与弘扬。这不仅体现在各大学书院的命名上，也体现在书院的办院理念上，还体现在书院所提供的教学上。与学院不同，大学书院不提供系统的专业教育，但是，一些书院利用各种条件，开设少量通识课程或兴趣课程，这样一来，书院就具有了教学辅助功能。书院的教学不但在学生全部学习过程中不是主要部分，在书院本身的活动中也不是主要的，否则，书院就成为教学单位或其他功能单位了。所以，书院在教学方面所发挥的作用是辅助性的，这种辅助性表现在两个方面：一方面是对学院专业教育的补充，另一方面是对书院其他功能的补充。我国大学教育比较重视专业教育，其他方面的教育往往都是教育行政部门指定的，与学生自身需求密切相关的非专业性教育十分缺乏。所以，大学书院所提供的教学尽管只是辅助性的，但却是不可或缺的，对学生的健康成长有着十分重要的意义。

第三，文化教育功能。大学书院不是纯粹的宿舍，关键就在于其文化环境和育人功能。各大学改宿舍建书院，一方面是为了建设更优良的宿舍环境，但更主要的是将宿舍营造成能够发挥教育作用的空间。为此，很多大学在原来的学生宿舍中植入了大量的文化元素，例如，在宿舍公共区域建造具有文化意义的景观和设施，在宿舍营造家的氛围，举办多种多样的师生交往活动，组织形式多样的体育娱乐活动，培育有自身特色的文化精神。一些大学书院将我国丰富的传统文化引入其娱乐和休闲活动，使这些活动成为传统文化教育的载体，让学生在传统文化的熏陶中完善品德修养，升华人生价值与精神。与以往的宿舍相比，大学书院的最大亮点在于其鲜明的文化色彩。如果说大学学院的文化是学科的、专业的，那么，书院的文化则是综合的、娱乐的；如果说大学学院的文化是严谨的、结构化的，那么，书院的文化则是活泼的、无序的；如果说大学学院的文化服务于学生的专业发展，那么，书院的文化则服务于学生的快乐生活与净心修为。总之，书院的本质在于文化，以文化人，服务于大学培养具有健全人格的专业人才。

第四，行政协助功能。与宿舍不同，大学书院还担负一定的行政管理职能，发挥对学生的行政管理作用。以往的宿舍往往缺乏建制，宿舍管理员主要担负着门卫和安全之责，隶属于后勤部门。所以，在传统的建制下，大学学院担负学科专业教育、学生的思想政治教育以及学生行政管理责任，这些责任在学校的主管部门是教务处和学生工作处（部）；宿舍主要由后勤部门负责管理，属于资产的维护与利用。后勤部门不直接负责学生的行政管理。学生在宿舍出现了违纪违规问题，后勤部门不具有处理权限，而要由学生工作处（部）负责处理。尽管很多大学都实行了学生辅导员进宿舍的制度，但由于宿舍本身的性质和学生住宿的复杂性，辅导员在宿舍的权限主要在于维持学生生活秩序。大学书院建立后，书院内部建立了生活和管理体系，成为一种新的建制化的组织。在这样的组织中，它必然从学校层面获得某种对学生的行政管理权限，否则其合法性便难以为人们所认同。在这种情况下，大学书院便具有对学生进行一定的行政管理的职能，但书院本身的性质决定了其不可能成为大学主要的行政单位，加上学校还有其他专门的学生行政管理单位存在，所以，书院对学生的行政管理职能是协助性的，即协助学校和各学院学生管理部门对学生在书院的行为进行行政管理与指导，以维护书院组织的合法存在与正常运行。

第五，社团自治功能。书院不像各行政部处和各学院、研究院（所、中心），不是大学正式的一级行政组织，没有行政级别。我国大学内部各种党务、行政和学术单位的设置都有政策和法规依据，而书院则是大学自身建立的一种特殊的以学生为主体的文化教育与服务组织，即便是大学为书院配备的院长和导师，其主要工作职责也不是行政性的。书院内部的结构具有自治性，它是由居住于书院中的全体学生根据一定的规则所组织起来的生活、娱乐和自我教育体系。书院中的学生除了要遵守大学统一的规章制度外，还要遵守全体书院成员共同认可的院规。书院具有完整的自治体系，其内部事务由其成员共同处理，成员之间是平等的。书院一般不通过正式的党务和行政权力履行职能，更多的是通过教育和自我教育、指导与服务、协助与自律等手段发挥其所具有的多种功能。正因为书院不依赖党务和行政权力，而主要依靠自治实现其正常运转，所以，它具有明显的自治组织的特征。尽管书院在大学显得有些“另类”，但它已焕发出旺盛的生命力，成为我国大学中新兴的重要组织。

第十二讲

“双一流”建设与大学管理改革 *

2018年4月19日，在本科教学工作审核评估专家组进校考察反馈会上，我就坐在这个地方。当时只有八分钟的时间，要求只能讲不好的，不能说好的，所以，当时没有说什么好话。今天的时间比较充分，有机会说一说西北工业大学（简称“西工大”）好的方面。通过审核评估考察，近距离地接触和了解西工大，才真正发现和体会了西工大的优势。我们有“三航”特色办学理念，培养了无数的“三航”工业、产业高级人才，对科学和技术创新做出了重大贡献，还有优良的办学传统和文化，学风、教风好，这些都给人留下了很深的印象。好的方面我就不多说了，今天我要跟大家交流的主题是“‘双一流’建设与大学管理改革”。

一、“双一流”建设的若干问题

咱们西工大进入了“双一流”A类建设高校，可喜可贺！“双一流”建设既是我们学校的需要，又是国家的需要。“双一流”建设计划是在2015年10月提出来的，2017年9月最终公布入选名单，正式开始实施。但是，现在“双一流”建设在做什么，大家似乎无感。我自己所在的学校和学科也进入了“双一流”建设计划，但怎么做还处于计划、动员阶段。这可能不只是一两所大学

* 本讲是2018年5月5日笔者在西北工业大学第二轮党的十九大精神干部集中培训大会上所做报告的文字整理稿。

的情况。我想，这里有三个问题是我们需要去思考的：第一个问题是究竟谁需要“双一流”；第二个问题是一流大学和一流学科是什么关系；第三个问题是谁来建设“双一流”。推进“双一流”建设必须弄清楚这几个问题。

（一）谁需要“双一流”建设计划?

一般来讲，谁提出来就是谁需要。“双一流”建设计划是国务院提出来的，这意味着它是国家需要。国务院提出来了，作为国务院专门职能部门的教育部负责落实。所以，作为一种国家需要，“双一流”建设计划是国家战略，教育部是落实责任单位。“双一流”建设计划与“211工程”“985工程”不一样。“211工程”和“985工程”提出后，各高校为了入选全力竞争。有的大学为了进入“985工程”，几所学校合并成为一所新的学校，以增强竞争力。“双一流”建设计划与上面两项计划不一样，它没有采取申报的方式，而是教育部自己组织评定的。评出来的结果是一流大学建设高校42所，分为A类和B类；一流学科建设高校95所。这个结果最后由教育部认定。从这个角度来讲，因为“双一流”建设计划是国家需要，所以，国家认定你是你就是，认定你不是你就不是。有的大学认为自身实力和条件并不比入选“双一流”建设的大学弱，对没有入选感到委屈和遗憾。其实，选择谁不选择谁，主导权并不在大学手上，也不一定遵循公平原则，不完全看办学条件和水平，最高原则是谁符合国家战略需要就选择谁、支持谁。

另外一个问题可能也是大家关心的，就是原先国家已经有了“211工程”和“985工程”，为什么要做“双一流”建设计划？要理解这个问题，需要了解高等教育重点建设的背景。“211工程”是在21世纪将要到来、于1995年正式实施的面向21世纪、重点建设100所左右的高校和一批重点学科的建设工程。现在已经进入21世纪了，还能面向吗？所以，“211工程”不能再做下去了，形势变化了，需要有新的战略。实施“985工程”是中央在世纪之交做出的重大决策，旨在加快推进世界一流大学和高水平大学建设，力争到2020年前后，形成一批达到国际先进水平的学科，若干所大学跻身世界一流大学行列；一批学校整体水平和国际影响力跃上一个新台阶，成为国际知名的高水平研究型大学；一批学校成为特色鲜明的高水平研究型大学。“985工程”一共包括了39所大学建设，建了三期。“985工程”开建的时候，全国有普通高校1022所，到

2015 年全国普通高校总数增加到 2560 所，其中，本科高校达 1219 所。从 1998 年到 2015 年，普通高校增加了 1538 所，增加的普通本科高校数就超过了 1998 年的普通高校总数。这说明与“985 工程”提出时的形势相比，2015 年全国高等教育发展形势已经发生了巨大的变化。

高等教育发展的形势还表现在我国的国际地位和全球影响力上。经过近 20 年的发展，我国高等教育规模全球第一，现在全世界高等教育在学人数是 2.07 亿，我国占了 3699 万。全球高等教育在学人数在 1000 万以上的有三个国家：我国排第一；印度排第二，规模为 2800 万人；美国排第三位，规模是 1900 万人。其他国家的高等教育规模都在 1000 万人以下，高等教育总规模 100 万人以上的国家一共有 35 个。比较而言，就规模看，美国和我国不是一个重量级的；但从竞争力看，我国和它又不是一个重量级的。所以，就办学水平来说，我国高等教育与其应有的国际地位和影响力是不相称的。高校数量增加了，高等教育规模扩大了，国内情况与国际形势都不一样了。更何况现在我国经济发展水平与 2000 年以前相比也不在一个重量级上，作为世界第二大经济体，我国经济体量以及整个社会对人才的需求与 2000 年以前相比完全不是一回事了。时移世易，如果现在仍然沿用“211 工程”和“985 工程”，特别是沿用 21 世纪以前的设计，可能是不合时宜的，在新的形势下，国家要有新的战略。这说明“双一流”建设计划不是哪一个人头脑发热说要做一个东西就弄出来的。它是在过去“211 工程”“985 工程”建设的基础上来重新定位我国高水平大学建设的战略布局。

上面谈的是国家需要，那大学需不需要呢？就我的观察而言，很多大学可能还真看不出来是自己要建“双一流”。尽管一些大学提出来要建世界一流大学，但却并不能说明这是它们从内在的需要提出来的。从有关文献看，北京大学、清华大学都曾在 20 世纪 80 年代中后期提出建设世界一流大学的目标。当时提出建设世界一流大学的目标反映了一种雄心壮志，实际上，相关条件是不具备的。在“双一流”建设计划提出来之前，我国提出建设世界一流大学目标的大学是不多的，应该不会超过 10 所。我自己所在的大学在“双一流”建设计划以前提的是要建设中国特色的高水平大学，有时候提建设高水平的国际知名大学，我印象中是没有提过建设世界一流大学的。所以，可以说，即便是入选“双一流”建设计划的大学，他们中的大多数也没有这个目标或抱负，或者说不敢去提。究竟我国大学现在该不该提呢？就我个人研究世界一流大学成功的经验来看，我国大学到今天完全具备建成世界一流大学的可能，包括西工大在内。大家知道，世界上有一批大学，它们在起步建世界一流大学的时候，并没有我国很多大学现在的水平高，也没有我们现在的办学条件好，但它们就用不太长的时间把这件事情做成了。改革开放40年来，我国的经济发展极大地激发了高等教育发展的需要，同时也为高等教育发展创造了条件、提供了必要的支持，高校的教学和科研条件得到了显著改善，学科专业办学水平得到了提高，人们对于高等教育规律的认识不断深化，这使得我国大学比历史上任何时候都有可能建成世界一流大学。因此，我个人认为，建设世界一流大学不仅是国家的需要，也应当是大学自身的需要。从这个意义上讲，西工大建设世界一流大学应该是学校内在的需要。现在这种内在需要激发出来了没有？这是一个很现实的问题。我们可以反过来思考，如果我们不建成世界一流大学，未来的发展会是什么样的？我猜想，十年八年还不会有大问题，但是，20年、30年、50年以后，西工大在全国高校中还有没有今天的地位或者能不能再往前进入更有利的位置，就很难说了。对西工大来讲，如果现在不建设“双一流”，未来可能就是一个大问题！所以，今天认识“双一流”建设的意义，可能要更多地从我们自身的角度来认识，它是我们自己的需要，国家战略契合了我们的需要。换句话来讲，即便没有这个国家战略，我们自己也要有这种需要，要自我加压建设“双一流”。

（二）“双一流”的实质是一个一流还是两个一流?

有人可能会说，这个问题很简单，就是两个一流：一流大学和一流学科。而且教育部也区分得很清楚：一流大学是42所，一流学科是95所。这么一来，似乎一流大学和一流学科是各不相同的，它们之间分得很清楚。其实，这是一个误解。所谓的“双一流”，它就是一个一流。放眼世界，还没有看到哪一所大学说它是世界一流大学，而它的学科却是二流的，甚至是三流的；也没有看到哪所大学的学科是世界一流的，而这所学校却是二流的或三流的，不是世界一流的。没有这种情况！大学是一个整体，是由不同学科构成的，世界一流大学都是整体水平一流，它的所有学科都在一流的范围内。所以，“双一流”其实就是一个一流，就是世界一流大学。

世界一流大学也是大学，具有大学的一般特性。一般来讲，大学是一种学术组织，所有的学术都是在一定的知识基础上开展的，这些知识分门别类就构成了学科。正因为如此，我们说大学是由学科组成的，是一种学科组织。有人可能会说，大学还有一些行政部门，比如，组织部、宣传部、统战部、教务处、科研处、研究生处、后勤处。我国大学还办了很多公司，而欧美大学一般不能办企业。为什么大学不能办企业？因为办企业是另外一个社会经济部门的事情，它的逻辑和大学的逻辑是不一样的：企业要追求利润，以利益的最大化为目标，而大学是一种学术组织，是以学术的发展为根本目的。学术发展就是要追求真理，真理和学术都没有几斤几两的问题，没有谁会说这个真理值100万元，那个真理值1亿元，作为知识的真理本身是无价的。企业不一样，企业生产产品或者提供服务，产品或服务是有价的，技术用于生产以后能带来产值。所以，企业不能与大学放到一起来做，如果放到一起来做，就混淆了学术组织与经济组织的差异，可能使学术组织迷失方向。所以，有的大学办了企业，就出现了迷失方向的问题，有些人经济利益至上，办学也追求经济利益的最大化，造成办学的偏差。凡是出现了这种偏差的大学，要想把学科办好、把学院办好，几乎是不可能的。

大学行政部门与大学的功能有什么关系？我们知道，大学的主要功能是培养人才、发展科学、服务社会。有人说大学还有第四大功能，即文化传承与创新。从严格意义上来讲，学术界公认的是大学主要有三大功能。大学通过人才的培养，把文化一代一代地传承下去、把文化传播出去，这就叫文化传承；大学开展科学研究，做出科学成果就是文化创新。因为文化是以知识为基础的，当知识创新了、知识发展了，文化也就创新了。所以，文化传承与创新是在人才培养和科学研究的过程中实现的，当然，社会服务也包括文化传承与创新。这就是说，文化传承与创新和三大功能不在一个层面上，将它与三大功能并列作为第四大功能是不符合逻辑的。大学的功能都是在学科中实现的，大学不能没有学科，与学科不可分割。学科在哪里呢？其不在学校层面上，而是在学校下设的各二级学院或学系中。院、系是大学实际的办学单位，是大学功能之所系。除了院、系外，大学还设立了其他机构，包括行政机构，所有这些机构都是为了支持实现大学的功能而设立的。它们本身不是大学的功能机构，但却是大学所必需的。

如上所述，一流大学与一流学科是共生关系。也就是说，只有在一流大学中才有可能成长起一流学科。如果没有一流学科的成长，不可能有一流大学。也可以说，一流大学是一流学科成长的环境条件，一流学科是一流大学出现的标志。这有点像鸡与蛋的关系。除了这种共生关系外，一流学科和一流大学之间还有没有其他关系呢？一所大学一般不可能只有一门学科，其往往有很多学科，那是不是只有所有学科齐头并进才能建成世界一流大学呢？这种景象在今天是不可能出现的，原因很简单，主要是学科多了，资源少了，大学所拥有的资源不足以支持所有学科齐步走，同步迈向一流。各学科发展应有先有后，还可以协调发展，先把一些学科发展起来，然后再发展另外一些学科，这样在一定时期把学科整体水平建成世界一流。这样一来，这所大学很自然地就成为世界一流大学了。总之，建设世界一流大学，一定是在学科基础上建设，要根据学科发展的需要来建设。

学科发展需要的是什么？一般来讲，不外乎学科方向、学科平台、学科条件、学科队伍，等等。在大学办学中，还有一个问题是不能回避的，那就是专业建设。专业建设与一流大学和一流学科有什么关系？这个问题在“双一流”建设中也需要弄清楚。在实施“211 工程”“985 工程”的时候，专业建设是没有被考虑在内的，至少在目标设计中是没有涉及的。所以，“211 工程”和“985 工程”与大学本科专业建设几乎没有关系。“双一流”明确提出要培养一流的人才，而且是从本科开始，这就不能不把专业建设与“双一流”联系起来。很多人认为，专业是本专科教育的事情，与学科关系不大，甚至有的大学只抓专业建设，不考虑学科建设与发展；专业与科学研究、社会服务没有什么关系，专业与研究生教育关系不大。这些认识在很多大学中大有市场，对办学影响很大。毫无疑问，本专科教育确实都是以专业为基本单位培养的，而人们一般认为，研究生培养是在学科领域开展的，科学研究是分学科组织的，社会服务也主要是以学科为基础的，本专科教育只与专业有关，而与其他无关，至少没有密切关系。尽管不能否认这些看法和认识有其现实性，但其前提性认识是站不住脚的，也不符合大学的深层逻辑。上述认识把学科与专业割裂开来是站不住脚的。实际上，从根本上说，所有的本科专业都是在学科基础上开办的，有的是在单一学科基础上开办的，有的是在多学科基础上开办的。本科专业的所有课程都是学科的，都是根据人才培养需要在学科基础上组织起来的。

实施学分制改革后，除了教务处公布的各专业培养方案外，每一个学生都有一套自己的培养方案，这个方案涉及的学科门类就更多了。专业教育水平取决于什么？从根本上讲，取决于学科发展的水平。一般来讲，学科发展水平高，教师的水平就高，开出的课程质量也会是高的。所以，学科强，专业才可能强，学科与专业之间有非常紧密的正相关关系。因此，一流大学、一流学科和一流专业是紧紧地结合在一起的，是不能割离、孤立对待的。这可能也正是在“双一流”建设中，把一流人才培养作为关键的任务之一的原因所在。我看了咱们学校的“双一流”建设方案，建设的第一个任务就是培养一流人才，体现了大学的功能要求。总之，一流大学与一流学科之间是一种共生关系，专业与一流大学和一流学科密不可分，脱离专业建设的“双一流”是无根的。在“双一流”建设中，必须统筹规划学科与专业建设，才可能达成一流大学建设的目的。

（三）谁来建设一流大学？

谁来建设一流大学？这个问题看似简单，其实，要弄清楚，还需要从大学本身的逻辑出发。“双一流”建设是国家战略，政府是实施主体，照理说应当由政府来建设。但政府是公共行政主体，不是办学者，137 所大学各有自身的特点，政府不可能从各校的实际出发来办理各校的发展与建设事宜。政府只能将办学的责任转让出去，将责任赋予 137 所大学，由这些学校自己去建设。于是，政府在财政预算中拨出专项建设基金，连同建设责任一并下放给大学。

大学自身如何开展“双一流”建设？有建一流大学的，有建一流学科的，即便是在一流大学建设单位，也只有少量学科被列入建设名单。怎么建？显然，这不是一个简单的问题。是全校各学科专业一起建，还是只建设入选的学科就可以了？现在，有的大学还在观望，在看其他大学是如何建设的。有的大学在规划“双一流”建设的时候，没有采取全校一盘棋的方式来规划各项建设任务，采取的是谁进入了就建设谁的办法。过去在“985 工程”“211 工程”建设中，很多大学看重的是把建设机会申请下来，但申请下来后好像就没事了，比较普遍地存在重申报、轻建设的情况。有的大学在实际办学中，只重视少数学科，忽视了多数学科，甚至少数学科还只是少数几个人的事，与学科的其他人没有什么关系，其他人也参与不进去，学校中的大多数人对“985 工程”和“211 工程”建设无感，申报和迎接检查、审核都是少数几个人的事。如果“双一流”建设还是走这条老路的话，那些预期的目标是不可能达成的。

在我看来，对于入选“双一流”建设的大学而言，这是个机会：一是能获得国家巨额投资，增加办学资源；二是能增强学校发展动力，推动学校改革与发展。就学校建设来讲，要有新的建设机制，注重建设效率，提高建设质量。这个新的机制就是全员参与机制，“双一流”建设不能只是涉及那些入选了“双一流”名单的学科及相关学院，应当与全校每一个人都有关系，全校所有的学院、所有的学科都要在“双一流”的框架下进行规划和建设。有人可能会说，我们的学科很弱，在可以预见的将来肯定建不成一流。这里就要问一个问题：你所在的这个学科需要多长时间能够建成一流？ 10 年建不成，20 年还不行，30 年可以吗？如果还不成的话，50 年能不能建成？如果 50 年还建不成，这个学科是否还有存在的价值？如果这个学科对学校确有存在的价值，那就一定要建设，而且要促其尽快建成高水平。如果这个学科实在不可能建成一流，就要考虑整并或裁撤。为什么要这样做？前面谈到“双一流”其实就是一个一流。一流学科和一流大学是同一个意思，只是国家在表述的时候用了两个词，但它们本质上是高度统一的。

总之，全员参与、统筹规划是“双一流”建设的基本要求。即便有的学科可能三五十年以后才有可能建成世界一流，但也要从现在开始就去立项建设，要把每一个学科都纳入“双一流”建设中。“双一流”建设是全校的事情，是每一个学科、每一个专业的事情，是每一位干部、教师的事情。大家都有责任、有义务参与“双一流”建设。它不只是哪一部分教师的事情，也不只是哪一部分干部的事情，只有全校干部、教师行动起来，全面参与，“双一流”建设才真正有可能得到落实，“双一流”建设目标才能全面得到实现。

二、“双一流”建设对大学管理改革的要求

“双一流”建设靠什么来推动？有人说靠钱，教育部增加拨款就好。可以确定的是，“双一流”建设的经费比“985 工程”“211 工程”都要多，国家要花巨资资助“双一流”建设。这可以从最近公布的教育部直属高校的预算收入得到验证。比如，去年清华大学预算收入为 233.35 亿元，今年达到了 269 亿元，增幅达 15.28%；去年同济大学的预算收入为 76.65 亿元，今年达到 134.21 亿元；其他大学也都大幅度地增加了财政预算。这说明“双一流”带来了办学经费的巨额增长。在这种情况下，学校应该怎么分配经费？怎么谋划建设？各大

学在自身的“双一流”建设计划中，都做出了很多安排，有不少改革计划。这里我主要围绕大学管理改革谈几点意见。在经费投入得到保证的前提下，管理改革可能是“双一流”建设能否达到目标的关键。没有管理体制、机制和管理方式的变革，“双一流”建设的所有设想可能都是空谈。

（一）实施战略管理

我考察过很多大学，感觉不少学校都是上级怎么说就怎么办，就是根据上面的指令来办学，服从领导；还有的是按经验管理，领导主要根据自己的经验办学，人家怎么做自己就怎么做，缺少对办学的宏观建构，也缺少思想的引领；也有的是拍脑袋办学，想到什么就做什么，觉得什么好就做什么；更有甚者是完全没有章法，脚踩西瓜皮，滑到哪儿就是哪儿。这些都不符合“双一流”建设要求。“双一流”建设不是按部就班、常规化地办学，如果常规化地办学就能达成“双一流”建设的目标，就没有必要实施这个计划了。“双一流”要在学校日常工作的基础上有新的重大举措，要通过重大行动来推动学校发展上水平、上台阶。

我研究世界一流大学成功的经验发现，世界一流大学取得成功有两种基本模式：第一种是自然生成模式，第二种是跨越发展模式。自然生成模式的大学有一个显著特点，即历史悠久，都是几百年以上，像牛津、剑桥有八九百年历史，哈佛、耶鲁也有三百多年历史，还有两百多年历史的。这些大学在漫长的历史进程中，把一些有优势的东西积淀下来，就成了世界一流大学。有些与它们同时代的大学，因为办得不好就被淘汰了，正所谓留下来的都是精华！另外有一批大学，虽然历史短，也成功了。它们的历史长的也就一百来年，那是19世纪中期以后办起来的。还有的是20世纪中期以来办的，在很短的一段时间内取得了突破、成功，成为世界一流大学。我们要建世界一流大学，如果等上两三百年甚至七八百年很显然是不合适的。自然生成模式不适合我国大学，我们需要向那些快速发展、跨越式发展的大学学习。那些大学之所以能在短时间内实现突破，根本原因在于实施了战略管理。

什么是战略管理？在企业管理中，战略管理是一件普通的事情，但在大学管理中，它还是一件新奇的事情，人们对它还比较陌生。所谓战略管理，是指大学制定一定时期内的、明确的发展战略，高效率地推进战略实施，以达成发展目标的办学方式。战略管理往往包括制定战略规划、落实战略任务、评估战略实施效果、谋划新的发展需要等阶段。它有助于大学提高发展的目的性，有效地配置办学资源，提高办学效率，用较短的时间实现跨越式发展。这样的大学很多，比如，美国的卡内基梅隆大学、斯坦福大学，英国的华威大学，我国的香港科技大学，都是通过战略管理实现快速发展，从而成为世界一流大学的典范。有了战略管理，资源就能得到合理有效的配置和利用，人才就有发挥更大作用的舞台，培养学生就会更加注重质量和水平。战略管理在其他国家和地区的大学中能够发挥作用，在我国大学也有发挥作用的可能。

我曾为 40 多所大学编制发展战略规划，为数百所大学做战略咨询，深感我国大学对战略规划的渴求，深知战略规划对我国大学快速发展的意义。我曾为华中科技大学编制文科发展战略规划，取得了预期的效果。这里我想谈谈华中科技大学实施战略管理的情况，但我不会谈编制和实施文科发展战略规划的情况。大家知道，华中科技大学的前身是华中理工大学，再早一点是华中工学院。“文革”结束以后，华中工学院开始谋划自身的发展道路，幸运的是他们选择了战略管理。当时学校明确制定了三大发展战略：综合化、研究型和国际化。当时这些战略在我国大学都具有开创性。要从一所单纯的工学院建成综合性大学，从一所单纯的本科教学型学院建成研究型大学，从一所完全土生土长的大学建成国际化大学，这是何等的远见卓识！这得感谢当时华中工学院的党委书记兼校长朱九思先生，他是高等教育家，对 20 世纪后期我国高等教育转型发展发挥了探路者的作用。朱九思先生不但为学校制定了现今的发展战略，而且将它们付诸实施，奠定了学校长远发展的基础。为了转变干部、教师的思想观念，1984 年他组织全校干部、教师进行教育思想大讨论，学习研讨美国麻省理工学院的办学经验。为了组织好这次大讨论，他组织教师翻译了 60 多万字的麻省理工学院的办学文件，组织干部、教师对照本校实际，研究麻省理工学院的办学经验，提出本校各项工作改革与发展的对策。这些材料汇总到一起，总字数达到 120 多万。经过广泛而深入的研讨，学校确立了以麻省理工学院为标杆的发展战略规划。正是因为有了战略管理，华中工学院才在 20 世纪 70 年代后期 80 年代初期走上了快速发展的道路，才有了后来的脱颖而出，成为同类大学中发展得最快的大学。也正因为有了当时的战略管理，华中科技大学形成了浓厚的战略管理文化，学校的战略意识一直延续下来，而且非常强烈。

中外成功大学的经验说明，战略管理是一所大学实现快速发展、异军突起的基本路径。所以，现在进行“双一流”建设，要有一股劲儿，找到自己的发展道路，依靠自己把自己发展起来。也就是要变轨发展，改变自身的管理方式，实施战略管理，实现战略突破。这是一个大学在处于相对劣势的时候，为了谋求更高、更好的发展，可以做的事情。

（二）构建一流的人才培养体系

培养一流的人才，不是关起门来比较，而是要在国际背景下进行比较。人才培养如何在世界一流的标准下进行谋划和建设？世界一流人才有什么标准？第一，需要有国际视野。如果没有国际视野，不能算世界一流人才。第二，需要有世界的或普世的价值观。普世的价值，即世界通用的价值。第三，需要具有国际交往交流能力。如果没有国际交往交流能力，很难说是世界一流人才。第四，需要有国际竞争力。世界一流人才应当具有走向世界的能力。没有这些素质和能力，恐怕称不上世界一流人才。

这些素质和能力单纯地依靠专业教育有没有可能实现？如果按传统的专业教育那套培养模式，是没有可能培养世界一流人才的。单纯而狭隘的专业教育不足以培养世界一流人才。我国大学需要构建一流的人才培养体系，这个体系的内容很丰富，比如，学分制就是其中之一。现在很多大学实行完全学分制改革，这与建设世界一流大学、培养世界一流人才的要求是相吻合的。完全学分制可以突破专业界线，让学生有更多的选择，为学生打开一条通道，使学生开阔视野、完善素质、提高素养，以建立更加多元化、复合型的素质、能力结构。那么，应当如何实施完全学分制？在上次审核评估考察反馈会上，我曾谈到了一些现象，如有的学生一学期修20门课，我不知道这么多课是怎么修的。还有的学生选修课程随意性大、毫无章法。这都会影响学分制的实施效果。我专门研究过学分制的基本原理及实施要求，简单地讲，学分制是大学为学生配置学习资源的一种制度，要基于学校整个人才培养方案来实施。学分制对学生修课应当有明确要求，包括总学分、学期最低学分和最高学分、通识课程学分、专业核心课程学分、跨学科专业选修课程学分以及其他课程或活动学分等。如果学生一学期修20门课，可能得到40学分，甚至更多。一个人一天的时间是固定的，除去吃饭、睡觉、休息、娱乐等必需的时间外，能够用于上课学习的时间是有限的。当修课门数增加、学分增加以后，学生的学习负担也同时增加。当学习负担增加到一定程度的时候，只可能带来两个结果：一是学生应付，课程学习质量下降；二是学生拼命学习，因负担过重身体吃不消、被拖垮。这都不是培养学生的理想状态。所以，实施学分制改革，对学生会有各种各样的限制或限定各种各样的选项，以确保学生的知识结构、能力结构和素质发展的合理性，也确保其学习进程是有效的，大学生活是健康的。

再如，导师制几乎是一流大学人才培养的标配。导师应该做什么，很多人对此不太清楚。就以学生选课、修课来说，上面所说的学生选修了过多的课程可能就是导师没有发挥作用或者指导不得法所致。在不同学期、学年，学生应该选修什么课程？大学课程分低阶课程、中阶课程和高阶课程，从低阶到高阶，循序渐进，学生才能学得顺利。但学生怎么知道各类课程之间的关系？很多学生对课程情况的了解不是源自老师或导师，而是源自学长、学姐，学长、学姐虽然是过来人，但他们并不了解课程的整体情况，对学生应修课程的结构也缺乏了解，更不清楚高等教育对人的全面素质的塑造要求，所以，他们的介绍和建议只能作为参考。这个时候还要发挥导师的作用。因此，导师制与学分制往往也有密切联系。导师的任务有很多，在学生的学业方面，导师要协助学生编制培养方案、确定修课计划、安排学习进程与任务、指导学业进程以及解决学习过程中碰到的各种困难和问题。这样一来，导师制的作用就落地了，学分制的实施也有了可靠的保障。

人才培养体系的核心在课程，包括课程体系和每一门课程。上面讲学分制是个好制度，但它只管学习资源配置，并不能改变学习资源的质量。换句话说，学分制并不必然带来高质量的学习或高质量的教育，一流的人才培养需要开发或创造条件开设优质的课程，优质课程才能带来高质量的教育。优质课程还要建立在学生自主学习的基础上，唯其如此，才能使学生得到高质量的自我发展。有人可能会有疑惑，课程不是老师用来教学生的吗，怎么变成了学生的自主学习、自我发展了呢？尽管听起来很绕，但如果理解了就会明白其中的深意。这里涉及课程的两种意义：一种是传统的，一种是现代的。传统的课程观认为，名师出高徒，好学生是老师教出来的。老师是知识的拥有者，是知识的权威传播者，除了向老师学习，学生少有其他的学习渠道。所以，老师的水平高，掌握的知识多，学问大，学生才能学得更多、学得更好。现代的课程观认为，课程是学生自己的体验过程，老师要把学生的学习组织好，给予学生有效的指导和帮助，课程教学过程是学生自我学习和发展的过程，如果学生没有自主学习、自我发展，那么，学生的学习和发展是很难真正达到高水平的。因此，要改革课程教学的传统模式，改变老师讲、学生听的教学方式，使学生在老师的组织和指导下自己去阅读书籍、查阅文献、设计方案、制造检测、操控维护，让他们自己去协调关系、组织团队、领导团队、完成任务。打破课程教学就是要打破老师讲课、学生听课的刻板模式，真正实现以学生为中心、以学生自主学习和发展为核心的教学。每一门课的教学质量提高了，人才培养质量的提高也就有了保障。

如果把学分制等一些必要的人才培养制度做好了，把课程教学改革做好了，把教学资源优化培植了，培养一流人才所必需的最基本的东西就有了。当然，要构建完善的人才培养体系，还有一些其他方面的要求。总之，构建一流的人才培养体系是“双一流”建设对大学管理改革的重要要求，要下功夫着力做好。

（三）建设重大成果导向的科研机制

毫无疑问，一流大学建设不能缺少一流的科研和科研成果。在科研问题上，我更看重的是科研机制，如果不能建立面向未来的、重大成果导向的科研机制，建设一流大学可能难以实现。因为以我国很多大学现今的科研机制而言，要产出世界一流的重大科研成果，可能是难上加难的事情。

我曾考察咱们学校的一些实验室，发现其研究水平很高，实验室管理也很好。同时，我也在想，从战略管理的角度来讲，我们应当做的事情是什么？我们有没有可能在 20 年、30 年后建成一流学科领域或科研平台？如果没有可能的话，我们的学科何以引领未来的先进方向？凡事预则立，不预则废。科研要有前瞻性，科研是培育学科领域的摇篮。大家知道，清华大学生命科学学院是我国生命科学领域最具特色和最有影响力的科学研究与高级人才培养基地之一，但大家可能不知道，在 1984 年恢复建设生物学科之前，清华大学的生物学科有 32 年处于空白状态。清华大学生命科学学科之所以能有今天的成就，主要在于它借助“211 工程”和“985 工程”的支持，瞄准国际前沿，抓住机遇，加快发展。据说，在 20 世纪 90 年代，清华大学将全校学科建设经费的很大一部分都投到了生命科学学科，以打造未来学科发展优势。经过 20 多年持续不断的建设和发展，他们的目标实现了，清华大学的生命科学已成为具有世界影响力的学科。

培育未来学科发展优势要找到有发展前景的学科方向或领域。最近看到华中科技大学的一个招生宣传片，讲述学校的学科优势。令人大感吃惊的是，它没有宣传传统的优势学科领域，比如，机械、医学、电器、能源、交通，而是重点介绍它的光电子学科、国家强磁场实验室和引力中心。在这三个具有代表性的优势学科领域或平台中，除了引力中心是20世纪80年代中期开始发展的以外，另外两个都是21世纪前后由几位战略科学家和校领导谋划运作、通过协同创新发展起来的。值得注意的是，在谋划和初建阶段，看好其发展前景的人不多，但学校认准了就坚定不移地投资建设，现在这两个项目都成为学校新的优势学科和学科平台。不仅如此，光电子学科还为武汉高新技术开发区“中国光谷”产业发展提供了强大的科技支撑。

咱们西工大在国防工业发展中具有举足轻重的地位，培养了众多的总工程师和信号工程师，在“三航”领域有重大影响。我想，过去我们的学科发展、人才培养和科学研究主要是根据国家需要和计划开展的，学校的自主性比较有限，发展具有排他性，现在很多高水平大学都加入服务“三航”的行列中来了，国家航空工业不再只是依靠几所传统的为国防工业服务的大学，而是可以优中选优、好中选好。换句话说，服务“三航”需要竞争了。现在我们还是有竞争力的，但未来呢？未来我们靠什么去与其他大学竞争？靠什么去服务和引领国防工业发展？我知道，咱们学校有一大批专家学者，他们中的很多人都是顶尖的科学家，我们可以依靠这些科学家从学科发展战略上谋求突破，尤其是利用多学科的科学家在学科交叉融合发展上采取比较大的行动，以能够在未来二三十年后能够引领“三航”科技发展，在我国“三航”工业发展中持续发挥重大作用。

（四）建设一流的校园文化

大学是社会的文化机构，它不但通过教学传播文化，通过科研发展文化，而且通过自身的组织文化，引领社会风气，涵养社会文明。不但如此，大学组织文化还是大学文化功能的温床，一流的组织文化是成就一流的大学功能的根本保证。我国大学组织文化落后，已经成为制约一流大学建设的掣肘。

大学组织文化通常也称“校园文化”，有人以泡菜做比喻，把校园文化喻为泡菜坛中的泡菜水，正如有什么样的泡菜水就泡出什么样的泡菜一样，有什么样的校园文化就会办出什么样的大学。建设世界一流大学，要高度重视校园文化建设，以建设一流的校园文化为目标，重塑大学精神，校正大学价值，完善大学制度，优化办学行为，使校园文化成为一流大学的显著标志。在这些任务中，重塑大学精神和校正大学价值最为关键，具有领航作用。从大学精神和价值看，有四个方面的内容是应该大有作为的：一是笃定。一流大学是淡定的，能让师生安下心来，心平气和、全心全意地投入学术活动；不浮躁、不逢迎、不虚狂，抱定宗旨，矢志不渝。二是真理。一流大学必定崇学，是尊重学术、敬畏真理、热爱科学的，一切以真理为指引，不屈从、不盲从、不跟风，超然物外。三是包容。一流大学是宽容、多元的，凡言之成理、持之有故，皆可接受，不扣帽子、不抓辫子、不打棍子，兼容并蓄。四是普世。一流大学是中国的，也是世界的，美美与共，不封闭、不歧视、不对抗，既是中国价值的继承者和弘扬者，又是普世价值的守护者、人类文明进步的引领者。

校园文化建设的内容很多，上面谈到的战略管理如果坚持下去、形成传统，也会成为一种文化，其显著特点就是强烈的危机意识和自强精神。前面谈到华中科技大学的发展，我曾在这所学校工作10余年，我的一个深切的感受就是它始终有一种强烈的危机感，总是担心自己的发展慢下来了，总是在不断地谋求新的发展，总是在追求自我超越。朱九思先生将“文革”后华中工学院的发展经验归结为“敢于竞争、善于转化”，这八个字就包含了一种追求卓越的精神，通俗地讲，就是不服输。

我知道，咱们西工大一直有一种家国情怀，师生员工以报效国家为己任，精忠报国，不计名利，在国防事业中大显身手，铸就了大学与国家之间的血脉联系。这是一种优秀的校园文化。新时代要有新的校园文化，在弘扬和筑牢家国情怀校园文化的同时，我们还需要在校园文化建设上有新的开拓。追求卓越、不断超越的精神是一流大学建设的题中之义，也是校园文化不可缺少的价值内涵。这种校园文化是确保学校真正能够向一流迈进的保证。没有它作基础，学校很难有大的发展。

西工大已经制订了一流大学建设计划，正在谋划一流大学建设的布局。我相信，只要咬定青山不放松，坚定不移地以“双一流”建设引领办学，就一定能够开辟发展的崭新局面，实现“双一流”建设的宏伟目标。

第十三讲

“双一流”建设与大学战略*

“双一流”是高教界最热门的话题，专家学者们倾注了大量的热情，相关的文章不胜枚举。作为高等教育研究学者，我也不能免俗，对“双一流”建设进行了持续的关注，也发表了一些看法和议论，近来又有一些新的认识。所以，学校邀请我来跟大家谈谈，我很愉快地答应了，我想借这个机会和大家分享我的研究体会。

一、“双一流”建设的愿景

“双一流”建设是国家面向21世纪中叶实施的高等教育发展战略，是建设世界高等教育强国的重要任务。“双一流”建设犹如我国的水墨画，对未来高等教育发展愿景进行了写意式的描绘，为高等教育改革与发展勾画了清晰的路线图。实际上，“双一流”建设的愿景不仅反映了对未来高等教育发展样态的憧憬，它还有着现实的基础，是根据我国经济社会发展需要和高等教育发展水平提出的战略要求。

（一）“双一流”建设的背景

“双一流”建设是国家重大战略。经过改革开放40年的发展，我国经济、社会发展已经达到了一个较高的水平，需要有这样的国家战略。2010年以来，我国国民生产总值（GDP）达到世界第二，有学者统计，如果按购买力平价计

* 本讲是2019年1月10日笔者在华侨大学行政干部大会上所做报告的文字整理稿。

算，我国经济实力比美国还要强。姑且不论这种说法是否成立，单就国民生产总值（GDP）看，我国肯定是世界第二，而且把除美国以外的其他国家远远地甩到后面去了，第三、第四、第五名的GDP都至少要比我国的GDP少一半。当然，和美国相比，我们还有比较大的差距。GDP总量的增加，达到世界第二的规模，包含一个很重要的因素，就是国家的经济实力对高等教育的需求也发展到了一个相当的高度。设想一下，在改革开放初期，我国的GDP只有3000多亿元，当时的经济体量对高等教育的需求、对人才的需求是很小的，水平也是很低的。

到了世纪之交，我国经济规模还没有发展起来，经济发展水平还不怎么高。这一点可以从近期的中美贸易战得到印证。如果在世纪之交发生中美贸易战，我们是没有什么本钱与美国开战的，基本上只能任由它摆布。加入世界贸易组织后，世界贸易组织讲自由贸易、公平贸易，我们可以和美国在世界贸易组织的框架下进行自由贸易了。即使在这种情况下，我们还是没有实力和美国叫板。现在，我国之所以能够在美国持续加码制裁的情况下还能与其抗衡，维护国家利益，保持国家的尊严，这与我国经济发展水平确实有了很大提高有密切关系。我国经济发展水平已经可以支持发展新的对外交往关系，不仅如此，对高等教育发展的要求也更大、更高了。所以，近年来，从中央到地方各级政府都要求高等教育转型发展，实现内涵式发展。

从高等教育本身来看，今天我国的高等教育已经不是历史上任何时候可以比拟的。在我国100多年现代高等教育发展史上，现在是我国高等教育发展实力最强、影响最大的时候。我国高等教育是世界上规模最大的，美国的高等教育规模只有我国的一半。2017年，我国高等教育在学人口达到3779万人，而美国只有1900万人。整个欧洲40多个国家的高等教育总规模只有3000万人，比我国少近800万人。如果我国和美国、欧洲的高等教育质量相当的话，毫无疑问，我国高等教育的竞争力将远远超过美国和欧洲。很显然，就质量和水平而言，我国高等教育的竞争力还存在明显的短板。

2018年5月2日，习近平总书记在北京大学师生座谈会上谈道："今天，党和国家事业发展对高等教育的需要，对科学知识和优秀人才的需要，比以往任何时候都更为迫切。"这并不是说以往我国对高等教育和优秀人才的需要不迫切，而是说在40年的改革开放过程中，我们主要是向美国、欧洲学习，包括高等教育在内都是在学习美欧国家的经验。那个时候我们的战略目标还不足以向它们看齐。所以,我国在过去实施的重点大学计划、"211工程"和"985工程"建设的目的主要是重点提高部分高校办学水平,并没有整体性地规划我国高等教育在世界高等教育格局中的位置。客观上讲,当时还不可能考虑这个问题。

但是,"双一流"建设不一样,它是一个面向21世纪中期的战略,是一个与中国梦相匹配的高等教育发展的长期战略,是党和国家面对经济社会发展形势对高等教育发展做出的具有重大战略意义的决策。它不仅有利于提高"双一流"建设高校的办学水平,而且有利于提升我国高等教育综合实力和国际竞争力,为实现"两个一百年"奋斗目标和中华民族伟大复兴的中国梦提供有力支撑。根据"双一流"建设总体方案设计,到2020年,我国将有若干所大学和一批学科进入世界一流行列,若干学科进入世界一流学科前列;到2030年,我国将有更多的大学和学科进入世界一流行列,若干所大学进入世界一流大学前列,一批学科进入世界一流学科前列,高等教育整体实力显著提升;到21世纪中叶,我国一流大学和一流学科的数量和实力进入世界前列,基本建成高等教育强国。这是一个放眼世界的宏大愿景,是从顶层对我国高等教育发展在世界坐标中的地位进行的战略定位。这一定位的方向和阶段性目标清晰可见,为中央和地方政府理性谋划高等教育发展路线图提供了明确而重要的依据。

(二)"双一流"建设的战略重点

大家可能注意到了,习总书记特别重视一流大学建设,他曾经在很多场合谈对一流大学建设的要求。2014年和2018年,习总书记先后两次在北京大学师生座谈会上用了较大的篇幅谈一流大学建设。2014年5月4日,在北大师生座谈会上,他说:"党中央作出了建设世界一流大学的战略决策,我们要朝着这个目标坚定不移前进。办好中国的世界一流大学,必须有中国特色。没有特色,跟在他人后面亦步亦趋,依样画葫芦,是不可能办成功的。这里可以套用一句话,越是民族的越是世界的。世界上不会有第二个哈佛、牛津、斯坦福、麻省理工、剑桥,但会有第一个北大、清华、浙大、复旦、南大等中国著名学府。我们要认真吸收世界上先进的办学治学经验,更要遵循教育规律,扎根中国大地办大学。"2018年5月2日,还是在北大师生座谈会上,他又谈到世界一流大学建设，篇幅也很长。他说："教育兴则国家兴，教育强则国家强。高等教育是一个国家发展水平和发展潜力的重要标志。今天，党和国家事业发展对高等教育的需要，对科学知识和优秀人才的需要，比以往任何时候都更为迫切。我在党的十九大报告中提出要'加快一流大学和一流学科建设，实现高等教育内涵式发展'。当前，我国高等教育办学规模和年毕业人数已居世界首位，但规模扩张并不意味着质量和效益增长，走内涵式发展道路是我国高等教育发展的必由之路。……'国势之强由于人，人材之成出于学。'培养社会主义建设者和接班人，是我们党的教育方针，是我国各级各类学校的共同使命。大学对青年成长成才发挥着重要作用。高校只有抓住培养社会主义建设者和接班人这个根本才能办好，才能办出中国特色世界一流大学。"习总书记的讲话不仅谈及了一流大学建设的宏观背景、一流大学建设的战略决策，而且深刻地揭示了一流大学的特征、一流大学建设的要求和重点等。习总书记如此重视一流大学建设，只能说因为一流大学与国家前途命运息息相关。

"双一流"应怎样建设？2017年下半年"双一流"建设计划最终确定下来，即42所一流大学建设高校，95所一流学科建设高校，共137所高校进入"双一流"建设名单。2018年各"双一流"高校开始实施自己的建设计划。可以说，大多数高校的建设工作才刚刚起步，很多工作还没有展开。从建设计划看，"双一流"建设分三步走，有五大建设任务和五大改革任务。怎么理解一流大学、一流学科的关系？一流大学怎么建？一流学科又怎么建？我一直认为，所谓"双一流"就是一个一流，是从两个方面谈一个事物。可以讲一流大学，也可以讲一流学科，一流大学和一流学科是一个整体，不可分割。一流大学是以一流学科为基础的大学，是实现一流学科的大学，也可以说是具有一流学科的大学。离开了大学，不可能产生一流学科；没有一流学科，称不上一流大学。

（三）"双一流"建设的着力点

大学是社会的学术组织，是人才培养、科学研究和社会服务机构，也是推进科技成果转化的机构。这么看好像没有体现学科的地位，那学科在哪里呢？实际上，如果一所大学是一流的，那么，它就会有一流的人才培养、一流的科学研究和一流的社会服务，这些都是在学科中实现的。没有一流的学科基础，人才培养、科学研究和社会服务水平也上不去，只有功能一流的大学才能成为一流大学，只有具备一流学科的大学才能发挥一流的功能。所以，一流大学和一流学科是一体的。这是从原理上讲的。但“双一流”建设高校并非完全是根据原理来确定的，有的是因为发文章多成了一流，有的是因为获了什么奖而成了一流。严格来讲，这只能算单项的一流，不是真正的一流学科或一流大学。

大学的功能是在学科中实现的，大学的功能与学科结构有密切关系，这个问题常常不为人所重视。一般来讲，大学分综合型、多科型和单科型等，不同类型大学的功能存在显著的差异。这里以人才培养为例作简要说明。单科型大学，如体育大学、艺术大学，就是要把学生的体育竞技水平、艺术水平训练到最好。多科型大学更重视学生的专业素质以及与专业相关学科素质的培养。比如，单科型大学和多科型大学都可以培养工科人才，但二者在人才培养的条件和要求上是存在差异的。单科型大学就是要培养学生的专业动手能力，把技术打磨得非常精致，这就是一种培养技术英才或匠才的高度专业化的教育。多科型大学则要培养工程师。工程师除了要掌握专业技术知识以外，还要掌握造价、原材料消耗、环境、经济管理等方面的知识；设计工程师还要掌握艺术知识，要懂美学。与单科型大学和多科型大学不一样，综合型大学有很好的文理学科基础，每一个学生都应当接受很好的文理学科基础教育。综合型大学给学生提供的基础教育可以为专业服务，但更重要的是服务学生长远的发展、人性的弘扬和人格的锻炼，这是学生更高层次、更加宽广、更加长远、更加深刻的发展需要，是一种为学生可持续发展打基础的教育。综合型大学毕业生在本科毕业时的专业竞争力并不是最高的，但是，八年、十年以后他们的竞争力应该比专科型、多科型大学相同专业的学生强。此外，综合型大学的毕业生还有综合素质的优势。这是综合型大学人才培养的特色。总之，不同类型大学人才培养的要求以及优势是不同的。

与其讨论一流大学和一流学科的关系，还不如关注另外两个一流：第一，一流的功能体系。只有发挥了一流的功能，才能叫一流大学。第二，一流的支持和服务体系。支持和服务达不到一流水平，大学不可能发挥一流的功能。关于一流的功能体系已经讨论很多了，这里主要谈谈后者。一流的支持和服务体系是为大学功能实现提供保障的，也就是后勤保障、管理和治理、人员配置、经费分配等，它们为一流功能的发挥提供所需要的支持和服务。支持和服务体系与功能体系追求的目标是不同的，支持和服务体系所追求的目标：第一，用尽可能少的资源办尽可能多的事情。因为资源有限，资源利用要最大化。第二，提高效率。效率不高，时间成本就高，资源消耗也会更大，大学要建成一流的时间会拉得更长。第三，要更有质量。服务质量上不去，对大学功能的实现是致命的，大学是不可能建成一流的。讨论“双一流”建设，要从那些概念化的理解转变到更具有实质意义的一流的功能体系建设和一流的支持和服务体系建设上来，这样才可以找到“双一流”建设工作的抓手。

二、“双一流”建设战略

明确了“双一流”的含义和“双一流”建设的愿景，我们就可以讨论大学如何才能在“双一流”的方向上奔跑。现在很多大学的“双一流”建设还处在摸索之中，很多没有进入第一批“双一流”建设名单的大学铆足了劲要争取在下一批甚至下下批进入“双一流”。这样的竞争局面是可喜的，这也是“双一流”建设带来的蝴蝶效应。

“双一流”建设要找到突破口，要有很好的战略。这是一个百舸争流的时代，竞争发展，大学更需要有进取心、发展心。有人可能说，战略我们也懂啊，我们大学也制定了很多战略，比如，人才战略、特色战略、质量战略。这些可能是战略，也可能不是。战略必须解决大学的关键性、全局性、长远性发展问题，如果战略不解决问题，那么，这个战略就是无效的，它只是一句口号。大学要有战略，没有战略就没有方向，没有战略就没有未来。不同大学的类型不同，发展历史传统和基础不同，战略也不一样。大学要组织战略研究，提出符合自身发展要求的战略，用战略引领一流大学和一流学科建设。

（一）目标战略

目标战略说起来似乎很简单。有人可能会说，我们学校也有目标啊，比如，建设高水平大学、建设知名大学、建设国际知名大学、建设一流大学或建设特色大学，这不是我们的目标战略吗？实事求是地讲，这可能是，也可能不是，可能就是一句口号而已。原因在于它就这么一句话，没有内涵，也没有落地的工作。我们说的目标不只是一个概念，而是基于学校长远发展要求所提出的发展任务。每所大学都有它的发展规律，它和人一样，是一个生命体，有自己的生命周期。大学的生命周期分不同的阶段，有的阶段持续时间长一些，有的持续时间短一些，发展有快有慢。

一般而言，大学的生命周期分为三个阶段：创业期、中兴期、成熟期。创业期是大学的婴幼儿阶段，在这个阶段，学校的主要发展任务是建校园、建校舍、建学科专业、“招兵买马”、建制度规范，归结起来，就是建基立业，建章立制，把学校办学的格局、条件建立起来。等到条件建设得差不多了，学科制度归位了，师资队伍也配齐了，学校的发展就开始了，这就进入学校发展的中兴期。学校持续发展、逐步稳定后，日复一日、年复一年就这么办，大学的这种稳定发展状态就是成熟期。进入成熟期的大学还要不要盖校舍呢？要盖，只要有需求，就会增加校舍；还建不建新专业呢？建，如现在人工智能出现了，也会设人工智能专业。现在网络技术出现了，慕课出现了，对教学产生了影响，大学要开发新的教学体系，改进教学方法，但一般不会进行全面改革、综合改革。它主要是通过微调的方式调整办学条件和办学方式，保证办学的高水平和高质量。成熟的大学常规化地办学，就能做出高水平的贡献，甚至一流的贡献。天天改革的大学不是高水平大学，不是一流大学。世界上没有哪一所一流大学因为管理不善而倒闭，没有哪一所一流大学因为资金短缺而关门，也没有哪一所一流大学因为办学方向不对而走向歧途、导致破产。只有在初创期和中兴期，大学才可能出现这些情况。

战略与大学发展的生命周期有什么关系？从战略上讲，我们要把学校发展的成熟状态作为追求的愿景。明确了发展愿景，还不足以使我们知道大学现在应当怎么办。这就需要对发展愿景这个长远追求进行阶段化处理，明确在不同的发展阶段学校办学要达到的目标，弄清楚未来三五年要干什么、八年十年要干什么以及再长远一点要干什么，这样就可以勾画出一幅清晰的大学发展路线图。也就是说，根据大学的生命周期、发展愿景，我们可以建立起学校持续发展的目标链，包括短期的、中期的和长期的发展目标。设计出路线图以后，学校就可以沿着路线图发展，只要路线图是科学、合理的，大学的发展就不会偏离方向。

所以，目标战略就是要建立大学发展的目标愿景和目标链，目标链可以为我们明确学校的工作重点、努力的方向提供帮助。目标战略不是一个口号，而是基于大学发展需要所提出来的一整套未来发展设计，即学校未来发展蓝图。抓“双一流”建设，就要制定学校发展的目标战略，不然的话，目标战略还没有弄清楚，就要建设“双一流”，搞学科建设、师资队伍建设、一流人才培养等，怎么能取信于人，怎么确保一定能建成“双一流”？

（二）动力战略

很多大学都在推进改革。改革要解决什么问题、达到什么目标、怎样才能达到目标，这些问题都是在改革中要弄清楚的。我国大学办学存在一个非常重要的问题，那就是工作动力不足。这不是说我们干劲不大，平时我们“5+2”“白加黑”，一年到头没有休息，忙得很！但“双一流”建设是我们发自内心地认同吗？我们有没有意识到在我们的工作中哪些是应该做的、哪些是不应该做的、哪些是不能做的？学校干部、教师、学生有没有这样一种精神状态？激发干部、教师的精神状态靠什么，靠现有的制度还是靠提高教职工待遇？我们真的有动力吗？如果有的话，是什么性质的动力？有没有内动力？内动力有多大？

要回答上述问题并不容易，但有一点恐怕是可以肯定的，即我国大学比较普遍地存在发展内动力不足的问题。在待遇水平大致相当的情况下，如果干部、教师有强大的发展内动力，学校发展速度会更快，发展会更好。动力战略就是要解决发展的内动力问题，要激发干部、教师的内动力。人事部门、教务部门、科研部门如何调动教师的内动力？教师想把教学、科研做好，不是因为学校规定要这样做，不是因为学校提高了课时津贴，不是因为提高了发 SCI 论文的酬金，不是因为提高了发表 *NATURE*、*SCIENCE* 论文的奖金。教师不是靠这些来激励工作动力，而是靠对学生的热爱和对教学的执着，靠对科学的忠诚和探索科学的兴趣，在教学、科研活动中他能感觉个人生命的价值。这样的动力才会持久，学校不需要有太多的激励或惩罚措施，但大家都拼命地工作，努力做到更好。行政干部的动力激发靠什么，靠增加工资、增加津贴或补贴吗？除了这些，他们的内动力怎么激发出来？一些行政部门的干部怕麻烦，教师、学生找他办事多了，他就烦，没有耐心，不能设身处地替教师、学生着想。没有那种帮教师、学生解决了问题，就实现了自己的价值的思想观念。很多行政干部所认同的是领导交办的事情才是正事，教师、学生要解决的事是烦心事。所以，行政干部的工作动力来自领导，不是来自内心对工作的理解和认识，不是来自自己为教学和科研等功能活动服务的自觉。高校中行政干部的内动力不足现象普遍存在，这个问题对大学发展的影响更大，因为我国大学行政管理权力很大，它不仅影响行政工作，而且影响教师和学生。

让干部、教师和学生激情满满地投入工作和学习，是动力战略要解决的问题。解决动力问题，关键在于管理改革，要改善大学的管理。改革就是改善大学的生产关系，解放和放大学术生产力，激发干部、教师和学生的内动力。大学的管理制度和政策可以给人外动力，也可以激发人的内动力。我国大学的相关管理制度和政策对干部、教师和学生的内动力关注不够，动力战略在重视更好地调动师生员工的外动力的同时，要高度重视激发师生员工的内动力，使广大干部、教师和学生自觉自愿地全身心投入工作和学习。所以，动力战略非常重要，它是学校办学富有生机、活力所必不可少的条件。

（三）资源战略

资源不足是很多大学发展过程中面临的困难。其实，资源不足不只是我国大学办学面临的困难，而且是一个全球性问题，世界上很多国家的大学都存在办学经费短缺、财政拨款减少、筹资困难等问题。比较而言，我国大学是非常幸运的，我国大学还没有出现资源减少的问题。大学的资源不外乎两个渠道：一是政府拨款；二是社会投入，包括学生缴费。政府拨款有事业费拨款和专向拨款，不论是中央政府还是地方政府，拨款数额总体上还是年年增加的，这是非常可喜的。过去大学很少利用社会资源，现在社会资源投入高等教育的数量呈增长趋势。所以，我国大学办学资源情况整体是比较好的，尽管很多大学存在资源不足的问题，但这并不表明我国大学的办学资源在减少，而是说与我国大学的发展需要相比还存在差距，不能满足更大、更快发展的需求。

“双一流”建设需要更大规模的资源。大学必须学会筹措办学资源。筹措资源要知道资源在哪里，如何才能筹措到所需要的办学资源。可以肯定的是，我国各种渠道的资源，不论是政府资源还是社会资源，都有筹措的空间，要采用有效的办法去筹措。不同渠道的资源筹措办法是不同的，不同级别的政府、主管和非主管政府部门的资源都可以争取，要弄清楚政府资源的投资取向，政府资源的筹措要紧密结合政府的战略和工作重点；社会资源的类型多种多样，要根据不同资源主体的需要采取相应的手段去筹措。利用现有的常规办学资源是不可能建成“双一流”的，或者说，不可能在“双一流”所要求的时限内完成建设任务。“双一流”建设必须有额外的资源支持，学校要有超常的谋划。西安交通大学与陕西省和西安市、西咸新区政府的合作很能说明问题。2017年2月，中国西部科技创新港在陕西西安开工建设，创新港由核心区与产业区构成，核心区占地约5000亩，其中，科研教育板块占地约2100亩，将建设工、理、医、社科四大方向23个研究院。这是陕西省和西安交通大学落实“一带一路”、创新驱动及西部大开发三大国家战略的重要平台，由西安交通大学与西安市西咸新区联合建设。创新港是西安交通大学有效利用政府和社会资源建设的“双一流”建设平台，它必将为学校创新发展注入巨大的新动能。

资源战略要与目标战略相统一，没有资源支持的目标是虚幻的。很多大学制定规划的时候，往往会提出一大堆目标，却对资源关注不多。目标不是以资源为基础的，这样的目标基本上是不可能实现的。“双一流”建设是有目标的，它需要有充分的资源保障。有了目标，就一定会有资源需求，如果能明确资源筹措的方向和措施，那么，资源战略就是有效的，就是能够付诸实施的。

（四）文化战略

在企业管理中，有一种比较流行的说法：三流企业靠人管理，二流企业靠制度管理，一流企业靠文化管理。我不知道企业界是不是都认同这个说法，但有一点我认为是对的，即文化对一个组织非常重要，大学也是这样。大学是一种文化组织，文化不仅与人才培养、科学研究和社会服务等功能活动密切相关，而且与大学管理和治理有很大关系。大学有两种文化：一种是学科文化，这是大学功能活动的领地；一种是组织文化，这是大学管理和治理的软环境。一个大学生入学后学校会为其提供专业、课程和教学，这就是让其学习学科文化。与此同时，其在大学校园中生活，要遵守学校相关规章制度，要与教师和其他同学交往，要参与校园生活，会从中感受到一些无形的习惯、要求和人们对大学生活的共同的认知，这就是其所接触的大学组织文化。这里所说的文化战略是指组织文化方面的战略，不是学科文化方面的。

文化创新对我国大学办学水平和质量有重大影响，“双一流”建设必须高度重视文化创新，以新的文化引领大学发展。长期以来，我国大学文化创新滞后，与时代要求相脱节，给办学水平和质量带来了显著的消极作用。比如，我国大学教学文化在很大程度上仍然固守着知识传授的价值观，教师以传授知识为目的，学生以掌握知识为目的，所以，一种知识授受文化在我国大学大行其道，导致教和学都处于知识表层，学生深度学习不足，大学难以培养创造性人才。我国大学行政管理主要表现为一种经验性的行政模式，不但一般行政管理人员缺乏专业教育和训练，而且中高层领导也少有接受过高等教育管理专业培训和教育的，所以，凭经验办事、按上级指令办事的风气盛行，即使是管理制度，也主要是从行政管理角度制定的，行政本位色彩浓厚。

如果一所大学的文化是健康的、积极的、进取的、和谐的，那么，这种文化会体现在每一个师生员工身上，它会给干部、教师和学生带来优良的精神风貌，会使加入其中的每一个人感受到积极和谐、催人奋进的力量。相反，如果一所大学的文化是消极的、得过且过的、不思进取的，那么，不论是干部、教师还是学生都会沾染这种文化风气，而且不管他们走到哪里，他们都会把这种风气带到哪里。如果学生沾染了这种文化风气，学生的人生观、世界观和意志品质、精神风貌都会受到影响。大学文化往往看不见、摸不着，对师生员工的影响是隐性的，所以，一般不容易引起人们的重视。这也是为什么大学文化创新很难的一个重要原因，因为它隐身于大学的环境、制度和师生员工的行为中，而且它的影响又是通过一种润物细无声的方式实现的。

有什么样的文化就有什么样的大学，有一流的文化，必有一流的大学。推进“双一流”建设，文化战略不能缺位。要在我国大学植入和谐、进取、创新的文化基因，培育创新文化，使广大师生员工以时不我待的精神气质投身于教学、科研、社会服务和行政管理等工作中去，以崭新的文化风貌装点“双一流”，实现学校健康、快速发展。一所大学如果能够培育出这样的文化，不想成为一流都很难。

“双一流”建设的战略很多，对于具体的大学来讲，要根据学校实际情况，遵循高等教育规律，借鉴国内外大学成功的经验，制定适合自身的发展战略。我国大学行政部门权力很大，在大学战略的制定和实施中，行政部门常常发挥着主要作用。各级行政干部要高度重视战略研究，要与广大教师和社会相关力量一道制定高质量、高水平发展战略，并以战略实施促进改革和建设。只有这样，大学才能在正确的道路上快速发展。

第十四讲

“双一流”建设背景下地方高校治理改革 *

最近学习习近平总书记关于教育的一些重要论述，感觉总书记在短短的几年时间里，所谈到的教育思想非常丰富，涉及了教育的方方面面，对于教育的地位、目标、性质以及发展要求都谈到了，有很多论断很精辟。习总书记在全国教育大会（简称“全教会”）上，集中围绕培养什么人、怎么培养人、为谁培养人的问题做了系统的阐述。习总书记关于一流大学建设有很多重要论述，在党的十九大报告和全教会上都谈到了“建设一流大学和一流学科”。“双一流”建设是我国高等教育战线最热门、最重要的政策，它不只影响了入选“双一流”建设的高校，实际上对全国所有高校都有重要影响，是影响我国高等教育发展进程的重大战略。我们应当高度重视，密切关注，不论我们的学校处于什么层次，都要结合“双一流”政策来考虑改革发展问题。

一、我国高等教育发展的形势

用一句大家都比较熟悉的话来描述我国高等教育发展形势，就是“仍然处于发展的战略机遇期”。改革开放以来，我国高等教育总体发展态势良好，规模增长、结构调整、教学改革都取得了不俗的成就，开创了现代高等教育产生以来发展态势最好、持续时间最长的“黄金时期”。展望未来，我国高等教育发

---

* 本讲是 2018 年 9 月 20 日笔者在山东省高等教育管理科学研究会 2018 年年会上所做报告的文字整理稿。王玲为整理文字初稿付出了辛勤劳动。

展总体向好的趋势没有改变，也不可能改变，未来发展空间仍然很大，发展任务依然艰巨。

（一）发展普及高等教育

大扩招以后，我国高等教育发展迈入了大众化阶段，接下来的十几年，高等教育没有停下快速发展的步伐，在不到20年的时间里，已经接近普及化阶段的规模了。根据我们的研究，就规模而言，明年我国高等教育毛入学率很可能达到或超过50%。很多老师也清楚50%只是一个点，高等教育发展越过这个点以后，高等教育毛入学率还会朝着60%、70%、80%增长。这就是说，普及化阶段是一个过程，随着毛入学率的增长，高等教育总规模将进一步扩大。当毛入学率超过50%的时候，高等教育在学人口总规模可能达到4000万人以上；在毛入学率跃升到70%以上的时候，高等教育在学人口可能超过5000万人。随着在学人口的不断增加，高等教育的人才培养能力不断增强，高等教育的社会功能日益强大。高等教育规模大，每年的毕业生人数都会创新高，新增劳动年龄人口中接受了高等教育的比例将逐年提升，劳动年龄人口的平均受教育年限将不断延长。劳动年龄人口中接受了高等教育的占比提高、劳动年龄人口素质和能力的增强，必将促进社会经济和产业创新发展，促进社会文明水平的不断提高。

（二）全面提高人才培养质量

随着高等教育普及化的不断推进，我国高等教育发展面临的量的增长压力将得到缓解，民众没有学上、没有接受高等教育机会的时代过去了。量的压力缓解了，质的压力将凸显。我国高等教育总规模在国际上排名第一，遥遥领先于其他国家，即便排名第二、第三的国家，也比我国高等教育规模少1000万人到2000万人。据联合国教科文组织统计，我国高等教育总规模近4000万人，高等教育第二大国印度高等教育总规模近3000万人，高等教育第三大国美国高等教育总规模约1900万人，其他国家高等教育总规模都在1000万人以下，而且包括中、印、美三国在内，世界上高等教育总规模超过100万人的只有35个国家。从这些枯燥的数字可以看出，从体量上讲，我国高等教育是名副其实的巨无霸。

但令人感到尴尬的是，我国高等教育的国际竞争力疲弱，不仅难以与美国相抗衡、相媲美，甚至还难以与高等教育总规模只有两三百万人的英、法、德等国竞争。这就是说，我国高等教育规模与质量之间完全不相匹配。就社会需求而言，民众上好大学、接受优质高等教育的愿望越来越强烈。很多在国内无法得到满足的民众，不得不将子女送到欧美国家去接受高等教育。据统计，我国出国留学、接受高等教育的人数年年增长，成为欧美很多国家国际生的主要来源。不仅如此，留学生年龄越来越小，很多人出国接受中学教育，甚至小学教育。高等教育质量不高的问题对国家经济社会发展的影响是巨大的，提质增效、转型发展，实现可持续绿色增长，扭转资源依赖、能源消耗、污染环境的经济发展模式，必须依靠掌握了先进技术的高素质人才，也就是要求高等教育提高人才培养质量，造就大批高素质创造型、复合型和应用型人才。“双一流”建设本身是一个质量工程，一流大学和一流学科的落脚点在一流的人才培养上。“双一流”建设高校只是我国高等教育体系很少的一部分，只有100多所高校水平的提高，没有高等教育整体质量的提升，不足以解决我国高等教育发展问题，高等教育也不足以支撑我国经济社会转型发展。因此，普及化阶段高等教育发展的重点应当转移到提高质量上来。

二、“双一流”建设对高等教育发展可能带来的影响

从2015年10月提出到2017年底完成立项，“双一流”建设经历了一场马拉松式的立项过程后付诸实施。入选“双一流”建设的高校根据政府部门要求，在很短的时间里编制了自己的实施方案并获得政府部门批准。从入选名单看，共有137所高校列入“双一流”建设，其中，世界一流大学建设高校42所（A类36所，B类6所），世界一流学科建设高校95所；“双一流”建设学科共计465个（其中自定学科44个）。从名单看，绝大多数入选高校是央属高校，只有少量地方高校整体或部分学科进入。在地方高校中，整体进入名单的只有郑州大学、云南大学和新疆大学三所高校。“双一流”建设正在实施中，暂时还不可能看到成效，所以，现在谈它能发挥多大作用、产生什么影响都是主观臆测或推断的。我的推断是，它将在以下几个方面发挥影响。

一是确立了我国高等教育发展目标。在“双一流”建设战略推出之前，在20余年的时间里，政府实施了“211工程”和“985工程”，这两个工程对促进我国高等教育发展发挥了积极作用。有人认为，“双一流”建设是前两项工程

的升级版，不论真假，从政府战略决策看，它们是有关联的。当然，三者之间的差别也是明显的。“211 工程”是面向 21 世纪，重点建设 100 所左右的高等学校和一批重点学科的建设工程。“985 工程”则是对若干所高等学校和已经接近并有条件达到国际先进水平的学科进行重点建设，用 10 ～ 20 年时间，争取若干所大学和一批重点学科成为世界一流。与前两项工程不同，“双一流”建设点面结合，既提出了我国高水平大学发展要求，又提出了高等教育整体发展水平要求，这就是“到 2020 年，若干所大学和一批学科进入世界一流行列，若干学科进入世界一流学科前列；到 2030 年，更多的大学和学科进入世界一流行列，若干所大学进入世界一流大学前列，一批学科进入世界一流学科前列，高等教育整体实力显著提升；到本世纪中叶，一流大学和一流学科的数量和实力进入世界前列，基本建成高等教育强国”。

二是中央和地方政府增加对高等教育事业的拨款。作为政府重大战略，增加财政拨款是题中之义。从实际情况看，“双一流”建设战略提出后，与立项迟缓形成鲜明对照的是，中央政府和很多地方政府财政支持措施积极而迅速。据不完全统计，部分省级政府计划投入“双一流”建设和高水平大学建设的财政资金已经超过 1000 亿元。高等教育发展需要更多的财政拨款，需要更大的财政动力支持。但政府财政拨款有它的规矩，要增加高等教育拨款不是一件容易的事情。当然，在现有财政预算框架下，要增加任何事业项目拨款都不容易。“双一流”建设由政府立项实施了，政府必然在预算计划中增列必要财政开支予以支持。在政府财政的带动下，高等教育办学经费的增加是可以预期的。

三是促进新一轮高等教育发展。“双一流”建设高校名利双收，建设积极性很高。其他高校的心态可能各不一样，在座的有很多高校领导，我相信大家明白我讲的是什么意思。不过，有一点我们需要看清楚，就是几乎所有高校都看到了发展的需要，感受到了建设的压力。这是好事，这也正是“双一流”建设要达到的效果。我们知道，单纯地依靠 137 所高校不可能建成世界一流的高等教育，不可能建成高等教育强国，必须所有高校都行动起来，共同努力，百舸争流，不断提高办学水平，才能真正迎来高等教育繁荣发展的局面。可以说，以“双一流”建设为契机的新一轮高等教育发展能够取得什么样的发展成就，并不取决于入选“双一流”建设名单的高校，而取决于没有入选名单的高校。

三、“双一流”建设对地方高校的影响

上面所讨论的几点影响是普遍存在的，地方高校也存在。但对于地方高校而言，因为只有极少数地方高校入选，绝大多数地方高校与“双一流”建设没有直接联系，所以，它们对“双一流”建设无感。这种状况可能对地方高校建设与发展带来深远的影响。

（一）积极影响

如上所述，“双一流”建设不只是137所高校的事情，而是事关全国高等教育改革与发展的大战略，受它直接影响的既包括入选建设名单的高校，也包括未入选建设名单的高校。而且因为“双一流”建设没有沿用“211工程”和“985工程”所采取的“终身制”，而是采用了滚动资助建设的方式，因此它对地方高校所起到的激励效果是巨大的。

1. 地方政府增加投入

“双一流”建设战略由中央政府提出，但对地方政府有极强的导向作用。地方政府的积极性很快就被调动起来，在一年多时间里，就有20多个省级政府出台高水平大学建设计划，划拨大笔资金支持地方高校加强学科建设，提高办学水平。地方政府的拨款主要投向地方高校，对地方高校而言，这无疑是积极的。当然，地方政府的投资去向也是有选择的，主要还是部分实力较强、办学水平较高的高校。

2. 激发政府高校自我发展的动力

滚动支持的“双一流”建设办法更具有激励性，更有助于地方高校主动作为，争取获得中央或地方政府的支持。尽管高校办学水平不是一年两年就能有大的改变的，当前的办学水平也是长期积累形成的，但早作为比晚作为好，有作为比不作为好。“双一流”建设资助的不确定性给很多地方高校以希望，激发了很多高校领导不服输、要作为的雄心壮志。非常难能可贵的是，有些地方高校领导明知道自己所在的学校在第一轮、第二轮，甚至第三轮都不可能入选，但其放眼长远，立足当下，铆足了劲，加快各项建设，以提高办学水平。

（二）消极影响

毋庸讳言，“双一流”建设对地方高校是有消极影响的，而且消极影响还不

小，涉及的高校面也很宽。这种影响有显性的，也有隐性的；有短期的，也有长期的。地方高校对这种影响需要保持警觉，需要有应对之策。

1.“贫富”差距拉大

获得中央和地方财政资助的高校将增加办学经费，这是净增部分；没有进入“双一流”建设名单和没有纳入地方高水平大学建设名单的高校，尽管财政拨款和相关资助没有减少，但也没有增加。据统计，部分央属高校年度预算经费超过100亿元，有的甚至达到近300亿元，而地方高校年度预算经费大多为10亿元，还有很大一部分地方高校年度办学经费仅4亿～5亿元。办学经费的多少对高校发展有重大影响，所以，在“双一流”建设背景下，尽管地方高校办学经费没有减少，但也没有增加，或增加非常有限，高校之间的差距越来越大。这是一个显性的影响，其后果如何，还有待观察。

2. 未入选高校的社会声誉受到打击

在“双一流”建设名单公布前，社会上一些部门对“211工程”“985工程”高校遇事都要高看一眼，高教界也看重这两顶“帽子”，甚至毕业生升学、就业也会因为这两顶“帽子”而享有一定的优惠。“双一流”建设名单公布后，社会上一些部门会用这顶“帽子”来评价高校的地位和声誉，大多数没有进入“双一流”建设名单的地方高校将会又一次受到伤害。实际上，不只是地方高校，只要与地方高校有关的，都会受到或大或小的影响。

3. 迷失办学方向

“双一流”建设高校受到政府支持，为社会所认可，这对其树立自信心、强化自我认同会有很大帮助。对于大多数地方高校来讲，因为未能入选“双一流”建设高校，便难以将“双一流”建设目标作为自身的发展目标。地方高水平大学建设常常也只包括了少数几所高校，这对大部分地方高校而言是一个沉重的打击。得不到中央政府的支持，很多高校是能够理解的，但得不到地方政府的支持，它们会有被地方政府抛弃的感觉。在这种情况下，地方高校的出路在哪里，地方高校还有未来吗？这样的问题很自然地就会在地方高校师生员工中滋生，由此带来的情绪会让他们迷失发展方向。

四、地方高校的治理改革

在“双一流”建设的背景下，地方高校向何处去？咱们山东除了三所部属高校外，其他高校应当怎么办？山东有一个庞大的高等教育体系，从学生规模来讲，全国第一，尽管如此，发展仍很不充分。我们的近邻韩国，只有4300万人口，不到山东人口总数的一半，它的高校比我们多，高等教育规模比我们大，韩国高等教育总规模达到350万人左右，比我们多100万人左右。在韩国，不同层次、不同水平的高校各得其所，且不乏国际上知名的有影响力的高校。所以，尽管我国高等教育总规模在世界上首屈一指，但整体发展水平还是不高的。

（一）地方高校发展面临的主要挑战

地方高校是我国高等教育的主体部分，地方高校发展所面临的问题与央属高校有共同之处，也有很大的差异之处。前面在相关问题阐述中，有的已有涉及。这里主要就地方高校发展面临的几个突出问题展开讨论。

1. 生源不足

生源不足似乎已经成为全国高校面临的一个突出问题，其中主要是地方高校面临的问题，因为央属高校的地位和实力更强，它们不可能面临生源问题。山东高校有没有这个问题，大家最清楚，有的有，有的没有，是不是？生源问题就是这样，在生源充足的时候，所有高校可能都不会面临生源问题；在生源不足的时候，有的高校可能就会出现生源问题了。我国高校的生源问题是怎么形成的呢？据教育部统计，2018年我国高中阶段毛入学率已经达到88.8%，这是一个很高的比例。高中教育达到这样的发展水平，高等教育毛入学率尚不足50%，那么，高校是不可能面临生源问题的，除非有特殊的情况发生。今年上半年，江苏省把这个问题揭露出来了，原因在于我国教育采取了初中毕业升学分流制度，初中毕业生被强行分流了，进入职业中学和普通中学的各占50%。常州是江苏省的工业重镇，工业很发达。常州的初中毕业生上职业高中和普通高中的配比是六四开，60%的初中毕业生上职业高中，40%的初中毕业生上普通高中。大家知道，我国现行的高考制度主要是为普通高中毕业生设计的，职业高中毕业生的出路主要是就业，只有少量的毕业生参加高职选拔进入高职院校深造。就是在这种情况下，高考录取率达到90%，实际上，这个90%是那个40%～50%的90%，不是百分之百高中毕业生的90%。由此可知，不是没有生源，而是中考、高考政策限制了高考生源，从而导致高校招生面临生源不足的挑战。从这个意义上讲，生源问题的根源不在高校。

在这种情况下，高校尤其是地方高校该怎么办？是坐等政策调整，还是主动作为，在可为之处作为，以缓解生源不足的压力？

2. 为地方发展做贡献难

从理论上讲，地方高校为地方服务天经地义，地方需要高校，高校离不开地方，这种相互需要不只是高校需要地方的物资以维持运转，地方经济发展和税收需要仰仗高校，它更深刻的意义在于，地方经济产业现代化和社会文明进步离不开地方高校源源不断提供的人类文明成果，包括接受了高等教育的人才、新的知识发现和发明、社会道德和文明风尚的引领与推动，等等；地方高校离不开地方对人才培养、科学研究和社会服务的需要，这是高校发挥功能的舞台和机会。这种关系是鱼水关系、血肉关系和灵魂与精神的关系。这是从理论上讲的，实际上，地方高校与地方的关系常常令人尴尬和难堪。地方高校犹如漂浮在地方，落不了地、扎不了根，地方要么对高校没有什么需求，要么将需求拱手让给外地高水平高校，对地方高校不理不睬、不闻不问，即使地方高校有心在当地发展，也难以找到发挥作用的地方。很多时候，地方高校似乎陷入了“报国无门”的窘境。与此同时，地方往往对地方高校颇多怨言，比如，不能提供地方所需要的技术，对地方的问题视而不见，缺少引领地方高新科技产业发展的高水平学科和专家。双方关系弄成这种局面是长期以来校地关系的结果，从高校来讲，是传统办学模式带来的后果。

地方的经济、社会发展不能没有地方高校的参与，外地高水平大学的支持是需要的，但当地高校不可或缺。破解校地关系的难题是地方高校治理改革必须攻克的课题。

3. 治理改革滞后

地方高校想发展好，要有好的师资，要有更多的经费投入，要有社会各方面的支持，还要有好的办学风气，等等。这些都取决于学校的领导、管理和治理。我国高校，包括地方高校在内，长期只重领导与管理，不重视治理，治理意识淡薄，治理机制缺失，治理能力不足，治理成效不彰。这个问题在地方高校中尤其突出，领导一言九鼎，学校各项工作唯领导马首是瞻。如此办学，断难把学校办好！高校不是政府部门，也不是企业、工厂，它是一个以学科和学术为核心的教育组织，领导、管理是必要的，但只有领导、管理却是远远不够的。

（二）高校治理的基本模式

治理是一种高校办学机制，在世界其他国家高校中都有采用，有些国家高校中的治理发展得比较早，形成了比较规范的治理模式。虽然不同国家国情不同，他国的经验难以被复制，但参考价值还是有的。

1. 欧洲高校的共享治理

欧洲是现代高等教育的原发地。现代大学是在欧洲生长起来的，最初的管理、领导、治理从理念到机制都是从欧洲有关国家的大学中发展起来的。追根溯源，欧洲国家现代大学建立和办学的基础是教授共治，从一开始就实践了一种共享治理。这种理念主要表现为对为什么要办大学、大学的主要精神、功能使命、组织机构设置、人才培养体系以及日常运行维持等由教授们共同商议决定，教授们在学校办学中拥有决定权，各学科领域的事情由教授个人负责，学校的事情由教授们共同协商决定。尽管后来外部力量包括政府和其他社会组织以各种方式参与高校治理，但共治理念及其相应的治理模式的基础没有被动摇，在高校办学中仍然发挥着主导作用。

2. 美国高校的分享治理

美国高等教育源于欧洲，曾师法英国和德国。但在实用主义社会思潮和拓荒文化背景下，美国高校治理走出了欧洲模式，建立了美国特色的高校治理模式，这就是一种分享治理模式。欧洲把高校治理看作教授们天然的特权，与欧洲国家不同，在美国高校治理理念中，这是一种学科专业基础上的权利。治理权利应该为每一个有关的组织和人员所拥有，大家应当分享权利，而不是独享，也不是少数人共享。所以，在美国高校中，只要是与学校功能相关的事情，都是有关各方共同参与协商决定的，没有天然的特权，也没有政府的强力赋权。美国为什么会抛弃欧洲治理模式？究其根本，还在于美国没有欧洲国家的社会文化基础，缺乏欧洲的学术传统和学术氛围。尽管后来美国高校办学水平提高了，学科和学术文化发达了，高校治理还是保持了大众分享治理，没有采用欧洲高校的共享治理。

3. 我国高校的嵌入式治理

我国高校治理是从20世纪80年代开始进行探索的，是高等教育领导、管理改革的结果。可以说，没有领导、管理改革，就没有我国高校治理。与欧美国家不同，我国高校领导和管理体系完备，从政府到学校内部各级组织机构都建立了组织健全、功能完备、权力复杂而有效的领导和管理体系，具体表现为一种双轨多层的领导和管理体制及运行机制。这一套领导和管理体制是高校办学的基础，治理是在这个基础上发展起来的，它不是要替代现有的领导和管理体制，而是发挥补充作用，拾遗补阙，在领导与管理的一些真空地带发挥作用。更具体地讲，我国高校治理就是在承认且不改变现有领导和管理体制的前提下，建立一些学术性、社会性或混合性的机制，发挥教师、学生和社会有关组织机构的作用，在学校运行过程中发挥决策咨询、审议、评价和支持等方面的作用，以增强学校的功能，提高办学的科学性和满意度。所以，我国高校治理与高校领导和管理之间不是替代关系，它不可能替代领导和管理体制，它是在领导和管理体制中增设一些必要的学术性、社会性或混合性机制，从根本上讲，这是一种嵌入式治理。治理作用发挥得好，有助于增强高校办学活力，使高校更像高校，而不是像其他社会组织。

（三）地方高校治理改革

地方高校治理改革的复杂性更甚于央属高校，这是由地方高校的办学环境所决定的。治理改革是一项长期而艰巨的任务，它不可能是一种理想设计的施工，而是一种阶段性渐进式的推进。不同阶段治理改革的任务只能根据实际的环境条件来决定，在很大程度上，还要看领导和管理体制的允许程度。因为时间关系，这里就当前高校治理改革可能采取的几种举措略做探讨。

1. 实施战略管理

在当前情势下，实施战略管理是地方高校治理改革的重要手段。它不改变地方高校现行的领导和管理体制，而是通过转变办学思维和运行方式来治理学校。战略管理有几个要求：第一，将学校当前发展与长远发展结合，立足当前，着眼长远。实施战略管理，就是要在学校发展决策中，用前瞻性的眼光谋划和布局当下的发展任务，使常规发展与转型升级发展有机统一起来。第二，将生存与发展结合起来，抓住重点任务组织和调配办学资源。生存和发展是地方高校办学的两大使命，在资源配置中，要在确保学校运行基本需要的前提下，集中组织和调配办学资源，重点投入影响学校长远发展的任务或项目。第三，将计划性与灵活性结合起来，科学制定和实施战略规划。战略管理的基本依据是战略规划，战略规划是高校发展战略的实施方案或计划，科学地编制和实施战略规划，提高规划质量，有助于保证战略管理达到比较好的效果。第四，将向内用力与争取外援结合起来，营造学校发展的优良环境和条件。自强不息，充分激发和调动师生员工的工作热情和积极性，发挥自身潜力，加强自主办学，是地方高校生存和发展之道。与此同时，应加强学校与社会各有关方面的交流与合作，以服务求支持，建立与社会良性互动、相互促进的办学环境。此外，实施战略管理，要重视提升干部、教师的战略思维水平，尤其是学校各级领导干部的战略思维水平，使他们善于从战略层面考虑学校发展，谋划学校重点办学行为，从而使学校办学与发展更具有开创性。

2. 推动二级院（系）自主办学

我国高校办学往往飘浮在学校层面，校领导和职能部门一年忙到头，有开不完的会、发不完的文件，检查考核不断，大家常常自嘲是“5+2”“白加黑”，工作很累、很辛苦，这是一方面。另一方面，工作成效还不好，往往一年下来，看不出取得了多少实效，学校也未见有什么明显的改变。这种办学方式可以维持高校运行，但不可能达到高水平办学。高校是教育学术组织，学科专业是高校功能实现的领地，二级院（系）是办学的真正所在。有人将院（系）看作高校的心脏，心脏没有活力就不能给人提供动力。地方高校要发展好、办出水平，不能只有学校层面的积极性，必须激发和调动二级院（系）的积极性，要使二级院（系）具有办学自主性，在人、财、物、事等方面拥有必要的决定权。我经常到一些高校调研，总能在校领导办公室门口看到很多部门和院（系）领导、教师排队等候接见、批阅文件或审批签字。这样的景象说明校领导把权力都集中在自己手上，分权和放权严重不够，这样一来，不仅上下都很累，而且还使院（系）领导觉得自己不被信任，工作积极性受到挫伤，从而导致他们在工作上被动应付，缺乏使命感和责任感，没有主动作为的自觉性。地方高校治理改革必须重视赋予二级院（系）办学自主权，让二级院（系）领导有职有权，让他们能够积极主动地谋划院（系）学科发展、专业建设、人才培养、科学研究和社会服务，做到学校负责学校层面的事，院（系）负责院（系）层面的事，二者分工明确、权责匹配，建立上下同心、各负其责、各行其是、充满活力的办学体系。

3. 完善目标责任制和绩效考核制度

受“双一流”建设的某些消极因素影响，部分地方高校办学积极性被挫伤，动力不足的问题比较明显。另外，很多地方高校管理不规范、随意性大，考核制度不健全、考核标准和方式不科学，问题突出。还有的地方高校的考核流于形式，对学校工作没有发挥实际促进作用。毫无疑问，这种状况对地方高校发展的影响是不好的，长此以往，还会败坏学校风气，打击干部、教师的工作积极性。地方高校治理改革，要转变学校动力传导机制，建立科学合理的目标责任制和绩效考核制，切实改善学校发展的动力问题。有人对重视目标、重视绩效有不同看法，认为这样可能导致重量轻质；还有人认为，这样可能导致功利化办学，误导学校发展。不可否认，这样的后果确实可能是难以避免的。但两害相权取其轻，与动力不足、得过且过、干好干坏一个样、工作无方向、任务不具体、长年混日子、终身无作为的情况相比，目标责任制和绩效考核制于校于人都利大于弊。

对于如何完善目标责任制和绩效考核制，各校的情况不一，要求也会不一样。尽管如此，以下几点要求应当予以重视：第一，目标和绩效的确定应当量与质相结合，发挥目标和绩效的积极导向作用。不论是单位还是个人，目标和绩效都要从数量与质量两方面确定。第二，常规要求与战略要求相结合。高校办学是周期性的，常规性工作占用了大多数干部、教师的大多数工作时间和精力，所以，在目标和绩效要求中常规性工作应占较大比重；与此同时，地方高校又不能只是常规化办学、常规化发展，必须进行战略管理，追求转型升级发展，这种发展往往是非常规化的，所以，目标和绩效要求中还要包括战略发展要求，即非常规化的工作任务要求。第三，外在动力与内在动力相结合。地方高校发展必须拥有两大动力，即外在动力和内在动力。一般认为，目标管理和绩效考核更多的是发挥外在动力的作用，其实不然，它既可以是外在动力，也可以是内在动力，关键在于目标和绩效不能偏废。学校各部门有外在动力也有内在动力，干部、教师更是如此。在目标和绩效确定方面，要把两类要求贯彻进去。第四，完善目标责任制和绩效考核制应当真抓实干，不能玩虚的，目标实现情况和绩效考核结果应当与资源配置、激励政策等挂钩，形成动力传导的闭合，使目标责任制和绩效考核制真正发挥作用。

4. 建立高水平人才培养体系

地方高校的主要功能是人才培养，因为科研实力的原因，人才培养是地方高校的立身之本。建立高水平人才培养体系，地方高校大有可为，且必须有大作为。治理改革本身不是目的，它的目的是要强化地方高校功能。所以，建立高水平人才培养体系是地方高校治理改革的主要任务之一。有人可能对地方高校建立高水平人才培养体系表示怀疑，认为只有那些“双一流”建设高校才有可能，地方高校根本不可能。这里可能有一个问题需要明确，即这里的高水平人才培养体系不是指研究生教育，而是指本、专科教育，尤其是指本科教育。地方高校在高层次人才培养上的劣势是明显的，硕、博士教育既需要高水平的导师，又需要先进的实验室和实验仪器设备，这是培养高水平研究生的必要条件。尽管本科教育也需要更好的办学条件，包括师资队伍、实习条件、实验条件、课程教学资源等，但与研究生教育的要求相比，本科教育不需要太多高、精、尖的办学条件，地方高校完全有条件建设高水平人才培养体系。

从治理改革角度讲，建设高水平人才培养体系应当主要在以下几个方面努力：第一，建设一支爱岗敬业、勇于献身付出的师资队伍。本科教育对教师素质和水平的要求主要体现在教学能力和教师职业素养上，地方高校应当采取在职培训、脱产进修等多种手段，提高教师的职业修养水平和教学技能，建设一支爱教育、会教育的师资队伍。第二，加强学科专业建设，建构人才培养所需要的紧密合作的学科专业体系。地方高校应当树立学科意识，围绕专业办学需要抓学科建设，使学科建设成果源源不断地转化为教学资源。第三，建立高质量教学体系，优化人才培养过程。教学过程是实际的人才培养过程，从根本上讲，人才培养水平和质量的高低取决于教学过程。应完善教学过程各要素，尤其是要重视教师教和学生学的方式现代化。第四，建立高水平的教学支持和保障体系。高水平的人才培养离不开教学支持和保障，地方高校的资源配置和利用应当以满足高水平的本科教育为主，为本科生健康成长服务。

地方高校治理改革的内容很多、任务很重，我要给大家交流的主要就是这些。不当之处，敬请批评指正。

谢谢大家！

第十五讲

高等教育普及化背景下行业性高校发展定位*

就办学规模而言，我国高等教育已经步入普及化阶段，高等教育体系日渐成熟，各级各类高校的教育职能定位将逐渐趋于稳定。行业性高校是我国高等教育的重要组成部分，对服务国家经济、社会发展发挥了重要作用。近20年来，行业性高校发生了大变革，国家经济体制改革和政府行业部门计划管理体制改革，一方面给行业性高校的办学带来了前所未有的挑战，另一方面也为行业性高校的发展提供了新的更广阔的空间。很多行业性高校在传承与变革、彷徨与开拓中经历了蜕变，完成了涅槃。2009年底，武汉纺织大学申请更名成功的消息见报后，有报社记者采访我，请我谈谈对该校发展历程的看法。这所大学的前身是建于1958年的武汉纺织工学院，1999年从纺织工业部下放湖北省政府管辖，更名为武汉科技学院，2010年更名为武汉纺织大学。因为对这所大学比较了解，在访谈中我谈到武汉纺织学院更名为武汉科技学院，是在高等教育变革大背景下进行的一次大胆的探索；而武汉科技学院更名为武汉纺织大学，则是经过10年左右的探索后学校的理性回归。在近20年行业性高校发展史上，武汉纺织大学不是特例。面向高等教育普及化发展的大趋势，在编制“十四五”发展规划乃至长远发展战略的时候，行业性高校要做好发展定位，必须深刻把握自身的性质和职能，才可能做出理性的战略选择。

---

* 本讲是2019年6月15日笔者在中国高等教育学会与中国劳动关系学院联合主办的“新时代行业特色高校的使命担当与发展路径”研讨会上所做报告的文字整理稿。

一、行业性高校的性质

何谓行业性高校？行业性高校是我国高校的一种特殊类型，是面向行业发展需求提供办学服务的高等教育机构，主要有行业高校和行业特色高校两种基本形态。有时候人们把两种形态的高校同等看待，不做区分。实际上，两种高校的差别是很大的。所谓行业高校，是指由政府行业主管部门设立，以支持行业生产与服务、促进行业发展为目的的高等教育机构。这些高校往往以其所服务的行业命名，例如，石油大学、地质大学、矿业大学、农业大学、电子科技大学、铁道大学、医科大学。这些高校在创建的时候，学科往往比较单一，专业数量很少，服务面向非常专一，直接面向某一个行业。例如，为煤炭行业服务的高校，除了矿业大学外，还有煤炭化工学院、煤炭经济管理学院等，它们构成了服务煤炭行业的一种高校类型。所谓行业特色高校，是指在办学的多种服务面向中形成了服务特定行业的优势和特色的高等教育机构。这些高校往往是多学科的，除了拥有服务特定行业的学科专业外，还开办了服务其他行业或具有广泛社会适应性的学科专业。它们大多是原先的行业高校，后来拓宽了服务面，但服务特定行业的学科专业不但具有优势，而且还有鲜明的特色。经过高等教育管理体制改革以后，以往的行业高校大都转变成为行业特色高校。例如，南京信息工程大学的前身为南京气象学院，在气象学院时期，它无疑是行业高校，服务气象行业是其唯一的办学目的；改为现名后，它开办了理、工、管、文、经、法、农、艺、教九个学科门类和数十个学士、硕士和博士学科专业，大大地拓宽了服务面，在继续服务气象行业的同时，还面向社会其他行业提供多方面、多层次的教育和科技服务。

区分两类行业性高校是必要的。在我国多种多样的高等教育机构中，它们都存在，表现出不同的办学特点。在市场经济体制下，尽管很多行业高校拓展了学科专业领域，扩大了服务面向，实现了转型发展，但也有部分行业高校仍然保持了其原初的形态，其办学并没有突破行业范畴。例如，我国还有独立设置的医科高校100多所、中医药高校数十所、艺术高校数十所、公安警察高校数十所，它们基本上都保持了服务某个行业的特点。不可否认，这些高校毕业生中的很多人在第一次就业时就跳出了学校办学所面向的行业，不是在特定的行业就业。这只能反映市场对行业高校的冲击以及行业高校办学的市场适应性，并不表明行业高校特性的消失。行业特色高校大多脱胎于行业高校，曾经为行业发展做出了重要贡献，并且仍然保持了服务特定行业的办学传统，但其一部分办学已经超出了特定行业范畴。例如，很多师范大学、工业大学、农业大学等虽然保留了行业性的校名，但服务行业只占了办学的小部分甚至很小一部分，面向行业办学越来越只具有办学特色的意义。在近期关于新建高校的动议中，出现了建设新的行业高校的倾向，例如，有关部门正在酝酿建设航空大学、能源大学、康复大学。这是否意味着是行业高校办学的回归，尽管尚难做出结论，但却是值得关注的。

因此，本文采用行业性高校这一概念，将行业高校和行业特色高校包括进来一并进行讨论。因为历史传承的原因，行业性高校是一个数量庞大、覆盖面广的群体，几乎存在于社会各行各业，对国民经济和社会发展具有重大影响。从长远看，其不可能消失，即便在高等教育高度普及化阶段，其仍将具有不可替代性。概而言之，行业性高校有以下四大特性。

（一）历史性

行业性高校与现代高等教育发展有着不解之缘。早期大学主要是综合大学，并不为特定行业服务，它们囊括了人类所有文明，看重普通知识和普遍的职能。一些现代高校，例如，18 世纪创建的法国大学校、19 世纪中期发展起来的美国赠地学院，都可以看作行业性高校的早期形态。其他很多工业高校、医科高校等最初往往也是行业性高校。

在某种意义上，我国现代高等教育肇始于行业性高校。清末建立的洋务学堂，例如，京师同文馆（1861 年）、广方言馆（1863 年）、福建船政学堂（1866 年），都可以看作行业性高校的雏形。稍后，清政府总理各国事务衙门邮传部创办的北洋公学（1895 年）、南洋公学（1896 年）等则具有行业办学性质。民国时期创建的北京协和医学院（1917 年）、中国矿业大学（1909 年）等都是早期的行业性高校。

20 世纪 50 年代初，我国实现了行业性高校的体系化。在计划经济体制下，政府各行业主管部门建立了与行业经济运行相匹配的教育体系，行业性高校是行业教育体系的最高层次高校，面向行业办学，发展规划、招生计划、事业拨款、专业开办、领导选任、毕业生就业分配等都由行业主管部门决定。20 世纪末期，市场经济体制改革不断深化，政府行业部门管理职能转变消解了行业性高校的办学基础，与之相适应的高等教育体制改革调整了大多数行业性高校的隶属关系，很多行业性高校由此开启了转型发展的过程。经过一段时期的探索，一批行业性高校在新的办学环境中渐成气候，焕发出新的办学活力。

总之，行业性高校是现代高等教育历史的产物。行业性高校在我国现代高等教育发展中扮演了开路先锋的角色，借助政府计划管理体制，成为我国高等教育体系的重要组成部分，在行业发展中发挥了关键作用。市场经济体制改革和政府管理职能转变使行业性高校的发展遭遇了前所未有的挑战，部分行业高校转型成为行业特色高校标志着一段历史的终结、另一段新历史的开始。行业性高校在历史的轮回中寻求新的发展定位，在新的时代发挥新的更大的作用。

（二）经济性

行业性高校与现代经济产业发展有着不解之缘，甚至可以说，现代经济产业发展孵化了行业性高校。早期的行业性高校都是在现代经济产业得到一定程度发展后催生出来的，后来建立的行业性高校主要是为了满足某些经济产业大规模发展对高级专门人才的需求。所以，行业性高校的经济性是与生俱来的，它的原生职能主要表现为培养特定行业的高级专门人才，促进经济产业生产和经营管理的专业化，提高生产效率，提高产业发展水平，创造更大的经济财富。

我国行业性高校发展的第一个黄金时期是20世纪50年代。这一时期是我国政府对经济现代化进行全面规划和高速推进的时期，高级专门人才奇缺的短板严重制约了政府实施雄心勃勃的国民经济和产业发展计划，创建行业性高校、加快培养大批高级专门人才成为政府经济和产业发展计划的重要组成部分。政府行业部门计划管理体制为行业性高校的建设与发展提供了保障。可以说，我国行业性高校因产业和行业经济发展而兴，其办学包括学科专业设置、人才培养方案、教育教学要求与方法、毕业生就业等都具有鲜明的经济性。

我国行业性高校发展的第二个黄金时期是改革开放后的80年代。“文革”结束后，经济产业百废待兴，包括农业、工业、国防和科学技术在内的“四个现代化”是改革开放后国家经济发展的主旋律。当时现代化建设面临的最大困难在于高级专门人才短缺，这是长期以来高教界推行“以阶级斗争为纲”造成的恶果。因此，行业性高校的作用再次受到重视，在恢复和发展老的行业性高校的同时，一批新的行业性高校得以创建，为弥补经济建设的人才缺口发挥了重要作用。

我国行业性高校发展的第三个黄金时期可能是在高等教育步入普及化，国家经济和产业发展走上转型和升级发展之路的阶段。在这个阶段，经济产业发展对高素质行业人才的需求更加紧迫，行业性高校如果能够捕捉到新经济产业的人才需求信息，在自身学科专业建设和人才培养上持续发力，可能迎来新一轮发展机遇。

行业性高校的经济性是一种内生于其职能的特性。经济性不仅使行业性高校应运而生，发展成为数量庞大、体系健全、覆盖面广的高等教育体系，而且使行业性高校乘势而兴，办学能力和水平不断提高，在国家经济社会发展中发挥重大作用。

（三）平民性

典型的行业性高校最初是为了适应工业的生产需要建立起来的，尤其是科学技术在地质、采矿等行业得到应用后，传统的大学不开办相关学科专业，不培养这些行业的专门人才，行业性高校才得以建立。在传统的大学中，受教育者主要来自上流社会、特权阶层，但这些阶层子弟并不屑于上行业性高校学习专门技术，更不愿意去与之相关的工业企业就业。所以，行业性高校最初的教育对象主要是平民阶层子弟，实际上，这些平民阶层子弟很难有机会迈入传统大学的门槛。

行业性高校的发展为高等教育大众化和普及化打开了通道。随着科学技术在社会生产和生活中的应用越来越广，社会各行各业对科学技术的依赖越来越强，各行各业对高级专门人才的需求越来越大。因此，高等教育不但应当满足上流社会的需求，而且需要向平民阶层子弟提供机会，行业性高校担负了这一重任。行业性高校提供的高等教育不同于传统的大学，高等教育的应用性与平民接受高等教育的要求是高度吻合的，所以，行业性高校的平民性是由其职能所决定的。

行业性高校的平民性并不因为其办学水平的提高而有所改变。有的行业性高校发展成为全国名校，国外有的行业性高校甚至成为世界名校，这是行业性高校发展的必然，也是高等教育发展的必然。但这并不意味着行业性高校的平民性就消解了，并不意味着行业性高校与平民子弟与生俱来的关系就割裂开了。实际上，这种联系是割不断的。在大众化和普及化高等教育阶段，行业性高校与平民的联系只会越来越强，因为大众化和普及化将不断扩大高等教育受众人群，而不断扩大的受众人群的平民性愈益显著。平民接受高等教育的动机相对单纯，也就是说就业而获得一份比较稳定的体面工作可能是平民家庭及其子弟接受高等教育的原初动机。行业性高校的受众主要是家庭的第一代大学生，在高等教育普及化进入高级阶段的国家，行业性高校受众的父辈和祖辈曾就读行业性高校的可能性比就读其他高校大很多。

（四）文化性

行业性高校既是一种实体高等教育机构，又是一种文化存在。作为一种文化存在，它不但承载了历史的积淀，将办学的历史传统延续至今，而且在实际办学过程中展现出自身特有的精神气质和魅力。高校主要有两种文化：一种是学科文化。没有学科便没有高校，也不可能有人才培养、科学研究和社会服务等职能的发挥，以学科为基础的文化是高校存在之根本。另一种是组织文化。组织文化是高校在创建、办学和发展过程中所积淀下来的精神及其物化表现。高校组织文化有先进或落后之分，也有浓郁或单薄之分，浓郁而先进的组织文化是高校创新发展的力量源泉。行业性高校的文化是学科文化与组织文化融合共生的产物，是学校办学特色的集中体现。

行业性高校所拥有的文化符号长期为社会所认同，成为这类高校不可磨灭的标记。行业性高校的文化与行业血脉相连，不论是学科专业与行业的关联度还是干部、教师对行业天然的亲近感，都是其他高校所不具有的。行业对行业性高校的认同度从另一方面印证了行业性高校文化的影响力，这种认同更多地建立在共同的价值观上。为了应对由计划经济向市场经济转变带来的挑战，一些行业性高校曾经努力跳出行业办学，消解行业文化特色。实践证明，拓宽办学方向和领域是合理的，但淡化或弱化行业色彩可能是不明智的。武汉纺织大学的回归便是证明。

二、行业性高校的职能

在高等教育由精英化步入大众化阶段的进程中，高校的职能得到了拓展，在教育之外，研究和服务职能次第得到发展。在高等教育迈向普及化的时期，高校三大职能越来越显著、越来越完善。有人认为高校还有第四大职能，即文化传承与创新。实际上，任何文化传承与创新都不是独立进行的，而是附着在教育、科研和服务职能中实现的。从这个意义上说，文化传承与创新确实是高校的职能，但却不是与教育、科研和服务同一范畴的活动，而是从属于三大职能，隐含在人才培养、知识发展和服务社会的活动之中。与其他高校一样，行业性高校也具有教育、研究和服务三大职能，这是行业性高校与其他高校同属于高等教育机构的共同之处。就特殊性而言，行业性高校三大职能的内涵具有显著的差异性，这正是行业性高校特殊价值之所在。

（一）教育职能的行业定向性

不论是在高等教育精英化阶段，还是在大众化和普及化阶段，教育都是高校的第一职能。在精英化阶段，高校的主要任务是将极少数少不更事的青年培养成为能够担负一定社会责任的公民；到了大众化和普及化阶段，培养大批青年成为负责任的社会公民仍然是高校的主要任务。与此同时，高校还担负了更多地向成年人提供教育的任务，为成年人提供第一次高等教育和持续的继续教育。行业性高校的教育从一开始就具有大众性，这不是从其教育规模上讲的，而是从其教育对象和教育目的上讲的。从规模上讲，行业性高校最初提供的也是精英化教育，但由于其教育对象超越了社会特权阶层，教育目的直接服务于社会生产，因而，行业性高校的教育具有亲平民性和亲产业性，这也使它从产生之初就受到了普通社会民众的青睐。

教育具有个人性和社会性的双重属性。从个人的角度讲，教育的目的在于促进学生的成长，使他们消除蒙昧的思想观念，抛弃狭隘、偏执的个性，养成爱己爱人的道德品质，拥有豁达、包容的人格胸怀，也就是使他们能够自然地融入社会，成为于社会有益的公民。这是所有高校义不容辞的使命，不论什么类型、什么层次的高校，都担负着立德树人的使命，行业性高校也不例外。但行业性高校在教育的个人性上有其特殊的意涵，即行业性高校不可避免地会在学生个人的发展上打上鲜明的行业烙印。行业性高校常常以行业生产知识、技术规范、职业能力和职业伦理道德等为主要教育媒介，使学生养成愿意从事相关行业职业的态度，具备担负相关行业职业责任的技能，拥有驾驭行业职业伦理的素养。行业烙印是行业性高校教育的名片，学生个人素质方面行业烙印的深浅与行业性高校的办学水平和质量有密切关系。

从社会的角度讲，高校培养的人都要走向社会，融入社会，成为对社会有益的人，不同类型、不同层次高校培养的人在社会各行各业发挥作用，展现各高校教育服务社会的职能。一般来讲，高校培养的人对社会发挥的作用可以从政治、经济、文化、科技和教育等领域来考察。有的高校以培养治国理政人才为己任，有的高校以培养经世致用人才为目的，还有的高校以培养文化科技教育才俊为使命。不同类型高校培养的人才往往具有明显的差异，例如，综合性高校往往注重培养社会通用型人才，理工大学常常更重视造就科技研发人才，行业性高校则直接面向特定行业，为行业发展输送各级各类应用型人才。我国铁道行业各类高级专业技术人才主要由原铁道部所属各相关铁路或交通高校培养；我国石油行业各类高级专业技术人才主要由原石油部所属各石油高校培养；我国煤炭行业各类高级专业技术人才主要由原煤炭工业部所属高校培养；其他各重要行业的情况也大致如此。这说明在教育的社会职能上，行业性高校守住了行业阵地，发挥了应有的作用。

在高等教育普及化阶段，行业性高校教育的个人职能和社会职能面临着新的挑战。就个人而言，学生对全面发展的要求更高了，对可持续发展和终身发展更重视了。在这样的需求面前，行业性高校学科设置的优势可能恰恰是新形势下其教育的短板，难以满足新的教育需求，因此，学科设置和学科结构的调整与优化是不可避免的。行业性高校必须在传统的办学优势与人的发展新要求之间建立新的平衡关系，以适应新时代人的发展趋势。就社会而言，高等教育越来越发达了，社会人才更丰富了，市场对人才流动的调节更有效了，行业企业和部门选择人才的来源更广了，可以选择行业高校培养的人才，也可以选择其他高校培养的人才。如果说在计划经济体制下行业的发展主要依靠行业性高校提供的高层次人才，那么在市场经济体制下行业的发展可以依靠各类高校培养的人才。事实上，过去很多只有行业性高校开办的学科专业，现在很多其他高校也开办了，过去行业性高校在行业内独步天下的局面已经一去不复返了，行业性高校教育的社会职能只能在竞争中实现。这无疑对行业性高校的发展定位和战略具有重要的影响。

（二）研究职能的行业应用性

研究是高校的第二职能，这既说明研究晚于教育成为高校的职能，也说明研究在高校的地位排在教育之后。有的高校出于提升自身在一些社会机构排行榜上排位的目的，或为了加强争取一些政府资助项目的能力，重奖研究成果表现突出者，对研究给予了超乎寻常的重视，引发了人们对教育与研究关系的疑惑，甚至导致一些教师轻视教育，这种做法是不恰当的，不符合高校职能的原理。高校的研究大致可以分为基础研究和应用研究，尽管我国并没有政策限制高校开展研究的类别，但一般来讲，文理基础学科水平较高的高校在基础研究方面比较有优势，其他高校从事基础研究的条件并不优越，它们的研究工作主要是应用性的。行业性高校的学科专业办学直接面向行业内各方面、各层面的人才和技术需求，应用性特征明显，其研究工作也主要是应用性的。

与基础研究不同，应用研究的范畴比较广，从新技术、新工艺、新产品的研发到生产过程中的技术更新或新技术应用以及机械设备使用或维护服务供给工作的完善等都属于应用研究的范畴。很显然，从技术应用的角度讲，其存在上、中、下游之分，因此相关研究也有水平差别。在应用研究中，不同的高校有自身的优势领域，行业性高校曾经是各行各业对口的技术支持单位，行业性高校的应用研究是行业生产和发展的技术和智力基础，各行业的核心或主要技术都依靠行业性高校，其他高校难以染指行业的主要生产和服务技术。可以说，行业性高校的研究与行业发展水平休戚相关，行业性高校研究能力强，行业发展水平就高；行业性高校研究能力弱，行业发展水平就一般。例如，在一个较长的时期，我国民航业主要依靠购买国外厂家生产的飞机，我国自己的民航飞机研发和生产发展滞后；与之相对应，我国民航高校的研究工作主要集中在民航业的下游技术和服务上，民航高校在民航业的上、中游技术方面少有优势。在我国政府决定开展大飞机项目研制后，民航高校的研究工作必须向中、上游转移，只有这样，民航高校的发展才能跟上行业发展的大趋势。另一个让人印象深刻的案例是铁路交通行业性高校。在传统的铁路交通向高速铁路交通过渡的过程中，部分铁路交通行业性高校积极跟进，不断加强研发团队建设，创新学科发展领域，解决了高铁技术应用的很多难题，使我国高速列车在各种恶劣的气候条件下、在各种复杂的地质环境中都能保证安全高速运行，为高铁事业发展做出了重大贡献。

行业性高校的研究主要是针对行业发展需要进行的，与其他高校的应用性研究存在较大差异。行业性高校的研究与行业企业曾经几乎是无缝对接的，即便在体制改革以后，行业性高校参与行业企业研究的深度和广度也是其他高校所不可比拟的。特别是那些具有垄断性的行业研究需要的工作，比如，石油高校面向油田开展的科研工作，医学高校与医院共同开展的很多医学研究工作，航空、航天、航海高校为航空、航天、航海事业发展所承担的科研工作，其他高校常常很难参与。即便那些有一定通用性的行业研究工作，其他高校的参与也难以达到行业性高校的深度和广度。例如，化工行业企业规模大、分布广，很多综合性高校的化学和化工学科实力强大，也参与一些化工企业生产技术和装备技术的研究，但参与的深度和持续性远远不如化工行业高校。当然，它们在化学和化工基础研究方面的优势又是化工行业高校所不可比的。

（三）服务职能的行业对应性

服务是高校的第三职能，是高校办学具有应用性和大众性以后发展出来的新职能。毫无疑问，教育和研究都具有社会服务性，但教育和研究的服务具有间接性，例如，教育服务社会是通过所培养的人在社会中发挥作用来体现的，研究服务社会则需要将研究成果转化为技术、工艺和流程等。而服务职能指的是高校直接服务社会，也就是师生走出去或请进来，直接为民众或生产企业提供知识和智力服务，解决民众或生产企业的现实问题。服务职能在高校中的常规化得益于行业性高校的兴起。19世纪中期，美国一批赠地学院的建立使高校直接服务社会的职能常规化、建制化，从而使高校在教育和研究之外获得了第三职能。第三职能的确立和发展为高校发挥更大的社会作用打开了通道，为高等教育向大众化和普及化发展开拓了空间。

20世纪中期以前，我国行业性高校数量很少，覆盖行业非常有限，主要是面向教育行业的师范学院、面向医疗卫生行业的医学院、面向煤炭行业的矿业（冶金）学院等。50年代以后，我国行业现代化发展进程加快，政府行业计划管理体制为行业性高校的建立提供了保障，行业性高校体系逐渐完善，其对社会发展发挥的作用也达到了前所未有的程度。尽管如此，大多数行业性高校的职能还主要是教育，即为行业培养专业化的高级人才；研究和服务虽然不能说没有，但高校还没有研究和服务的自觉，行业企业和机构因少有变革的需求或变革缓慢而对高校的研究与服务需求并不强烈。20世纪后期，高新科技在行业企业中的应用加快了其变革步伐，市场经济的发展也使行业企业面临前所未有的竞争压力，行业企业对行业性高校研究和服务的需求被激发出来，二者之间的联系不再是比较单纯的教育联系，而变成了教育、研究和服务相互交织、休戚相关的复杂联系。

政府计划经济体制为行业性高校的服务职能定了位，即为行业服务。由于行业性高校和行业企业都隶属于政府部门，所以，服务范围、内容和要求往往被纳入政府部门计划任务，由政府部门直接下达给高校。这种服务具有指令性，比如，为行业职工开展继续教育和培训，为行业企业提供技术指导。行业性高校接受政府部门指令后，根据任务要求组织开展服务活动，有的在校园中进行，有的在企业中进行。政府扮演了行业性高校与行业企业之间中介的角色，只是这个中介对其所协调的双方而言都具有权威性和约束性。体制改革后，行业性高校与行业企业之间的天然联系被割断了，政府部门也不再扮演传统的“中介”角色，一般也不可能对双方发出有关服务的权威指令，双方之间的关系越来越市场化，市场成为行业性高校服务职能发挥作用的杠杆。尽管如此，行业性高校的服务仍然表现出强烈的行业性：其一，服务内容和范围主要还是在行业内。有的行业性高校力图拓宽服务范围，但在市场竞争中优势不明显，成效也非常有限。其二，行业企业对行业性高校的认可度更高，对行业性高校的依赖性更强。这一方面可能是因为行业性高校能够为行业企业提供配套化、体系化的服务，这是其他高校一个团队、一个学科、一个系或一个学院所不能比拟的；另一方面可能还有社会人际关系方面的原因。长期的合作交流使行业性高校与行业企业之间建立了相互信任的关系，其相互之间更易接受，人际交流更顺畅，服务更易于展开。所以，尽管行业的服务需求越来越市场化，也确实出现了多种类型高校参与市场竞争的局面，但行业性高校凭借其全校性学科资源优势和历史形成的社会心理优势，在为行业提供服务的市场竞争中往往处于比较有利的地位。

三、行业性高校的发展定位

高等教育普及化的意涵丰富多样。它不但意味着越来越多的适龄人口能够获得接受高等教育的机会，而且意味着越来越多的在职人口能够获得形式多样的继续教育。不论是扩大的适龄人口还是增长的在职人口，他们的教育需求都与职业发展直接关联：有的是为了满足就业需要，解决生计出路；有的是为了提高技术水平和能力，获得更好的职业发展，提高工作和生活质量。不管是哪一类需求，行业性高校都能满足。从这个意义上讲，在高等教育普及化背景下，行业性高校的发展前景广阔。实际上，普及化高等教育发展的目的主要是满足社会平民阶层的教育需求，以使高等教育能够覆盖全体社会民众。在这一点上，行业性高校与普及化高等教育有异曲同工之妙。

发展定位是高校基于历史的积累和现实的发展状况，从国家和地区经济社会发展需要出发，在对普及化得到充分实现后的高等教育体系进行预测后，面向未来、面对具有挑战性的发展要求，对学校发展愿景和未来发展轨迹进行的科学谋划和设计。这是一种前瞻性的发展定位。有的高校以现实办学条件和能力为基础，确定自身在地方和国家高等教育体系中的位置。这一定位可以称为“现实定位”，不能称为“发展定位”，因为称为“发展定位”的话意味着高校不需要发展就到位了。很多高校都希望对自身予以明确定位，有的提出要建设世界一流大学，有的提出要建设世界知名大学，有的提出要建设国内一流或地区一流大学，也有的提出要建设有特色高水平大学，等等。尽管不能说这些定位没有道理，但若仔细考察，就会发现很多高校所谓的发展定位就是一句口号，空洞无物，既没有蓝图设计，也没有路线图规划，更不可能有近期发展施工图。这样的定位除了在高校的各种报告中写上一笔外，对学校发展不可能发挥实际指导作用。确定发展定位是一件科学工作，前瞻性定位是一种科学定位。行业性高校应当对自身发展进行前瞻性定位，准确规划前行的方向和路径。诚然，具体高校的发展定位都是个性化的，相互之间差异显著，但就某一类高校而言，发展定位是有很多共同课题需要面对的。在经历了前一个时期的大变革之后，行业性高校对自身的发展定位应当有更清晰的认识和更准确的把握，尤其是在编制新的五年规划的时候，要把发展定位弄清楚，这对实现高质量可持续健康发展大有裨益。

（一）重塑与行业的关系

与行业的关系是行业性高校发展定位绕不开的问题。处理好这个关系，就解决了发展定位的一个前提。如上所述，行业性高校中的很大一部分是原行业高校，在计划管理体制下，行业高校是行业经济的重要构成要素，其办学目的非常简单明了，就是为行业生产和经营培养高级专门人才，提供知识、技术和智力服务。行业高校不具有独立性，其与行业是一体的，是行业的一个组成部分。在高等教育普及化阶段，行业性高校与行业的关系不可能回到过去的一体化关系，要探索建立联合办学关系，与行业围绕共同的需求建立起紧密关联的合作办学关系。这是行业性高校找准发展定位的关键之一。

重塑与行业的关系，要不断完善联合办学的新体制、新机制。在计划经济体制改革后，市场成为调节行业性高校与行业关系的主要杠杆。行业性高校与行业企业都是市场主体，是平等的利益攸关方，行业性高校要善于利用市场这个杠杆，主动出击，加强与行业企业的合作，建立健全联合办学的体制机制，在合作中密切与行业的关系，做好服务行业这篇“大文章”。

重塑与行业的关系，要不断强化服务行业的办学特色。在计划经济体制下，服务行业是行业高校与生俱来的使命；在市场经济体制下，行业性高校应当避免去行业化的陷阱，主动调整办学定位，再构办学格局，继承和弘扬服务行业的优秀传统，发挥与行业生产和经营相关的学科专业办学优势，继续培植行业办学特色，使服务行业成为一张亮丽的名片。服务行业的办学特色可以体现在全方位深层次服务行业的办学活动中，包括为行业培养多层次、多类型的高级专门人才，向行业提供科技成果，深度参与技术研发和产品开发以及为行业企业转型升级发展、提质增效和提高经营管理水平提供各种直接的服务。

重塑与行业的关系，要不断提高服务行业的能力。在市场经济体制下，行业企业可以向所有有关高校寻求合作，可以通过市场得到所需要的人才、技术和服务，行业性高校不再是皇帝的女儿不愁嫁，与行业企业合作需要参与市场竞争，并在竞争中胜出，不然，连合作的机会都没有。如果没有竞争优势，非但难以建立持久的合作关系，甚至可能连传统的信任关系都会失守。行业性高校必须不断提高办学实力，从行业发展需要出发，做好前瞻性的布局和谋划，切实增强综合办学实力，尤其是要加强服务行业的能力，为培育服务行业的办学特色打下牢固的基础。

（二）在社会与高等教育的坐标中找到自身的位置

行业性高校是一个庞大而复杂的群体，主要有三大来源：一是中央政府部门直属的原高校，二是地方政府部门所属的原高校，三是新建的行业性高校。除第三种外，前两种都是历史发展的产物。中央政府部门直属的原高校在体制改革中进行了很大的调整。有的高校划归教育部主管，例如，中国矿业大学、中国地质大学、中国石油大学、华北电力大学；有的高校下放地方政府主管，例如，武汉科技大学下放湖北省政府，辽宁科技大学下放辽宁省政府，石家庄铁道大学下放河北省政府，华东交通大学下放江西省政府；还有的高校与其他高校合并成为新组建高校的一部分，归教育部或省政府举办，例如，原武汉工业大学、武汉汽车工业大学和武汉交通科技大学合并组建武汉理工大学，归教育部主管，原集美航海学院、厦门水产学院、福建体育学院和集美高等师范专科学校合并组建集美大学，划归福建省政府主管，原山东纺织工学院、青岛医学院、青岛大学和青岛师范专科学校合并组建新青岛大学，划归山东省政府主管。尽管这些新组建高校的性质与原来的高校有很大的差别，但原高校的行业性大都得到了保留。地方政府部门所属原行业高校大多划转省区市教育厅（委）管理。

体制改革后，行业性高校的服务面向、社会作用等都发生了很大的变化，办学不仅要面向行业，还要更多地面向行业以外的社会需求。行业性高校不仅要在行业中发挥作用，还要在国家和地方经济社会发展中发挥作用。我国经济社会发展仍处于上升期，不论是国家还是地方，经济社会发展都在借助高新科技实现转型升级发展，行业性高校发挥作用的空间很大。例如，制造业的各行业，包括矿冶、化工、机械、电气、电子、信息、交通、能源等都将有大规模的发展，机器人可能取代部分技术人才，但不可能全部取代。地方经济社会发展尤其需要行业性高校利用人才和科技优势，发挥龙头作用，牵引地方经济社会现代化。这就需要行业性高校从包括行业需要在内的更广泛的社会需要出发，谋划自身的办学与发展，明确自身发挥作用的范围，确立自身的社会地位。

进入普及化阶段并不意味着我国高等教育已经得到了充分的发展。根据研究，当毛入学率达到 70%左右的时候，我国高等教育才能进入比较充分的发展阶段，能够满足经济社会发展达到较高水平后民众对高等教育的需求。到那个时候，我国高等教育体系发展才能达到比较成熟的水平，各级各类高校在高等教育体系中的位置才可能逐步稳定下来。根据我国高等教育的发展进程，有预测表明，到 2035 年左右，我国高等教育毛入学率可能达到 70%左右。这意味着未来 15 年左右是我国各级各类高校逐步归位的战略机遇期，行业性高校要改变长期以来所形成的社会心理的刻板印象，抓住归位的战略机遇期，在整个高等教育体系中找到自己应该有的位置。

我国社会发展与高等教育发展基本上是同频共进的，行业性高校应当在社会发展与高等教育发展的坐标中，前瞻性地设计自身的发展定位，描绘自身发展的美好蓝图，以便在数千所各级各类高校所构成的高等教育体系中占据适当而有利的地位，在国家和地方经济社会发展中发挥应有的重大作用。

（三）以培养全面发展的人为出发点建构学科专业结构

教育是行业性高校的第一职能，是很多原行业高校创办之后在很长一段时间内唯一的职能。在整个20世纪，就规模而言，我国高等教育还处于精英化阶段，行业性高校在国家高等教育体系中占据非常重要的地位，其教育以培养满足行业需要的高级专门人才为目的。为此，其学科专业结构比较单一，且数量非常少，就是开办与行业生产和服务紧密相关的应用性学科专业。体制改革后，行业性高校的服务面更宽了，不仅要为行业培养高级专门人才，还要为社会其他行业和部门培养高级专门人才；不仅要训练学生的专业技术和能力，还要为学生的综合素质养成和可持续发展服务，为他们提供相应的教育。也就是说，行业性高校教育职能的内涵和外延都发生了重要改变，行业性高校应当顺应时代变革要求，完善学科专业结构，培养全面发展的人，以满足行业、社会和学生个人三位一体的新发展要求。

近年来，行业性高校在学科专业结构方面大都进行了较大幅度的改造和建设，以往单纯地为行业服务的学科专业结构已经为多学科专业结构所取代。但是，一个不能回避的事实是，在新学科、新专业开办的时候，多数行业性高校主要是从有利于扩大办学规模、满足社会多样化的人才需求考虑的，并不是基于对学校应当培养什么样的人进行的顶层设计而采取的学科专业建设举措。这是一种“摊大饼”的做法，是在原有学科专业数量之外采取做简单加法的方式，增加学科和专业数量。其结果就是学科专业结构虽然改变了，但教育的基本形态和所培养人才的基本素质能力并没有发生改变。很显然，这不符合行业性高校教育职能发展的要求。

要培养全面发展的人，行业性高校必须进一步完善学科专业结构，建立相互支持的、融合的、紧密联系的学科专业结构。学科专业建设首先是为教育服务的，满足了教育的需求，在研究和服务方面办出特色就有了保障。培养什么样的人，是行业性高校调整和完善学科专业结构必须首先明确的问题。如果把计划经济体制下单纯地培养为行业服务的人称为1.0版教育的话，那么，行业性高校2.0版教育的目的至少应当满足三个方面的需求：一是技术能力和水平，二是社会适应素质和能力，三是个人修为与可持续发展能力。要同时满足这三方面的要求，行业性高校必须建立与之相匹配的学科专业结构，几个学科几十个专业之间不能是相互隔绝的关系，各学科专业办学不能单打独斗，不同学科专业之间在教育上应自然地相互交叉融合，为学生全面发展服务。

（四）建立协调可持续发展的办学体系

行业性高校确立发展定位，必须考虑持久办学、永恒存在的需要。历史上，我国高校曾经有过多次大规模调整，很多高校被拆分或整并，每次调整都有一批高校的名字消失了。这是一件很可惜的事情，因为这些调整都发生在我国高等教育很不发达的时期，换句话说，这些消失了的高校其实是完全可以持续办下来的。在一部分高校被消失的同时，另一部分高校顽强地维系了自己的存在，甚至有一批高校曾经多次被酝酿整并，但最后都无疾而终，究其原因，从根本上讲，是因为这些高校建立了可持续发展的办学体系。行业性高校应当在转型发展的同时，建立协调可持续发展的办学体系，加快自身发展，进入成熟状态。这是学校持久办学、永恒存在的关键之所在。

行业性高校建立协调可持续发展的办学体系，应当做好四个方面的工作：一是建立高水平的办学功能体系。高水平的办学功能体系是一所高校屹立于世的基础。行业性高校要在教育、研究和服务等功能上加强协同，不断提质增效，以高水平的社会作用和贡献赢得社会的尊敬。二是建立协调有效的运行体系。行业性高校应当不断深化组织机构改革，不断完善规章制度，加强教职员工素质和能力建设，以先进的办学理念支撑发展，建立内部关系和谐、工作协调有效的运行体系。三是建立紧密务实的社会合作办学支持体系。行业性高校应当拓宽合作办学渠道，在加强与行业企业合作办学的同时，发展与各级政府和其他部门之间联合办学的关系，建立行业、政府、社会参与的紧密性合作办学体系，筑牢办学的外部支持基础。四是建立辐射广泛的国际化办学体系。行业性高校办学要有国际视野，要在融入国际的同时，将自身的办学和贡献与人类命运相联系，积极参与解决人类发展面临的共同挑战，不断扩大国际影响力，使自身的办学具有永恒的价值。

第十六讲

地方大学办学理念与学科建设 *

尊敬的贺校长,各位领导、老师:

大家上午好!

非常高兴跟大家一起学习交流,今天报告的主题是“地方大学办学理念与学科建设”。广西师范大学是一所地地道道的地方大学,在“双一流”建设的背景下,应该怎么办?毫无疑问,地方大学要办出高水平必须抓好学科建设。如何抓学科建设是一个很现实的问题,在工作中大家关注学科、重视学科,也做了很多工作,但这些工作是否做到位了?是否真正对学校发展起到了推动作用?如何把工作做得更好?下面就围绕这些问题展开交流和讨论。

一、地方大学的发展及其办学理念

什么是地方大学?对这个问题,我们可能清楚,也可能不太清楚。实际上,地方大学的发展是高等教育发展史上一个非常复杂的问题,地方大学也并非是我们一眼就能看明白的。就办学理念而言,地方大学与非地方大学有区别,更有共性,不可绝对化。

(一)地方大学的发展

地方大学不是大学刚出现时就有的,而是后来才慢慢发展起来的。在大

* 本讲是2018年9月28日笔者为广西师范大学干部培训班所做报告的文字整理稿。夏颖为整理文字初稿付出了辛勤劳动。

学的发展历史上，有古典大学和现代大学之分。从欧美国家的情况来看，19 世纪初期以前建立的都是古典大学，19 世纪初期以后则是古典大学向现代大学转型、现代大学得到发展的时期。就中国而言，19 世纪后期以前建立的都是古典大学，19 世纪后期以后建立的大学是现代大学。

古典大学最初只有两种基本模式：一种叫作“都市模式”，一种叫作“荒郊模式”。所谓“都市模式”，就是大学往往建在城市中间，位于城市的中心，这个城市可能就是围绕着大学辐射开，并逐步建立起来。欧美国家的古镇、古城跟现代城市不一样。在古镇、古城，中心地带的建筑一般是又高又大的教堂，与周围建筑物相比，它往往是最高的。比如，哥特式建筑的尖顶是最高的。为什么它最高呢？据说是因为宗教，为了跟上帝、跟天神更近一些，能够更方便接收神的旨意。教堂的周围可能就有大学。如果一个城市够大，文化也比较发达，它就可能办大学，比如，巴黎市中心的都市大学——巴黎索邦大学。“荒郊模式”又是什么情形呢？其主要是指大学建在郊区或者荒野，地理位置很偏僻。“荒郊大学”在中国比较盛行，比如，我国的书院一般没有建在市中心或者繁华地带的，市中心可能办有学堂或者学庙。我国古代很多城市有孔庙，孔庙也叫文庙，就是开展启蒙教育的学堂。但要办大学或办书院，往往要到荒郊野外去。比如，历史上有名的四大书院从当时的地理位置看，都属于在荒郊野外，办学地点比较偏僻，交通往往多有不便。为什么会这样呢？可能是为了修行，为了锻炼学子们自处的能力。

“都市大学”是欧美古典大学模式，“荒郊大学”则是中国古典大学模式，不管是“都市大学”还是“荒郊大学”，那时候东、西方大学办学都跟世俗关系不大。“荒郊大学”跟世俗是隔绝的。现在大家去长沙看到的岳麓书院，其好像在都市，跟城市是一体的，周围很繁华。实际上，过去长沙城离岳麓书院是很远的，从城里走到湘江边，再坐船过江，然后上岳麓山，岳麓书院是很偏僻的，可以说基本上是与世隔绝的。只有隔绝了，学子们才能心无旁骛地探讨学问，相互砥砺切磋，共同修身养性。“都市大学”虽说在城市，貌似跟世俗融为一体。但是，那时大学的学问主要是人文的，社会生活生产基本用不上，一般老百姓也上不了大学。所以，古典大学基本跟社会生活生产不发生什么联系，只是少数人在大学学习，学子们传承着社会的文化。

19 世纪出现了现代大学，但古典大学还在继续办。欧美的“都市大学”开始转型发展成为现代大学，而中国所有的书院都被停办了，有的转为高等学堂，有的转为中等学堂。这些学校转型为现代大学后又出现了两种大学模式：一种是综合模式，另一种是行业模式。综合模式是指大学是综合化或综合性的，学科专业很全，学生接受的是一种覆盖各学科的教育。为什么能很全？因为那时候学问就那么多，一所大学足以包容所有的学问。这类学校往往是由古典大学转型而来的，也有些新大学在创建之初就采用该模式。更有新意的是第二种模式，即行业模式。什么是行业模式？社会工业化以后，工业生产对技术人才产生了需求，这时就办起了一些工业性、技术性的高校，它们一开始并不叫大学，但后来都发展成为大学。这是一种需求。另外，还有一种需求，当时法国拿破仑统治时期，军事扩张和社会生产催生了法国的行业学校（也称“大学校”），比如，建筑学校、工程学校、理工学校、矿业学校，这些学校的培养目标主要是专门人才。这些学校后来大多发展成为大学。

与以上两种新模式相比，另外一种新模式发展稍晚，这就是第三种模式——地方大学模式。前两种模式往往是在市中心，在最发达的城市。19世纪中后期，美国建立了一类新的大学，即州立学院或大学。当然，要说更早的话，19世纪初期美国就建立了几所州立大学，但当时的州立大学在功能上与其他大学并没有太大的区别，所以，并没把它单独作为一类。19世纪中后期，美国发展起真正意义上的地方大学——州立学院。州立学院最初的办学和农业直接相关，专门为了农业和农业机械化而办学，州立大学因此就成为农业生产发展的直接推动力。当时，美国在各州普遍设立了州立大学来推进农业和农业机械化，很多大学最初就叫“农工学院”。美国的农业现代化进程比世界其他国家都要早很多，与州立大学的发展密不可分。

美国是联邦制国家，但没有联邦大学或国立大学。国立大学在我国就是中央部委所办的大学，特别是教育部所办的大学。美国没有国立大学，只有州立大学，这并不意味着美国联邦政府不重视教育，相反，联邦政府高度重视高等教育。18世纪中期，联邦政府成立时就开始重视教育。美国联邦宪法有一条规定：本法未涉及事务，权利归州和州的全体人民。联邦宪法只涉及国防、外交、税收等事务，并没有涉及教育，所以，联邦政府就不能直接办学校。1862年，美国联邦政府通过《赠地法案》，将所掌握的大量土地赠予各州，用于举办州立学院或大学，地方大学就这样发展起来了，而且一发展就是一大批。地方大学的发展，解决了高等教育或大学办学长期存在的一个难题，即与农业和农业生产相结合。一所州立学院往往支持了全州农业生产及农业现代化、科技化发展，它的作用非常典型。这些学校办起来之后很有活力，使美国农业生产发展突飞猛进。20世纪以后，美国一直是世界上农业生产水平最高的国家之一，这与其农业高等教育发达是分不开的。这就是地方大学的价值所在。这些州立学院后来大都升格为大学。这样一来，大学的基本模式就齐全了，有综合大学、行业大学和地方大学，它们构成了现代大学的基本模式。不同类型、不同模式的大学能够服务社会方方面面的需要。

从地方大学的产生及其所发挥的作用来看，它具有两个最基本的特征：第一，由地方政府举办；第二，为地方经济社会发展服务。因为国家大小对地方大学办学的影响非常大，所以，在不同的国家，地方大学的概念有所差别。国家大、人口多，对于高等教育的需求量大面广，地方大学的设置也会比较广，数量会比较大；国家小、人口少，需求相对也比较小，地方大学的设置就会比较少，甚至地方不举办大学。

就我国而言，"荒郊模式"是我国古典大学的基本模式。我国最早创办的现代大学也是综合大学，比如，京师大学堂就是综合大学。后来再发展的是行业大学，比如，天津大学、交通大学。这两所学校最初分别叫"北洋公学"和"南洋公学"，当时清朝政府有个部门叫"总理各国事务衙门"，专门负责办理洋务。这个部门相当于现在的外交部、外经贸部，我国早期的工业和外贸、外交等都由它负责。这就是我国现代高等教育发展中最早的行业办学。在综合大学、行业大学办起来后，有些地方政府也想办学，山西大学就是较早的一所地方大学。综合大学满足了培养政府工作人员、科技人员的需要，行业办学满足了工商业发展的需要，但当时我国各地基本没有工业，现代商业也很不发达，地方对工商业人才的需求还没有出现。地方办学最初的需要是教育，即师范。清朝末年各地办起了新式学堂，这就需要老师，所以，早期的地方大学以师范教育为主。后来随着社会进步和经济发展，地方的需求越来越多，地方大学的使命不断增加，数量越来越多，规模越来越庞大。现在我国地方大学的数量包括学校数和在校生数都超过了总量的95%，已成为我国高等教育事业名副其实的主体力量。

（二）地方大学办学理念

地方大学为地方而生。19世纪后期，特别是20世纪，不只是美国，现代化进程中各国家的地方大学发展越来越快，越来越好。为什么会这样呢？这与社会进步和文明发展有很大关系。社会进步和文明发展有两方面的需求：第一，经济社会发展的需求。经济社会和工业化发展向地方推进，最初的工业化主要是在都市，工业化向地方推进是社会进步的表现。工业化向地方发展是需要人才的。第二，人民群众受教育的需求。社会生产发展之后，民众受教育的需求更多地被激发出来，且越来越大。民众有需求，就要满足他们。这两个基本需求就激活或推动了地方大学的发展。地方大学发展水平越高，表明地方经济社会现代化程度越高，国家高等教育越发达；地方大学发展水平一般，说明地方经济社会现代化进程还不够快，国家高等教育发展也很难达到高水平。

有一种高等教育发展理论，把高等教育发展划分为三个依次递进的阶段，分别为精英化、大众化和普及化。精英化，就是城市化、都市化。精英在什么地方？主要在都市。大学最初都办在都市。中国的“荒郊大学”虽然不在都市，但学生也只是在那里学习，学完了最后还是要回到都市的，不会终身在荒郊或乡下。从这个意义上讲，精英化是都市化。精英化向大众化的过渡是朝两个方向发展的：一个是向地方下移，一个是向中产阶层发展。也就是在地域上向一些农村地区发展，在都市本身则向中产阶层发展。大众化之后是普及化发展，普及化高等教育是全民的，包括全社会上、中、下阶层的教育需求都得到满足。

高等教育能够普及化吗？这是过去想都不敢想的事。现在形势已经很明朗，目前我国高等教育毛入学率达到了45.7%。以我对普及化进程的研究，今年应该可以达到甚至超过50%，这是普及化阶段的数量门槛。到了50%还会不会发展呢？肯定会。现在全球发达国家高等教育平均毛入学率达到76%以上，已经高度普及化了。有些国家高等教育毛入学率达到80%以上，甚至90%以上，有一两个国家高等教育毛入学率超过了100%，说明成年人更多地加入进来了。让全民接受高等教育，在过去是想都不敢想的事，现在却要变成现实了。高等教育已经逐步成为公民的基本需要，不再区分城市、农村或者上流社会、中产阶层、下层平民了，只要是现代社会的公民，就要接受高等教育。世界上有195个国家有完整的教育统计资料，其中，有68个国家的高等教育处在普及化阶段，而在2000年以前，全球只有20个国家的高等教育实现了普及化。2000年以来，又有48个国家的高等教育实现了普及化。高等教育普及化的进程发展越来越快，这说明全球经济社会发展和民众对高等教育的需求在持续增长。这种增长对综合性大学而言，其实意义不大，综合性大学的办学规模基本是稳定的，办学定位也基本是一致的，在精英化、大众化和普及化阶段没有太大的变化。但是，地方大学不一样，这些增长基本上或者说其中的绝大多数都是由地方大学承担的，高等教育大众化和普及化的任务主要是由地方大学完成的。

因为使命不同，以下几点地方大学办学理念特别重要。

第一，服务地方。综合大学的办学理念往往是很大的，也是很纯粹的。它往往宣称服务国家、追求真理、服务人类、服务世界。地方大学也可以间接地服务国家、追求真理、服务人类和世界，但更直接的使命是服务地方，这是其办学宗旨。传统上，大学边界在校园围墙以内，校园是大学的领地，历来如此，现在还有很多大学抱着这种观念办学。19世纪中期，美国威斯康星大学成立的时候，就明确提出"州的边界就是大学的边界"，意思是州的边界在哪里，大学服务的边界就延伸到哪里。威斯康星大学明确为全州服务、为全州人民服务的办学理念突破了大学的传统，为大学注入了新的生命活力，成就了一种新的大学模式，即地方大学模式。它与传统大学的办学模式不一样，它所有的学科专业、人才培养、科学研究等功能都与全州经济社会发展需要紧密结合。美国州立大学树立了服务地方的典范，这一理念和办学经验为世界各国地方大学所借鉴和汲取。

第二，服务平民。服务平民就是服务普通民众。高等教育从精英化向大众化和普及化发展，大众化和普及化的对象主要是平民。我国高校扩招从1999年开始，高等教育毛入学率在2002年超过了15%，跃过了大众化的门槛。迈过了大众化的门槛以后，很多人就开始提意见："高等教育发展太快了，大学生增加得太多，办学资源紧张，校园紧张，师资紧张，教室紧张，实验室也紧张，都顾不过来了，不能扩张那么快，不能让那么多人来受教育，就业也成问题。要那么多人受高等教育干什么？"他们主张要控制规模，控制招生人数。如果控制的话，主要是控制谁上学，很显然，控制的是平民。有些人大代表、政协委员说要控制规模，大学不能招那么多人。我不知道这些人大代表代表的是谁？！控制规模，就是让一般老百姓的子弟上不了学。我经常跟我的学生讲，教育工作者的基本信念就是“受教育比不受教育好，多受教育比少受教育好”。基于这样的信念，扩大高等教育规模是必然的，也是必要的。毫无疑问，规模扩大之后会带来一系列问题，出现了问题解决问题就行了，有什么问题解决什么问题，问题解决了，高等教育就进步了。

平民的教育要求、模式与精英的是不一样的。平民要求的教育是现实而有用的。大家可以对自己所在学院进行调查，也可以对整个学校开展调查，统计学生为家里第一代大学生的比例。第一代大学生的教育需求与第二代、第三代、第四代是不一样的。第一代大学生更多的是平民子弟，平民子弟上大学后很多家庭要靠他来改变家庭面貌。今年暑期，我在咱们广西师范大学参加高校研究会年会，在从机场到宾馆的出租车上，司机问我：“别老师，我想请教你一下。我有两个孩子，要不要让他们上大学？”他说，他们上大学后毕业了做一般的工作，也就是 2000 ～ 3000 元钱，和那些没有上大学的挣的差不多。这样有必要上大学吗？这个问题不好回答，我要说上大学不好，可能就把人家两个小孩给害了。我也不能跟他讲大道理，讲什么有利于国家、有利于社会。略一思索，我问他：“你上过大学吗？”他说：“没有。”我接着说：“你希望将来你的孩子跟你过一样的生活吗，每天开车，交班回家，吃饭，睡觉？”他回答：“不想。”我说：“既然不想，你就要让他们上大学，接受高等教育。上大学后他们会有不一样的生活方式，他们对生活的追求会不一样。”他还跟我讨论待遇问题，说他每天辛苦一点，一个月五六千元是保底的。我告诉他，收入是一方面，开一辈子出租车，可能一直就是五六千元一个月，除非出租车费涨价。如果孩子们上了大学，一开始每个月两三千元，但不可能一辈子都是两三千元，这只是起薪，他们后面的增长空间是很大的。听我这么说，他觉得好像有道理，说那还是应该上大学。他又问我是上广西的大学好，还是一定要到外地去上学。我觉得不能给他一个简单的答案，就跟他分析在本地上学和在外地上学的差异，给他提供一些思考的素材，答案还得他自己去想。

平民教育是特殊的，主要因为平民的个性千差万别。作为教育部评估专家，我参加了一些大学的合格评估和审核评估，经常会有学校的老师包括校领导感慨学校的生源不好，说如果生源好的话，学校也可以办得更好。不同的大学应当有不同的办学定位，有自己特定的服务对象。生源是大学办学定位的核心要素之一，可以说有什么样的定位，就有什么样的生源。把自己的学生教好了，学生们成人成才了，学校就办好了。生源具有排他性，你不能指望人家给你另一拨学生来教。地方大学有地方大学的定位，有自己的生源。学生的个性色彩非常浓厚，教育需求各式各样。如果我们的学生不爱学习，我们想办法把不爱学习的转变成爱学习的。做到了这一点，就是学校的高明之处，也是学校应该做的事情。反过来讲，如果没有这些生源，就可能没有我们的学校。过去精英化的时候，我们只是一个小规模、普通的学校，现在因为有了更多的生源，我们才变成了大规模的学校。如果能办得更好一点，我们的办学就更有意义。总之，平民学生不像精英学生，精英学生的追求是比较一致的，平民学生的受教育动机各式各样，服务平民就是要满足一般学生个性化发展的需要。平民接受高等教育更多的是要解决个人生存和发展的问题，如果把他们个人的生存和发展问题解决好了，也就解决了很多社会问题。

第三，特色发展。地方大学大都是后发大学。什么叫后发呢？就是说它办得比较晚，历史比较短。现在有些大学追溯校史常常追得很久，一所很一般、很不起眼的学校，一追溯就说有上百年的历史。学校领导只想到了历史长就好，没有想到人们会进一步思考：办学历史这么长，怎么还只是这样的办学水平？这样的历史追溯并不能反映学校真实的办学过程。当然，后发大学都有如何为社会所认同、如何展示自身价值的问题。在这一点上，特色非常关键。地方大学办学有没有特色，决定了它能不能立足和发展得更好。有些领导说没有特色学校也能发展得好，这是不可能的。

地方大学的特色关键要在“地方”两个字上下功夫。一方水土养一方人，地方所拥有的都是独有的。新疆有一所塔里木大学，在塔里木河边上。这是一所在戈壁荒漠上办起来的大学，学校领导问我应当怎么发展更好，我的看法是塔里木大学至少有三个优势是其他大学所没有的：一是沙漠，塔里木大学校外就是广袤的沙漠。二是多元的新疆文化，从古时候西域三十六国到现代多元文化。三是与中亚和南亚的近距离关系。塔里木大学如果能在这几方面大做文章，办学的意义很自然地就会凸显出来。当然，也有人可能说这是学校的短板，它们对学校发展有制约作用。思维方式的不同，看问题的角度不同，可能决定学校的战略选择。我曾到云南玉溪师范学院学习考察。离玉溪还有一段距离的时候，就闻到了一股烟香味。跟学校领导探讨办学问题的时候，感觉他们找不到方向，因为他们看到的都是学校的劣势，包括地理位置偏僻、经费短缺、人才难进等。看不到自身所处地方的价值，这可能是很多地方大学领导在办学中一个突出的盲点，它对地方大学的发展影响很大。在研究了学校的地方特征后，我跟大家探讨学校的优势所在。过去玉溪师范学院更多的是向北看，眼睛往往盯着昆明、成都、西安和北京，越看越丧气，越看越没有信心，因为昆明有云南师范大学、云南大学，成都有四川大学，西安有西安交通大学，北京有北京大学、清华大学。这些学校层次和水平都比玉溪师范学院高很多。我建议大家在向北看的同时，也要向南看，往南很快就出国了，看到的是老挝、缅甸、柬埔寨、越南等国家。国家有东南亚、南亚战略，东南亚、南亚在文化、经济、教育和科技等方面对我国有很大的依赖性。从这个意义上讲，我们可以参与国家战略，利用我们的地理位置和文化优势在国家战略布局和实施中发挥不可替代的作用。这样考虑学校发展的话就有信心了。

再跟大家举一个例子。我国北方最美丽的地方之一——黑河市，隔江就是俄罗斯布拉戈维申斯克市（海兰泡，简称“布市”），两个城市的人口差不多，都是 20 多万人。布市有 13 所大学，黑河市只有 1 所，即黑河学院。布市的 13 所大学都办得挺好，使布市成为俄罗斯远东文化教育中心。我们这边的黑河学院，办学举步维艰。为什么？有人说是受地理位置的影响，黑河市离哈尔滨还有五六百千米，气候寒冷，一年中多数时候冰天雪地，很多人觉得在那里生存都是个问题，更不要说办学了。但是，布市跟黑河一样，地理位置和气候没有差别，它离首都莫斯科更远。为什么人家办了 13 所大学，还都发展得挺好？这么一比较，就能发现问题了。我们没有基于地方需要来办学，没有找准自己的办学定位，没有办出特色。黑河学院后来慢慢意识到它最好、最大的优势是距离俄罗斯近，可以利用对方优越的教育资源发展自己的相关学科专业，比如，俄罗斯音乐、俄罗斯美术、俄语教育。黑河学院常年聘请一批俄罗斯专家任教，其中，有俄罗斯人民艺术家，有地位非常高的画家、音乐家、舞蹈家等，他们兢兢业业地在黑河学院工作，对黑河学院提高办学水平帮助很大。综上，地方大学的发展一定要找到可以跟地方结合的立足点，要找到地方所独有的东西，包括独有的教育需求以及教育资源。过去一讲教育资源，大家比较看重经费，其实，教育资源不完全是经费，文化、地理方面的资源也是很难得的。

第四，创业发展。作为后发大学，地方大学办学有后发劣势。相比先发大学，毫无疑问，地方大学的传统往往不深，社会影响力不大，社会声誉也不高。如何才能后来居上？关键在于创业发展，要更富有进取心、更加能开拓新的东西。如果不能开拓新的东西，跟在其他大学后面亦步亦趋，可能永远都发展不起来，因为后发大学不具有人家的优势，相反，还有很多劣势。一些地方大学通过创业发展取得了成功。比如，荷兰有一所大学叫特文特大学，建于1961年，校址在荷兰的东北部，与德国接壤。当时那个地区是荷兰比较落后的地区，有一点纺织工业，现代化水平不高。该校建校后一直没有找到自己的发展之路，办了20多年没有太大的起色，甚至到了摇摇欲坠的地步。在一个不太发达、相对落后的地方办学，如何才能办出水平？20世纪80年代初开始，学校立足创业发展。又经过20多年的发展，特文特大学成为荷兰的一所高水平大学，特文特成为荷兰东北部地区的文化教育科技重镇。总之，地方大学要发展好，一定要走创业发展之路，找到具有开创意义的领域，大胆拓荒。

二、学科和学科发展原理

大学是建立在学科基础上的，没有学科，大学就没有魂。大学的办学目的、办学宗旨、功能作用都是在学科中实现的，没有学科的组织不是大学。有大学必有学科，不论什么类型的大学，不论什么水平的大学，虽有学科多少和学科水平高低之分，但都是在学科基础上办学。所以，理解学科，明确学科发展原理，对于高校领导者和管理者来说，是必需的。

（一）学科及其发展中的关系

学科是一个看似简单实则高度复杂的存在。要把它说清楚，并不容易。大家天天跟学科打交道，讨论学科问题，说到很多概念，比如，一级学科、二级学科，重点学科、优势学科、特色学科，老学科、新学科、交叉学科。抓学科建设，我们会发展优势学科，抓住重点学科，开拓新学科，问题似乎很简单。表面上看，这么做不无道理，实际上并没有抓住学科的根本，也没有理解学科发展的逻辑。

1. 学科及其地位

一般来说，学科是一个知识领域，或者说，它就是一个结构完整、逻辑严密的知识体系。一个学科就是一个知识系统，这是学科本来的意义。一级学科、二级学科、三级学科的分类标准是什么？学科方向、学科领域又是什么？所谓一级、二级学科，是根据管理的需要，对学科进行分类，有的考虑到了学科本身的关系或者学科本身的逻辑，但有的并没有考虑到，而且很多分类具有随意性，人为的痕迹很重。这只是从分类管理角度而言的，不具有学科发展的意义。

现在各大学抓学科建设，都是按一级学科、二级学科来编制计划、分配资源、组织团队、建设平台。这似乎已是学科建设的通例。这样做了，学科评估的结果往往比较好看，比较令人满意，学校的声誉会得到提升。但大学办学不单纯是追求声誉，学科建设要达到双重效果：第一，评估结果要好看；第二，要让学科真正发展好，办学功能更加强大。达到这两个目的，才能说大学的学科建设解决了学科发展的问题。

大学是由学科构成的，那么，大学应该有多少学科？应该有什么学科，不该有什么学科？不同的学科在大学应该居于什么地位？一般认为，学科是大学的细胞，大学就是由学科所组成的。更具体一点说，大学往往是由若干学科所组成的联合体，或者说是一个学科联合国，学科与学科之间的关系类似联合国成员国之间的关系。所谓联合国，就是每一个国家都是相对独立的，大家相互之间有各种各样的联系，有各种各样的协作，甚至结成同盟。大学各学科类似于联合国各独立国家，学科与学科之间的关系是相对独立的，互不隶属，每一个学科都有其独立存在的价值，是不可替代的。学科与学科之间的关系或联系建立在相互理解、相互支撑的基础上，这样就构成了一个相对紧密联系的体系，各学科才能比较好地发挥自身的功能。

从组织建制上讲，学科不在学校，而是在二级院（系）。某一个学院和某一个系开办了什么学科，大学的学科就在那里。很多大学都设了学科办，但学科办不是学科组织，二级院（系）才是学科组织，它们具体负责开办学科。有一个说法是，二级院（系）是大学的心脏，是有道理的。大学的办学活力在心脏地带，心脏要跳动起来，只有二级院（系）充满活力，大学才有活力。

如何看待党政部门与学科的关系？大学设立的党政部门很多，这些部门的工作就是激发二级院（系）的办学活力。如果党政部门有活力，而二级院（系）没活力，大学肯定办不好。党政部门要有活力，二级院（系）更要有活力，两种活力还要和谐相处，各干各的也不行。在大学发展中，二级院（系）的地位与学校办学水平呈正相关关系。二级院（系）地位高，学校办学水平往往也是比较高的；二级院（系）地位低，学校办学水平也不可能高。现在有的大学提出来要“院办校”。尽管这一动议有其客观的背景，也有可取之处，但“院办校”的概念并不成立。我国大学长期是“校办院”，大事小事都要找学校领导或部门领导，教务处长、人事处长、科研处长、后勤处长等的权力很大。学校对院（系）办学提各种各样的要求，发各种各样的指示、指导意见，开各种会议，布置各种工作，院（系）工作完全在学校领导和各部门的掌控中。“院办校”设想的目的是落实院（系）的主体地位，认为把院（系）办好了，学校就办好了，学校为院（系）服务。之所以提出这种设想，是因为考虑到学科在院（系）中，每一个学科都是独立的，学科与学科之间有交叉也有融合，但不同学科的办学逻辑和要求是不同的，不能按照同一个模式、同一个要求，甚至同一种精神来办学，文科有文科的逻辑，工科有工科的逻辑。不管采用哪种办学模式，大学都要尊重各学科自身的特点，尊重各学科发展的要求。但凡统一性要求过多，简单化地处理了学科关系，大学可以办得很有效率，但一定办不好，办不出高水平。尊重学科的自主性及其发展要求，扩大院（系）办学自主权，是现代大学学科发展的根本要求。

2. 学科关系

学科是复杂的，不仅有类的差异，而且有层的不同，即便在同类同层，还有领域和方向的差别。所谓隔行如隔山，同样适用于学科。不论从哪方面看，大学的学科结构都是复杂的，在办学中可能衍生出各种关系。这里主要讨论几种主要关系。

第一，学科与学科之间的关系。大学因所开办学科的不同而形成了不同的办学类型，比如，综合型大学、多科型大学或单科型大学。从严格的意义上讲，单科型大学只有一个学科，比如，艺术学院、经济管理学院、体育学院、设计学院都是以其学科或关联学科命名的。这类大学非常专门化，数量不多。更多的是综合型大学和多科型大学，很多大学宣称自己是学科门类齐全的大学，有9个、10个、11个或12个学科门类。

学科门类很多，那如何理解学科之间的关系呢？首先，要明确一所大学需要多少学科。第四轮学科评估以后，有些大学把部分学科撤销了，其中，有的大学撤销了二级学科，有的大学撤销了一级学科。有的大学为此受到了校内外舆论的激烈批评。设也好、撤也好，领导应当明确大学需要开办多少学科、开办哪些学科。就地方大学来说，设立的学科数量应当与地方大学办学宗旨和使命一致，如果把地方的边界作为大学的边界，把地方民众的需求作为大学的需求，那么，大学应当学科门类齐全，能够满足高度多样化的社会需求，而不是办一两个学科就可以了，如果那样，那是行业、部门办学，是办单科型大学。

综合型大学和多科型大学的学科设置有什么不同？就目前的情形而言，在我国，所谓的综合型大学和多科型大学基本没有什么差别，比如，就桂林电子科技大学、广西师范大学和广西大学来讲，学科与学科之间的关系上没有差别，最大的区别在于有的学科在这所大学开办了，在另一所大学没有开办。如前所述，每一个学科都有它独立存在的价值，但是，大学在现实的功能运行中，似乎就不是那么回事了。这又是为什么呢？大学办学的根本目的在于培养人，综合型大学和多科型大学对人的素质要求的设计是不一样的。一般来讲，综合型大学培养的人应当具有很好的基础学科素质，同时又能在专门学科上得到发展。所以，综合型大学的学科设置主要是基础学科加专门学科，在学校教育和人的培养中基础部分所占的比重更高；多科型大学侧重多样性的专门素养，也就是给予人多种专门素质教育，所以，其学科设置以多种专门学科为主。学科设置是为培养人服务的，明确了为谁服务、培养什么样的人的问题后，就能明白大学需要开办哪些学科、开办多少学科。

大学所开办的学科之间的关系应当是相互支持、相互依存的，你支持我，我支持你，不是简单的并列关系。尽管大学的办学定位不一样，学科的门类存在差别，学科之间的关系也会有所不同，但学科之间的关系应当是相互包容、聚合、融合的。也就是说，所开办学科都是指向人的培养和人的发展的，它们共同作用于人的成长，不同的学科一起发挥合力作用，实现大学的人或人才培养目标。我国大学受传统的苏联教育模式影响，长期实施过度专业化教育，所有学科门类都实施严格的专业化教育，连最不能专业化的文、史、哲等学科也被高度专业化了。如果说在高等教育不发达的情况下所有大学教育高度专业化还可以理解，但在高等教育走向发达，实现大众化和普及化发展以后，高度专业化教育就丧失了它的普遍意义。基础文、理科是每一个人的基础素养所必备的，它们在大学教育中的地位是特殊的，综合型大学把它们看得很重，把学生的基础文、理科素质培养作为教育的核心，因此，综合型大学高度重视开办和建设文、理基础学科，高度重视文、理基础学科的办学水平，因为这是培养人和人才所高度倚重的。在多科型大学中，人和人才培养与社会的现实需要关系密切，以培养应用型人才为主，所以，开办基础学科不是其首选，其更看重的是培养学生的多种应用素质，比如，学机械的可以再学一些电子专业知识，还可以加一点管理或法律专业知识，这样，学生毕业后在实际工作中会更受欢迎。总之，学科与学科之间的关系不单纯是学科的事，更重要的是教育的事，要基于人或人才发展需要来理解学科与学科之间的关系。

第二，学科与专业的关系。很多人对学科与专业的关系似乎明白，又似乎不太明白，有一种说不清道不明的感觉。如果说学科是一个知识领域，那么，专业是什么？有人说它好像也是一个知识领域。每一个专业人才培养方案都是由若干门课程组成的，这样一来，专业不是由若干门课程组成的知识领域吗？比如，化工专业有自己的知识领域，电子专业有自己的知识领域，各自完全不一样。从这个角度看，专业也确实是知识领域，但专业更重要的特点在于它是一个人才培养单位或单元。人才培养工作是在专业中组织开展的，专业是根据社会职业需要将相关学科知识组织起来所构成的教育单位或单元。任何一个专业都离不开学科，但也不会只包含一个学科的知识。如果考察一下专业人才培养方案就可以看出，学生从进校到毕业所学的所有课程常常可以归属很多学科。所以，专业都是由多学科共同组成的知识领域。人的素质要求不能只学一个学科的知识，专业教育要在多学科基础上组织开展。

学科是性质比较纯粹的知识领域，学科的知识有自身内在的逻辑，专业首先是由社会职业分工所决定的，是根据社会职业对人才的知识、能力和素质要求人为组织起来的知识领域。因此，就大学的社会适应而言，其需要开办多种学科，甚至很齐全的学科，这样，就可以根据社会职业分工要求来组织专业，开展教育教学活动。尽管学科和专业都是知识领域，但二者的性质和目的存在显著差别：学科是由知识发展和创新形成的自成体系的知识领域；专业是基于人和人才培养需要而开办的教育单位或单元。学科的基础是知识生产，专业的基础是社会职业分工；学科更加学术化，专业更加社会化；学科的知识体系是自洽的，自成体系；专业的知识体系是人为组织起来的，可以变化调整。因此，大学在进行专业教学改革或人才培养方案修订时，经常调整某些课程设置，增设某些课程或停开一些课程，减少或增加某些课程的学时，这就是在重组专业的知识体系。由于专业往往包含了多学科知识，所以不同学科知识在专业中的地位和教育意义是不同的。由于知识的学科性质差异，专业大致也分基础性和应用性两大类，相较而言，基础性的专业教育更侧重人的基础素质教育，社会适应面更宽，而应用性的专业更注重职业能力教育，适应面稍窄。两类不同性质的专业常常在不同类型的大学有比较明显的表现，综合型大学更重视开办基础性专业，多科型大学和单科型大学更重视开办应用性专业。有人可能说，在一些基础学科教育中也强调动手能力或实践能力的培养。在这一点上，应当明确的是，这是两种意义上的实践，它们的内涵大不一样。

第三，学科与社会或产业的关系。现在，大学非常重视应用，注重产教融合，学科与产业的关系越来越紧密、越来越复杂。这是一个现代问题，或者更明确地讲，是一个当代问题。传统上，学科与产业没有关系，尤其是基础学科跟产业一点关系都没有。哲学不直接对应哪个产业，社会上也没有哲学产业。最初的学问或学科都是基础性的，没有应用性的，现代大学发展以后才有了应用性学科，或者说，有了应用性学科才有了现代大学，且大学发展了一个重要功能——为社会服务。

地方大学为社会服务，主要是在应用上。当代产业发展越来越快，规模越来越大，绝大多数社会民众都在社会各行各业谋生和发展。但最初并不是这样，早期大学主要培养牧师、医师、教师和律师，这些跟产业一点关系都没有。高等教育或大学与产业关系的深度发展主要是20世纪中期以后的事情。“二战”以后，整个高等教育观念发生了重大改变，大学办学的基本逻辑实现了重大调整。20世纪中期以前，大学与产业部门的联系、合作往往被人看不起，认为这样的话大学是在走向堕落、庸俗化；讲大学要为国家服务、服务国家战略，常常被认为大学丧失了灵魂。麻省理工学院最初的办学水平很一般，两次世界大战期间，它抓住服务国家战略的机遇，在国防科技方面实现了跨越式发展，发展了先进的国防科学技术，培养了大批国防科技人才。正因为如此，在很长一个时期，人们并不认为它是一所好大学，甚至有人称之为“战争大学”。

历史总是向前的。“二战”以后，大学与产业的关系实现了新突破，大学越来越成为产业发展的动力源，学科与产业形成了共生共荣的关系。很多大学建立了自己的科技产业园，成为地区或国家高新科技产业发展的引擎。对于地方大学来讲，实现与产业的融合是办学所面临的重大课题。长期以来，师范大学主要是和中小学打交道，学科发展与中小学教育联系比较密切，现在要它们全面服务社会，很多师范大学就有点抓瞎的感觉。我曾到很多师范大学调研，师范性与学术性的关系问题一直争论不休，其实，这主要是因为师范没有做好，学术也没有做好。我国自清末开始发展师范教育，至今已有100多年了，但现代教师教育的基本原理、人才培养体系、职业训练规范、职业训练的基本条件和标准等依然没有很好地发展起来。现在，很多大学正在这方面努力，虽有进步，但仍很不完善，师范性差强人意，学术性也不尽如人意。很多师范大学的学科建设不得法，或根本没有重视学科建设，学科整体水平偏弱。同样一个学科，比如，物理、化学、历史，师范大学有，综合大学也有，师范大学从满足中学教育需要出发，对相关学科进行规划建设，不是像综合大学那样从学科本身发展需要进行规划建设，导致学科面偏窄、学科深度不够，更缺少对新学科领域的大力开拓。在面向社会其他需要的背景下，师范大学因缺少应用性学科积累和社会产业联系渠道，常常一筹莫展。因此，总体上看，师范大学的学科与产业的关系是不太理想的，极少有产学融合做得很有成效的案例。这是师范大学发展的短板，也是师范大学战略发展的新增长点。拓展学科与产业的关系，加强产学融合，深度融入产业发展和社会生产，多维度、全方位服务社会发展，是师范大学发展的战略重点。

（二）学科发展原理

大学学科的开办不是随意的，学科的发展可以自然生长，也可以人为干预以达到预期目的。一般而言，大学学科发展主要有三大原理。

第一，依存共生。大学学科是多样而复杂的，即便在单科型大学中，不只某一大类学科的内部知识领域的关系具有复杂性，为了实现人和人才培养目标要求而开办的支撑性学科，如公共课所覆盖的基础学科之间的关系也具有复杂性。不论是在学科内部，还是在学科之间，依存共生是大学学科发展的基本原理。大学各学科之间的关系是有序的，这个序是由人的教育和人才培养的要求所决定的。这个序决定了学科之间是相互依存、共同生长的关系，它们在大学教育中依序发挥作用，共同为人的成长服务。因此，大学在学科规划与建设中，应当认清人的教育过程中各种需要之间的相互关系，从中厘清学科发挥作用的秩序，着力建构学科依存共生链，促进学科有序、共同发展。

第二，交叉融合。学科是需要不断推陈出新的，只有不断创新发展，学科水平才能提高，才能在人才培养中发挥更大的作用。学科之间的中间地带常常是新知识的生长点，是新技术的突破口，不同学科交叉融合还是跨学科人才和复合型人才培养的必由之路。所以，学科交叉融合既是学科发展的必然，又是教育之必要。在学科发展上，“摊大饼”可能会铺陈很多学科，使学科数量不断增加，但交叉融合可能孕育新知识、新领域、新学科，提高学科水平，增强学科的适应性。不仅如此，还可以塑造大学学科特色，为发展教育特色奠定最重要的基础。所以，抓学科建设，编制学科发展规划，必须高度重视学科交叉融合，大力推进相近学科、关联学科交叉融合，组建跨学科团队，建设跨学科、多学科平台，促进新学科领域生长，确保学科知识生生不息。

第三，内外共促。学科发展需要动力，自然生长靠内生动力，人为干预靠外生动力，两种动力都不可缺少。教师是一切学科的根本，离开了教师谈学科是空洞的，是没有实际意义的。内生动力源于教师的上进心，源于教师的学科信仰和忠诚，源于大学功能的发挥；外生动力是由环境、制度、政策和领导管理所衍生出来的，大学的组织文化、人际氛围、制度导向、政策支持、领导号召和鼓动等都可能激发学科发展动力。内生动力是基础，外生动力是条件，缺乏内生动力，只有外生动力，学科发展不可能走远，也不可能真正取得成效；有内生动力，但无外生动力配合，很可能出现教师个人孜孜以求、埋头钻研，学科发展成为教师的个人行为，学科发展成果和水平也往往体现在教师个人身上，随着教师的退休或调离，学科发展马上被打回原形，一切都得从头开始的现象。因此，在学科建设中，要重视两种动力，既要注重调动和激发学科发展的内生动力，又要科学谋划和建设有利于学科发展创新的环境条件。

概而言之，学科发展的基本原理有三：一是依存共生。学科之间不能是一盘散沙，不能毫无联系，要解决好学科之间相互依存、共同发展和繁荣的问题。二是交叉融合。要促进新的学科领域不断生长，要在学科交叉融合中发展新的方向，避免从零开始，不搞因陋就简发展，要高位嫁接。三是内外共促，利用好内在和外在、内部和外部的动力源，尤其要重视师资队伍建设，为学科发展创造更有利的环境条件。

三、地方大学学科建设策略

与其他大学相比，地方大学的学科建设有共性也有个性。我对广西师大的情况不是很了解，但我考察过很多地方大学，对地方大学的总体情况有一些认识。地方大学学科发展面临四个突出问题：第一，庞杂无序。由于缺乏顶层设计，缺少有效调控，在高等教育大规模扩招的背景下，很多大学只要有可能就开办新学科，甚至只要政府部门批准，不管是否具备条件，先取得举办权再说。这样一来，学科多而杂不可避免，什么样的学科都有，学科之间的关系杂乱无章。这个问题非常典型。第二，孤岛现象。因为教育的需要，大学所开办的学科应当是相互依存的，各学科之间有着密切的关系和联系，但很多大学都存在孤岛性的学科，有一批孤零零的学科，要归类的话似乎它们哪儿都挂不上，既做不大也做不强，生长空间非常局限。第三，内涵单薄。学科多但内涵少，内在的东西显得比较空虚。很多学校对外声称有多少一级学科、二级学科，有多少重点学科，但若再问每一个学科有哪些方向和领域做得好、有什么优势和特色，则往往语焉不详。学科的落脚点在于方向和领域，没有方向和领域的深耕和开拓，学科只有空架子，少有内涵和实力。第四，方向不明。在很多大学中，真正有明确发展方向的学科是不多的，多数学科都处于维持状态，或者人云亦云，跟风发展，没有自己的规划，更缺少有效的战略。所以，很多学科发展成效寥寥，统计表上的那些所谓的成果往往是挖空心思东拼西凑出来的。

地方大学的学科不仅本身存在不足，学科发展还面临诸多挑战，有的挑战还非常棘手。第一，竞争难度大。提高学科水平是当前和今后一个时期大学发展的重中之重，对地方大学来说，竞争更残酷，难度更大。这种难度既表现在实力上，也表现在竞争环境上。第二，内动力不足。很多大学领导重视学科发展，学科管理部门也很重视，但院（系）动力不足，教师的内动力往往也很欠缺。学校领导常常大会小会讲，但走出会场后，大家依然不知所以，缺少主动作为。第三，对外交流联系渠道不畅。地方大学似乎走不出去，很多在国内走不出去，在国际也走不出去。在国内交流，有些人会低看地方大学；在国际交流，地方大学缺少稳定可靠的渠道，还可能缺乏必要的自信。第四，资源限制。与一些大学预算动辄数百亿元、几十亿元相比，地方大学的预算往往只是它们的零头，少则几亿元，多则十数亿元，而且只有少数地方大学才能达到。除了经费匮乏外，地方大学的其他可利用资源也非常有限，要发展学科，难为无米之炊。

学科发展存在问题，学科建设面临挑战，但地方大学不能无所作为，更不能沉沦放弃。应当看到，高等教育发展的整体趋向是向好的，学校发展的基础比以往更高，学科发展的内外环境也有很多有利的方面，关键是事在人为。只要我们自强不息，抢抓机遇，尊重规律，科学发展，以时不我待的精神全力推进学科建设与发展，地方大学一定能够开拓新局面，实现新突破，成就新发展，再上新台阶。

第一，做好学科发展顶层设计。顶层设计非常重要，一所地方大学究竟要建成什么样的大学，要开办多少学科，如何协调各学科之间的关系，采用哪些学科发展战略，等等，都要进行全面系统的谋划。这项工作本来应该是大学建校的时候就要做的，但是，我国大学大都是因陋就简办起来的，刚开始的时候规模很小，功能也比较单一，对长远发展缺乏设想，加上办起来后常常面临很多不确定因素，比如，政权更替、政府政策调整变化，所以，学校发展也充满不确定性，更不可能持续稳步发展。现在，我国高等教育发展正走向普及化，体系基本健全，大学的地位也大体明确了，在这样的情况下，做好学校、学科顶层设计是完全必要的，也是有可能的。地方大学要明确发展方向，提高发展效率，节约发展时间，必须做好学科发展的顶层设计，这是学校事业发展的基础工程。顶层设计做好了，实现学科发展蓝图就是施工问题，是建设周期问题。这项工作没做或做得不好，单纯依靠自然发展，地方大学是很难办好的。

第二，增强院（系）自主办学能力。院（系）是学科发展的主体，要让院（系）真正成为学科发展的责任单位。学科办不是发展主体，学科在院（系）。院（系）不能只抓专业建设，必须抓学科建设。我曾到许多大学的二级院（系）调研，院长（系主任）很会谈专业建设，对专业怎么调整、专业课程体系怎么构建、专业实验室怎么建、专业实习基地怎么建、专业师资队伍怎么建等如数家珍，但一说到学科发展，似乎就没有什么可谈的了。要赋予院（系）办学自主权，提高院（系）自主办学能力，发挥院（系）办学的自主性。院（系）抓学科建设，主要是抓学科规划，确定学科方向，培育优势学科领域；根据学科发展需要，建设学科队伍，筹组学科团队，让每一位教师都进入团队，搞好梯队建设，尤其要重视引进和培养学科带头人；抓学科平台建设，根据学科方向和社会产业发展需要，筹组学科专业平台，为学科发展创造优良的条件；加强资源调配，保证重点发展学科和学科方向的资源条件需求。只有院（系）把学科发展好了，才有整个学校学科建设的良好局面。所以，学科建设绝不只是学校领导和学科办几个人的事，而是每一个院（系）全体干部、教师的事情，院（系）领导一定要主动抓学科建设。现在大学的二级院(系)多,学科也多,学校层面往往只能抓几个重点,不可能兼顾所有学科,只有院(系)自主办学,才有可能全面提高学科发展水平。

第三,抓好优势学科领域建设。地方大学学科门类多、数量大,不可能同步发展,应当遵循量力而行、差异化发展原则,在做好全面规划、整体推进的前提下,有重点地培育和建设优势学科,培育学科高原和高峰,打造学科发展标杆。任何学科都是多领域的,即便有的大学某些学科实力强大,也不可能所有学科领域都保持同等实力和水平。实际上,学科发展最终要落脚到某些领域上,发展某些学科领域,以学科领域标示或带动学科整体水平的提高。所以,在学科建设中,要根据学科结构和不同学科的地位、作用,有重点地建设部分学科或学科领域,以期在较短时间取得成效,使少数学科或学科领域领先一步发展,建立学校优势学科或学科领域,为其他学科发展积累经验,提供范例。当然,发展优势学科或学科领域,并不是说不发展其他学科,要全校动员,发动学校职能部门、二级院(系)和社会有关方面共同参与,提高开展学科建设的积极性和主动性,多点开花,以提升整体学科发展水平。学科发展要有战略性,要抓住学科前沿领域或支撑新产业、新业态发展的新科技领域,进行重点规划,前瞻性地布局未来学科发展的新局面,立足当前,着眼未来,培育未来优势学科的新增长点。

第四,完善学科建设支持和保障体系。学科建设是与大学功能实现及实现程度直接关联的工作,搞好学科建设必须获得充分的支持和保障,包括政策、资源、人力和环境条件等的支持和保障。支持和保障工作主要由校部机关负责,校部机关的政策导向、资源配置、领导精力投入等都与学科建设关系密切。学科建设的落脚点在院(系),但支持和保障在校部机关。所以,校部机关要明确自身的身份和地位,不要发挥代替作用。在学科建设上,校部机关只能发挥它应该发挥的作用,不能越俎代庖,以免引发身份错位。如果校部机关越位了,做多了,做了本应该归属于院(系)的事,不仅做不好,还会挫伤院(系)领导和广大教师的积极性。如果院(系)在学科建设方面没有积极性,学校学科水平基本发展不起来。学校和院(系)应当分工明确,责任清晰,形成合力,共同抓好学科建设。学科建设是一项长期的任务,需要持续不断地努力。

今天想跟大家交流的就是这些,不当之处请大家批评指正。

谢谢大家!

第十七讲

新时代医科高校发展的新机遇和新方向*

医学是最早的高等教育几大领域之一，医学人才是高等教育最早培养的几类专门人才之一。在欧美古典大学和早期现代大学时期，高等教育主要培养教师、医师、律师和牧师四种专门人才。我国现代学堂创办之初，医科高校是最早的高等教育机构之一。所以，研究高等教育，应当关注医学教育改革与发展。近年来，医疗卫生需求和医学科学技术正在发生深刻的变革，与之相适应，医科高校改革与发展不断推进，表现出新的发展态势。

一、新时代医科高校发展的新机遇

高校办学是有规律的，不论是医科高校还是其他类型的高校，办学都需要做到两个适应：适应社会发展的需要与适应人的发展的需要。就适应社会发展的需要而言，就是要适应社会经济、文化科学技术发展的需要，当然，也包括政治发展的需要。不管是社会经济发展有什么新的需要、社会文化科学技术发展有什么新的需要，还是社会政治发展有什么新的需要，高校和高等教育都要做出相应的安排，进行相应的改革和调整，以使高校和高等教育发挥的作用与社会需要相匹配。就适应人的发展的需要而言，高校办学的根本目的在于培养人才，满足人受教育的需要。人的需要与社会的需要有一些相同之处，但

---

* 本讲是 2018 年 5 月 28 日笔者在潍坊医学院党委理论学习中心组（扩大）会议上所做报告的文字整理稿。

也有不同之处。不同之处在于，高校的办学既要满足社会群体的需要，还要满足个体人的需要，而每一个人的发展都有其特殊性。因为每一个人既是社会的，又是个体的，其既有社会阶层和社会群类的共同要求，又有自身包括家庭独特的要求（或称“个性化的要求”）。所以，高等教育既要适应社会发展的需要也要适应个体发展的需要。只有把这两个方面的需要弄清楚了，才能够看清一所高校发展所面临的机遇与要求。

新时代社会发展和人的发展需要有什么特点？这些特点又为医科高校发展提供了哪些机遇？可以从以下四个方面来分析。

（一）高等教育普及化发展的需要

高等教育进入普及化，是我国在过去很长一个时期想都不敢想的事情。直到20世纪末，我国高等教育毛入学率一直很低。21世纪初，我国高等教育发展速度加快，迅速进入了大众化阶段。2010年，党中央、国务院发布的《国家中长期教育改革和发展规划纲要（2010—2020年）》中提出，到2020年我国高等教育毛入学率达到40%，但这一目标在2005年就实现了。所以，在国务院印发的国家教育事业发展“十三五”规划中，将2020年高等教育的发展目标调整为毛入学率达到50%。现在看来这个目标还会提前实现，高等教育普及化已经成为必然。

对于医科高校来讲，高等教育进入普及化阶段意味着什么？会为医学教育带来什么机遇？这些问题值得思考。长期以来，在高等教育发展没有进入普及化阶段的时期，医科高校的教育或医学教育往往处于饥渴状态，即发展不足，所以，社会上长期存在缺医少药的问题。这不只是医学教育的问题，而且是整个高等教育的问题，社会所有领域和行业都受到高等教育发展不足的影响。高等教育发展进入大众化阶段以后，医学教育慢慢地就能满足人民群众的基本需要，能够解决基本的医治疾病的需要了。所以，医科高校的数量增长是有所控制的，医学教育的规模是有所增加的，但总体上医学教育还不能满足人民群众的健康需求。在高等教育普及化阶段，医学教育发展可能达到一个新的高度，从数量上讲，将会进一步扩大规模。医学教育服务于人民群众的健康，治病救人无小事，一般来讲，医学教育都应是精英教育，因此，医科高校的办学水平和教育质量将面临大提高的需要。在高等教育没有普及化的时候，所谓的精英化高等教育，办学规模小，能够接受医学高等教育的人少之又少，尽管我们有水平比较高的医学教育，但总体上是不够高的，因为我们的医学高等教育主要是为了满足基本的医疗卫生需求。现在，欧美发达国家高等教育已经实现了高度的普及化，高等教育毛入学率能达到80%以上，适龄人口基本上能上大学。在这种情况下，医学高等教育很自然地就要去追求更高的水平、更高的质量。

总之，随着我国高等教育普及化时代来临，当整体适龄人口的高等教育需求基本能得到满足的时候，医学教育数量发展不充分的问题也就可能自然而然地解决了，随之而来的便是发展水平和质量问题。所以，从高等教育普及化趋势来看医学教育，医科高校发展有新需要。

（二）高等教育内涵式发展的需要

内涵式发展既是经济社会转型升级发展的需要，也是高等教育发展到现在的必然要求。对于医学教育来讲，内涵式发展的动力应当更强一些。我国大多数医科高校刚刚经历了一个大幅度的外延式发展阶段，扩大了招生规模，拓展了学科专业领域，新增了学科专业数量，开发了新的办学空间，也增加了很多新的教职员工。其从较小规模的高校变成了较大规模的高校，从单科型高校变成了多科型高校，从功能比较单一的高校变成了办学层次、类型和功能比较多样的高校。有的高校办学规模成倍地增长，这样不可避免地会产生稀释效应，优质教育资源在外延式发展中被稀释了，学校整体的办学水平和质量在这种发展中是很难提高的。健康所系，性命相托，医学教育不仅要有质量底线，还要加强内涵建设，不断提高办学水平和教育质量，培养优秀的医疗卫生专业人才，为提高人民群众的健康水平和生活质量服务。

在高等教育发展进入普及化阶段后，医科高校办学的宏观环境将得到明显改善，注重内涵建设、优化学科专业结构、提升人才培养品质、增强学生在培养过程中的参与性和获得感，将成为医科高校人才培养的着力点。

（三）“大健康”发展的需要

过去一讲健康、医疗卫生，大家都觉得是少数病人的事情，健康人群没有这一需求。新时代，健康的概念已经并正在发生变化，“大健康”理念已经深入人心、成为共识。“大健康”的概念扩大了医疗卫生事业的范围和人群，全民健康成为社会文明进步的重要标志。今天讲的“大健康”，几乎是所有人的健康问题。从出生开始，人的一生都有健康问题。现在讲究生得优、活得好、病得晚、走得好，“大健康”概念把我们每个人的一生都包括进去了。很显然，对于医学教育，对于医科高校的办学而言，有很多新的机会，传统的办学需要有所突破。“大健康”还带来了新的医疗空间的拓展、新的医疗卫生教育空间的拓展，包括要开办或开拓一些新的医学教育专业、新的学科专业方向或新的领域，培养能够适应“大健康”需求的医疗卫生人才。

（四）经济社会转型发展的需要

现在我国社会正在进入一个新旧动能转换的时代，创新驱动发展实质上就是整个经济社会的发展要由过去的依靠资源消耗、环境破坏等不可持续的发展方式，转为一种高质量的、可持续的绿色发展，要使我国社会避免陷入所谓的“中等收入陷阱”。世界上很多国家进入中等收入阶段以后便开始停滞不前甚至倒退，原因就在于它们的产业结构、发展模式、发展驱动力还是传统的，没有转为依靠科技提升产业发展水平，没有转到高质量的发展上来。在一些拉丁美洲、亚洲国家和地区都出现了这个问题。按照国际统计数据，我国已经进入中等收入国家行列，我们如何才能跨过“中等收入陷阱”？转变发展方式，依靠科技、依靠更先进的技术实现新旧动能的转换，也就是走创新驱动发展是一条必由之路。

我国幅员辽阔，各地发展很不平衡，经济社会发展方式转换不可能在一两年内完成，这是一项长期的任务，是一项与高等教育发展关系密切的任务。从表面上看，新旧动能转换、经济发展方式转变可能与医学教育关系不大，但如果深入研究，就会发现以高新科技为基础的医疗卫生产业发展，如医疗卫生装备制造业、中西医药品开发制造业以及医学检验和诊疗技术研发等都与经济社会发展和新旧动能转换有密切关系，医学教育和医科高校在这些方面是可以有大作为的。

二、新时代医科高校的发展方向

新时代医科高校怎样才能把上述机遇转变为实实在在的发展实践呢？既需要改革也需要大胆创新。我国高等教育即将进入普及化阶段，各级各类高校都要转型升级发展，提高办学水平，使办学质量和人才培养更能适应社会进步的需要、适应人的发展的需要。教育部要求各级各类高校进行综合改革，表明高校改革已经进入复杂的矛盾交错阶段，单项改革已不足以推动学校实质性地转型升级发展，只有综合改革才能达到目的。高校要对改革进行整体设计，明确改革任务，分步实施，重点推进。从这个意义上讲，我国高校总的发展方向是明确的。全国有约2600所普通高校，医科高校是其中的一部分。与其他高校相比，医科高校的转型升级发展有其特殊要求，需要尊重医科高校发展的需要。

（一）从教学型大学向教学研究型大学转型

在我国医科高校中，有的是教学研究型的，有的是研究型的，但主要还是教学型的。我曾到部分医科高校调研考察，了解一些教学型高校的情况。在他们的教学实验室，课程安排都做得很好，基础教学、临床教学都做了很好的安排。但是，一说到研究与教学的关系、研究怎么支持教学，有什么样的研究机构，研究所、研究中心在做些什么，正在做的研究与教学发生了什么联系，关于这些问题的答案就比较少了。在高等教育进入普及化阶段之前，在医疗卫生事业还不够发达、医疗卫生人才需求缺口很大的情况下，医科高校的主要任务是利用难得的办学资源培养人才。但在高等教育即将进入普及化阶段的今天，医科高校应当尽快提高办学水平，加快转型升级发展，实现从教学型大学向教学研究型大学转型发展，这是第一个方向。

（二）从生物医学教育模式向生物—心理—社会—环境医学教育模式转型

传统的医学往往主要关注人的什么部位、器官有病，把病治好就行，不管这个病是什么原因造成的，也不管以后会怎么样，先解决的是人最急迫的需要。所以，与满足人的这种健康需要相适应的医学教育主要是基于生物学的原理建立起来的生物医学教育模式。在“大健康”理念的要求下，医学教育如何满足人的需要？医科高校是按照传统的培养模式来培养医师，还是要进行人才培养改革，探索新的培养模式？近期，在关于医学教育改革发展的讨论中出现了“新医科”的概念。“新医科”究竟“新”在哪里？前些年，有的医科高校被合并到综合大学中，有的并入了理工科大学。最近又有一些高校在申报举办医学院，如何看待这些高校办医学院？第一，要看它是由什么样的高校在办；第二，看它是怎么办的。什么样的高校可以办医学院呢？这就涉及医学人才培养的要求，其必须能够满足。单纯地办一所医学院，在今天就不合适了，没有其他的学科来支持，只是依靠医学学科来培养人才，这是传统的办法，今天已经不合适。如果是纯粹的理工科大学要办医学院，也不一定合适。要看它办什么样的医科，如果它要培养一些跟科技相关的医疗装备人才，理工科大学去办有优势；但如果它要培养执业医师就不一定合适，因为它的学科基础条件达不到今天培养医师的要求。

在前一个时期的高校合并中，一批综合大学把医科大学或医学院合并了，由于有些高校合并的效果不太好，因此，有的人说合并错了，如果不合并，医科高校保持独立办学，能办得很好或者办得水平更高。我认为，这只是看到了事情的一个方面。合并后学校没有办好，不是合并本身的问题，而是学校行政管理上没有采取有效的措施和办法来促进融合造成的。为什么说应该合并呢？这就涉及医学教育模式转型问题了。

在现代医学教育模式转型方面，美国是转得最彻底的，它彻彻底底地转型了。20 世纪以前，美国的医学教育模式与我国改革前差不多，医科高校大多都是独立办学。1906 年，美国一批教育专家对北美地区的所有医科高校进行了一次全面的大规模的调查研究，并于 1910 年提交了《美国和加拿大的医学教育：致卡内基基金会关于教育改革的报告》。其基本思想是：当时人的健康需求已经不是单纯的医科大学和医学院办学所能满足的，必须走综合化的医学人才培养的道路。建议医科高校转型发展，要么与综合大学合并，要么自己综合化。医学教育模式要由生物医学教育模式转变为生物—心理—社会环境医学教育模式。首先，培养医生，不只是要教会学生看器质性的病变，会治疗身体器官的疾病，还要了解疾病产生的原因。其次，要教会学生安抚病人，懂心理学。再次，能让病人治好了病之后，懂得保健、预防疾病。这就对医生的个体素质提出了新要求。这一要求只有在综合大学里才能实现，综合大学有学科基础，能够培养医师更好的综合素质。所以，医学教育模式转型成为 20 世纪初期美国高等教育转型发展的一项重要任务。现在，在美国 4000 多所普通高校中，极少能够看到独立设置的医学院或医科大学，医学院基本都设在综合大学里。

医科人才的培养一般需要经过基础教育阶段和临床教育阶段。美国医学教育是在综合大学四年本科教育的基础上开展的，而四年本科教育与医学没有直接关系，主要是一般所说的通识教育。到了研究生教育阶段，开始培养医学人才，也就是培养医学硕士和博士。这就是说，在他们看来，一个医学生需要接受扎实的、充分的基础学科教育，然后才能接受医生的培养和教育。这是美国的医学教育模式。

在我国，很多医科高校合并以后，学校还是把医科人才培养看成一种独立的学科教育，并没有很好地实现学校多学科教育资源的综合利用，没有利用学校的文科、理科教育资源更好地服务于医学教育，医学教育的基本模式没有转变。如果医学教育的基本模式不转变，尽管学校合并了，但医学院还是独立办学，人才培养就成为一个问题。

（三）从传统的医学教育向“大健康”背景下的医学教育转型

有人说，21 世纪是人类追求健康的世纪，是人人享有保健的新时代，是人类更关心健康的时代。这些都与“大健康”相关，与医学教育相关。面对这样的时代背景，医科高校办学需要有什么变化？对传统的医学教育我们是非常熟悉的，“大健康”背景下的医学教育有很多新的、可以探索的空间，包括开办一些新的医学教育领域，比如，整形康复医疗、人口老龄化和残疾人的医疗卫生保障。新科技发展也可能促成新的医学教育领域出现，尤其表现在人工智能与医学的结合方面。总之，“大健康”会为医学教育发展带来很多新的机遇，医科高校可以有很多新的作为。面向“大健康”的医学教育是面向未来的，很多需求现在还处于萌芽之中，等到 10 年、20 年以后，很多需求可能是大规模出现的。如果现在开始未雨绸缪，在专业方向设置、学科建设以及相关的研究方面提前布局，积极探索开拓，我们就可能抓住未来、赢得未来。

（四）从按部就班办学模式向战略管理办学模式转型

现在，经济社会发展要推进新旧动能转换。我认为，新旧动能转换有两层意思：一是整个社会经济产业发展需要实现新旧动能转换，二是高校发展有新旧动能转换的需要。高校要办出高水平、高质量，靠什么？有人说，办好学校就要有高水平人才，离不开更多的投资。所以，高校人事部门到处挖人，学校领导到处找资源。毫无疑问，这些都是重要的。但除此之外，我认为还有更重要的问题需要关注，这就是基本办学模式转型问题。我国高校办学要从根据上级指令、经验性、按部就班地办学转变到战略管理上来。由于文化和体制的原因，我国高校比较习惯于上面要求怎么办学就怎么办，尽管这样不会有什么“风险”，但古今中外没有一所高校是根据上级部门统一要求办学而办成高水平大学的。

战略管理是对高校整体办学转型的要求。实行战略管理不只是对学校层面的要求，从学校的顶层设计和实施到二级院（系）办学，都要实行战略管理。战略管理是一种前瞻性地谋划和设计未来发展，抓住发展机遇，采取重大行动，争取未来实现突破性发展的办学方式。从我国大多数高校的生命周期看，战略管理是这一个发展阶段最重要的改革举措。战略管理需要有战略规划，要有专门机构和团队来负责战略规划的编制与实施。

第十八讲

民办本科高校师资队伍建设的形势和策略*

尊敬的黄院长、罗院长，尊敬的潘先生，各位老师、同学：

大家好！

我们来了快一周了，每天都处于高度的兴奋状态，这种兴奋一直持续到现在。这几天在四川影视学院听到的、看到的、想到的很多，大家展示的精神状态让我们非常受启发，也非常受感动。作为一所民办高校，四川影视学院能取得今天这样的成就，是很不容易的。潘先生是民办高教研究的开拓者，到过全国很多地方指导民办高校的发展，在他的影响下我也开始研究民办高等教育。四川影视学院是发展非常好的民办高校，我们感谢学校领导、教师、学生给我们传递的正能量。贵校给我出了一个题目，要我谈一下师资队伍建设、师资团队建设的问题，因为对贵校的了解不算多，对贵校如何具体进行师资队伍建设还没有很深入的想法，我就把这个题目放在整个民办高等教育发展的背景中来看待，根据对整个民办高等教育发展的认识，反过来看贵校在师资队伍方面应怎么建设。所以，我想主要就民办本科高校师资队伍建设问题展开讨论，同时兼谈四川影视学院师资队伍建设的策略。

一、民办本科高校师资队伍建设面临的形势

从我们考察这几天的情况来看，四川影视学院的发展形势非常乐观、非常

---

* 本讲是 2014 年 5 月 8 日笔者在四川影视学院为师生所做报告的文字整理稿。

好。经过20多年的发展，学校形成了一定的规模，尤其在教育教学上形成了一整套的经验，培养了一批人才，不仅有星光灿烂的明星，还有一大批在社会上能够自食其力的毕业生。四川影视学院已经完成了新校区的建设，整个学校的办学条件得到了基本改善，具备了本科高校的基本办学条件。四川影视学院实现了升本的目标，由公助民办转变为纯粹的民办高校。现在四川影视学院可在新的平台上谋划未来发展。

不可否认，学校发展也面临不少困难，正如我们重视积极面一样，存在的困难也需要重视。我国现有100多所民办本科高校，这些民办本科高校是高等教育中一个特殊的群体。除了民办高校，我国还有1000多所公办本科高校，这些高校之间的办学关系有合作、交流，但更多的是竞争，竞争资源、条件、生源、师资等。在这种竞争中，民办高校总体上处于不太有利的地位。刚才潘先生谈到了，现在公办高校的生均经费都提高了，没提高之前，民办高校还有一定的竞争力。现在公办高校的经费增加了，但并没有多招学生，这么一来，民办高校的优势就越来越小了。从生源的角度来说，原先在公办民助的机制下，四川师范大学影视学院的影响力是比较大的，但现在独立之后的四川影视学院在招生时应如何面对家长和考生？作为一所纯粹的民办高校，应如何树立声誉，让社会认可？当然，过去的办学成就是最大的资本，但这些资本都挂着四川师范大学的牌子。如何才能把这些无形资本利用好，让学校有更大的吸引力？原先毕业生的就业是很不错的，很多单位一看是四川师范大学的毕业生，与公办高校毕业生没什么区别，就录用了。但是，现在很多就业单位，先看公办高校里的“985”“211”、省重点，看完公办才看民办，这就更使民办高校毕业生处于不利地位，这是四川影视学院办学面临的一个新的严峻形势。

还有一个形势是咱们现在就要开始考虑的，即迎接本科教学工作合格评估。合格评估的要求是2000年以后升本的高校，有三届以自己的名义招收的毕业生可以申请。过去，四川师范大学影视学院的毕业生不算，四川影视学院从今年开始招收的学生往后三届，2014级、2015级、2016级的学生毕业了，学校就可以申请本科教学工作合格评估。评估有一整套的要求，咱们从现在开始就要对照相关的要求和标准，根据学校的实际来进行谋划。为什么要重视这个问题呢？因为这是从政府和国家层面对学校办学能力进行的一次检验。如果四川影视学院能成功通过合格评估，就表明学校不但具备了本科教育办学资格，而且教育质量得到了政府的认证、认可，相当于政府向社会担保咱们学校毕业生的质量是可信的。从这个角度来讲，学校要特别重视这一点。现在，四川影视学院的发展面临着比较多的挑战，从学校20多年的办学经验来看，咱们是能够应对这些挑战的。最近黄院长、罗院长不断地和我们进行沟通，探讨学校未来应该怎么发展，这是非常好的，说明我们现在都很冷静。在学校刚刚升本之时就进行谋划，对学校未来的发展非常关键。我非常欣赏两位院长在办学中的远见卓识。

二、民办本科高校师资队伍建设要解决的主要问题

刚才潘先生谈到了民办高校办学面临的最大挑战还是师资，人、财、物里面人是第一位的。在调研中我们感到四川影视学院的教师是有水平的，是高素质的，让学生由青涩的、对表演主持没有任何经历和认识，变成走上社会就能胜任工作且能做得好的专业人才，而且有一部分人还成了明星，这是很不容易的。因为咱们的办学历史并不长，像北京电影学院、中国传媒大学等很多老牌艺术高校的师资水平、办学条件是咱们学校比不上的，但即使这样，咱们学校还是办出了水平，办出了特色，非常了不起！

面对新形势，学校的师资队伍建设究竟面临着什么问题？首先，还是要先明确师资队伍建设要达到什么目的。学校的目标是建设一支数量充足、结构合理、素质优良、相对稳定的师资队伍。有了这样一支师资队伍，办学就有了最可靠的保障。要建成这样一支队伍，下面这些问题需要我们引起重视。

一是兼职教师与专职教师的关系。这是民办高校的一个特殊现象。公办高校也有少量的兼职教师，比如，我也在一些高校兼职，但这些兼职大多是名义上的，兼任的工作包括有时去学校做一个报告，有机会去做讲座，带一两个学生，指导一下教师的学术发展和学生的学习。但是，民办高校在起步阶段主要是靠兼职教师发展起来的，而且兼职教师是学校师资队伍的中坚力量。不过，一所高校办学要走上正轨，尤其是要实现可持续发展，比如，四川影视学院要建成一所百年名校，要考虑长期发展的问题时，就面临着兼职教师与专职教师关系的调整问题。怎样才能从主要依靠兼职教师过渡到主要依靠专职教师？以专职教师为主，不是不要兼职教师，咱们还是要依靠兼职教师。调整后，专职教师如何发展、提高的问题将会非常突出。

二是理论性人才与实践性人才的关系。这个问题在民办高校也非常突出。民办高校的培养目标主要是培养适应社会需要、上手快、一毕业就能做事的专业人才，不然，民办高校不可能有生命力。公办高校，比如，四川大学的毕业生走上社会可以只是一个专业人才的“毛坯”，还难以完全胜任专业工作。这叫“百无一用”，大学教育只给学生一个基础，后面的发展还要靠继续深造去解决。民办高校不能这么做，至少暂时还不能这样做。民办高校不能培养“书生”，要培养专才，必须给学生谋生的技能和本领。因此，必须解决好理论性人才与实践性人才的关系问题。四川影视学院的办学要更多地依靠实践性人才，理论性人才也不能忽视，但我们的理论性人才与四川师范大学、四川大学的理论性人才的要求不一样。这个问题需要引起重视。

三是教学与科研的关系。很多民办高校的领导和董事长说，我们的教师不需要搞科研，只要把教学搞好就可以了，因此，这些学校往往把教师的教学工作量定得很高，对教师只有教学工作量的要求。也有些民办高校领导对教师有科研的要求，但这种科研的要求有时候让教师感到不能适应：第一，教学工作量很大，教师忙于教学，没空做科研；第二，科研要求往往与其他公办高校的差不多。这么一来民办高校的教师就面临问题：到哪儿去争项目？到哪儿去发表文章？公办高校解决这个问题相对比较容易，那民办高校怎么办？

概而言之，民办高校师资队伍建设是未来发展中必须高度重视的问题，解决好师资问题，要达到办学目标是完全可能的。

三、民办本科高校师资队伍建设的策略和路径

经过几天的考察，感觉咱们学校的师资队伍总体是不错的。学校有一批年长的教师，在学校创立之初就来到学校工作，支持学校办学，现在大多成了学校的中坚力量和专业带头人。还有一批年轻教师，水平很高，很受学生欢迎。这几天看表演，只要教师一出来，学生的欢呼声震耳欲聋，这是学生对教师发自内心的喜爱。但是，也有一些值得咱们关注的现象。比如，60岁以上的老教师占了一定的比例，年轻的学生都是“90后”，学生和年长的教师之间可能还是有代沟的，存在一些相互理解和沟通上的问题。教师要求学生这样做、那样做，这是教师基于专业的要求和学生发展的要求，是为学生好。但是，学生有他们自己的个性，有他们自己接受教育的方式，如何做到师生融合、师生相

互理解，从教师的角度讲，需要有办法。有些青年教师的理论功底非常好，但在教学经验上还有一些欠缺，在实践课上对学生进行实践指导时，更多的还是基于书本上的要求，他们对实践中很重要的、需要默会的知识，只有在相互沟通中才能领会、感受的知识掌握得比较少。有些老教师有很多宝贵的经验和经历，过几年他们再年长一点，教不动了怎么办？他们的经验怎样才能传承下去？如何在传承中形成学校的教学文化？这也是师资队伍建设需要解决的问题。

第一，明确师资队伍建设目标。师资队伍建设必须与学校发展目标相适应。目标是学校战略规划的基本要素，是学校发展的方向。开展师资队伍建设，应当心中有数，不打无准备之仗，不能东一榔头西一棒子，应编制战略规划，制定发展目标，弄清各学科专业对师资队伍的要求以及缺口，设计规划期内师资队伍建设的目标，明确师资队伍建设的年度任务，有针对性地采取措施，解决师资队伍的缺口问题。编制战略规划，就是要明确办一所什么样的大学，掌握各学科专业的发展状况和师资需求。就一所大学而言，学科专业应当是相互联系、相互支持的，不能过于分散，更不能办一些孤岛性的学科专业，不然，学科专业之间融合程度比较低，师资队伍建设的难度大、成本高。只有具有团队化且相互合作支持的师资队伍，才是学科专业高水平发展所需要的。

第二，建立一套有效的师资队伍建设机制。师资队伍建设责任应当落实到相关的机构和个人，应当有一套机制作保障。这就是说，在四川影视学院管理架构中，应当建立一套有效的、责任明确、任务清晰、权限落实的师资队伍建设机制。学校主管领导和人事部门应当担负什么责任，系主任应当担负什么责任，专业负责人应当做什么工作，他们的工作任务和目标是什么，这些问题明确了，师资队伍建设才可能有效地展开。学校应当明确，师资队伍建设绝不只是董事长和院长的事，不单是人事部门几个人的事，全校各层面、各单位、各机构都有自己的任务。机制问题处理好了，师资队伍建设才能取得持久的成效。

第三，建立教师团队工作制度。民办高校教师往往老的老、小的小，四川影视学院也存在这个现象。四川影视学院有一批年长的教师，他们是学校宝贵的财富。这些教师大多来自四川电视台、四川广播电视台、峨眉电影制片厂以及其他一些影视单位，都有丰富的实际工作经验，他们的经验需要传承下去。这就需要在学校和学系层面建立团队工作制度，包括师徒制度，一位年长的教师配几个助教和徒弟，带几年下来，年轻人就成长起来了。过去说教会了徒弟饿死师傅，学校要建立特殊的机制，既要保证师徒之间的传承和教师团队的凝聚力，又要保护年长教师的利益。学校要制定相应的激励和协调政策，鼓励和表彰年长教师向年轻教师传授实践经验，还可以激励师徒开展教学研究，把年长教师的实践经验整理出来，变成教学参考资料，永久性地发挥作用。

第四，建立发挥校友作用的机制。在贵校调研考察的时候，在各大楼的墙上和会议室看到学校的毕业生群星璀璨，这些毕业生是师资队伍建设可以利用的资源。有他们支持学校教育教学，支持教师发展，我想师资队伍建设应该不会有什么大的困难。校友们在社会上所做的工作与学校教育教学和人才培养工作关系密切，应加强与校友的联络和沟通，建立合作办学和支持办学的长效机制，选派青年教师去校友所在单位挂职锻炼，安排学生去校友所在单位实习和见习，还可以聘请他们来校承担课程教学任务，参与很多人才培养的具体工作。我相信四川影视学院的大多数毕业生都是爱母校的，也爱学弟学妹，愿意为学校教育做贡献。要形成一种传统，让学生有这样的认知，即毕业之后个人发展了，有义务回馈学校。可以树立一批校友典型，用他们的事迹教育学生，逐步养成一种特有的学校文化。

第五，建立教学与研究相结合的机制。教师不仅要做教学工作，还要做研究工作，这既是学校的需要，也是教师个人发展的需要，是师资队伍建设必须高度重视的工作。有人说，民办高校、新建本科高校教师的首要任务是教学，把教学做好是教师的立身之本。至于科研，可以做，也可以不做，做与不做是教师的自由选择。这个观点看起来似乎有道理，实则是违背大学精神的，也是无助于教师和学校发展的。如果有教师误信了这个观点，他的职业生涯就可能走不远，也很难走好。不论在什么高校，所有教师既要做教学，又要做研究，一个不做研究的教师一定成不了优秀教师。学校有一批年长的教师在实际工作中积累了丰富的经验，在实践教学、人才培养上有很多独到的经验，他们不做研究可不可以呢？我的看法是，对他们而言，是可以的。这主要是考虑到他们年纪大了，他们把自己的优势特长发挥好，对提高学校教育质量有好处。但如果他们做科研，把自己的经验进行总结、提炼和升华，他们在教学中会比其他教师更有优势。他们的经验本身就是财富，可以作为研究的素材来利用。

大量年轻教师应该通过研究来提高自己的水平，从而提高自己的教学水平和教师质量。四川影视学院的教师应当做什么研究？我想他们不可能像四川大学、四川师范大学的教师那样去做研究，也不可能像北京电影学院、中国传媒大学的教师那样去做研究，他们的研究可以从身边开始，以课程、教学和学生等为研究对象，探讨教学中的理论和实践问题。四川影视学院与其他普通高校不同，其他高校的研究注重论文、专著、项目和经费，四川影视学院教师的科研可能更多地讲究创作、看重表演，创作和表演是他们的主要研究成果。他们的研究也可以有创新性，在创作和表演中培育科研优势。建立教学与科研相结合的机制，需要制定与四川影视学院研究成果相匹配的评价标准、方法和激励措施，使它们相互支持、配套，促进教学与科研形成一种正相关关系。

四川影视学院有很多有利的条件，学校发展前景是光明的。我相信，下一次再来考察学习的时候，四川影视学院一定会是一所让人更加惊叹的影视大学。

我要跟大家谈的就是这些，敬请大家批评指正。

谢谢大家！

第十九讲

高等职业教育发展趋势与高职院校治理策略*

各位领导、各位老师：

大家好！

欢迎大家来到厦门大学，一起学习探讨高等职业教育发展问题。今天报告的主题是“高等职业教育发展趋势与高职院校治理策略”。我没有做课件，但这并不意味着我没有做好准备。大家都是高等职业教育工作者，都熟悉两个概念：高职教育和高职院校。高职教育指的是培养高等职业技术人才的活动、事业；高职院校指的是一类组织机构，包括郑州旅游职业学院在内。社会上一般把高校称为“大学”。这就是说，所有的高校都是大学。今天我也沿用这一种说法。

一、高等职业教育发展历程

高等职业教育绝不只是高职院校的事，它还是政府的事，也是社会的事。高等职业教育不是今天才有的，历史上很早就有了。在讨论高等职业教育发展趋势之前，我想有必要先就两个相关问题做些讨论。

（一）高等职业教育的尴尬处境

前不久，教育部在成都召开了全国普通高等学校本科教育工作会议，声势

* 本讲是2018年7月7日笔者为郑州旅游职业学院干部教师培训班所做报告的文字整理稿。

很大，教育部部长讲话，媒体宣传铺天盖地，让大家对本科教育印象很深。的确，本科教育很重要。那如何看待高职教育，高职教育就不重要吗？这个问题很值得思考。

还有一个现象不知道大家有没有关注：过去，高职教育的管辖权在教育部高教司、教育厅高教处。高教司和高教处主管全国和地方高等教育。前些年，教育部机构改革，把高职教育从高教司转到了职业教育和成人教育司（简称"职成司"）管辖，造成了高教司只管本科教育。这必然带来一个问题：高职教育是不是高等教育？如果是的话，为什么不由高教司管理？如果不是的话，它又是什么层次的教育？

另外，当高职教育划转到职成司以后，高职教育的发展似乎进入了一个沉寂的时期，很少看到有新政策出台。国务院曾经发布了一份有关建立现代职业教育体系的政策文件，文件重点似乎不在高职教育和高职院校。我曾经长期参与教育部有关高等教育政策的研制和咨询工作。过去在高教司讨论高等教育发展政策的时候，我经常会为高职教育争取政策。因为高职教育在整个高等教育体系中处于相对弱势的地位。但是，当它划转到职成司之后，职成司主管的是中职教育、成人教育和高职教育，大家可以想象，高职教育处于什么位置，与中职教育和成人教育相比，它是处于优势位置的。高职院校校园大、建筑漂亮、力量强、受关注程度高，中职学校肯定比高职院校要差很多，成人院校与高职院校比也处于弱势，所以，到了职成司以后，高职教育受关注程度降低了，资源配置也少了。

前几年，教育部特别重视应用科技大学或应用技术大学建设，河南还出了个典型。应用科技大学或应用技术大学建设对高职院校有什么影响，大家思考过吗？当时提出来要把新建本科高校（600 多所）转型发展成为应用技术大学。对这个政策，很多新建本科高校是欢迎的，既可以改大学，还可以得到政策支持，包括资金支持、招生计划支持、学位点支持等。新建本科高校建应用技术大学，对高职院校有没有冲击？我曾跟很多高职院校领导交流，他们感到非常失落。为什么？这就涉及高职教育发展趋势问题。

（二）高等职业教育的发展阶段

我国的高职教育规模在世界上数一数二，但高职教育不是我国发明创造的。我国教育历史悠久，但高职教育的历史却不长。高职教育是欧美国家在经济社会发展和教育现代化进程中发展起来的一类教育，具体是什么时候开始有现代意义上的高职教育的，答案是很可能在19世纪中期。19世纪中期以前，职业教育得到了发展，主要是初等和中等职业教育，而且只是一般的职业性教育，并没有形成规范的职业教育体系。19世纪中期以后，高职教育的发展大致可以分为三个阶段。

19世纪中期至20世纪中期是第一个阶段。这是高职教育的萌芽期，百年萌芽期，看上去有点长。职业教育发展与社会生产水平是相适应的，19世纪中期欧美国家机器大工业生产得到了进一步发展，初等和中等职业教育体系逐步得到完善，一些现代工业发展较快的国家对高职教育人才的需求不断增加，世界上第一批高职院校建立起来了。比如，1861年建校的美国麻省理工学院最初就是一所高职学院，20世纪前半期的两次世界大战为其提供了崛起的机会，一跃而成为一所高水平普通大学。今天欧美一批叫理工大学、工业大学、科技大学的高校，如果是在20世纪50年代以前创办的话，最初的形态有的可能是中等职业学校，有的可能是高职院校，它们在20世纪后半期才升格或转型建成了现在的形态。现在第一阶段创办的第一批高职院校仍在办学，但已看不到最初创办的印迹。

20世纪中期到后期是第二个阶段。这是高职教育大发展时期，也可以说是黄金时期、鼎盛时期。20世纪中期，“二战”结束后，虽然世界处于东西方“冷战”时期，但随着战后欧美国家经济复苏，经济社会很快进入大发展时期，经济总量大规模增长，新技术生产大发展，生产力水平大幅度提高，各国对于高等职业技术人才的需求非常庞大。从20世纪50年代中期开始，欧美国家普遍大规模开办高等职业院校，与前一个阶段零零星星地开办不同，政府在全国有计划地创办，根据各地产业发展情况进行高职教育的合理布局，如此一来，很多国家都建立了发达的高职教育体系。在这一阶段，尽管中职教育发展依然很强劲，但影响力已经不如前一个阶段，而且很多中职学校转设或升格为高职院校。

20世纪后期至今是第三个阶段。这是高职教育进一步发展的时期，也是世界高职教育走向更加多样化的阶段。如果说前两个阶段主要是欧美发达国家主导了高职教育的萌芽与大发展，这一阶段的特点则主要表现为先发和后发国家共同主导，各自根据国情和高等教育发展水平建构或重构自身的高职教育体系。在这一阶段，高职院校升格发展引人瞩目，一些国家的高职院校一改过去不发学位证的习惯，不仅颁发毕业证书和职业资格证书，而且颁发学士学位证书，有的还获得了硕士和博士学位授予权。这样一来，高职教育的办学层次提高了，与普通高等教育形成了并驾齐驱的格局。高职教育的内涵也发生了重要改变，由以往普遍高度重视职业技术训练逐步转变为职业技术训练与通识教育并重，通识教育成为高职教育不可缺少的组成部分，高职院校与普通高校教育的界限开始模糊，而与此同时，一些普通高校也越来越注重学生的技能培养和训练。

二、高等职业教育发展趋势

20世纪50年代以前，全球各国教育都处于不发达状态，只有美国高等教育在40年代后期进入大众化阶段，其他国家高等教育仍处于精英化阶段。高职教育发展不仅与一个国家的经济社会发展水平相关，而且与高等教育是否得到比较充分的发展有密切关系。20世纪中期以前，欧美各国都只有少数人拥有接受高等教育的机会，整个社会教育水平不高，生产水平因为战争的原因没有明显的提高，因此，高职教育没有发展起来。从20世纪中期开始，欧美国家社会生产水平不断提高，社会发达程度越来越高，部分国家的高等教育先后进入大众化阶段，1975年美国高等教育进入普及化阶段。从20世纪后期开始，全球有68个国家的高等教育达到普及化水平，而且发达国家高等教育平均毛入学率超过76%，这意味着整个社会的高等教育发展达到了高度发达水平。社会教育文化程度大幅度提高，民众对中职教育的需求就低了。过去讲普及小学教育，现在讲普及高等教育。在这种情况下，高职教育的发展就不单纯是经济发展的需要了，高职教育的内涵也发生了改变，融入了更多的文化元素。这里主要选取几个先发国家和地区，探讨高职教育发展趋势及其意义，在这个基础上，进一步探讨我国高职教育发展趋势。

（一）英国高职教育发展趋势及其意义

20世纪后半期，英国建立了一大批多科技术学院，弥补了高职教育的空缺，培养了众多职业技能型高级专门人才，促进了英国高等教育向大众化和普及化发展。多科技术学院开办后一直饱受争议，其高等教育机构地位不明确，很多人将其看作职业技能培训机构和年轻人就业支持机构。所以，尽管多科技术学院建立起来了，高职教育发展起来了，形成了与普通高校并行发展的格局，但高职院校的地位并没有得到完全解决。很多多科技术学院开办了学位课程，而且选修学位课程学生的比例高于选修职业课程学生的比例。1992年，英国政府通过法律，将多科技术学院转型为综合大学，纳入普通高等教育体系。因此，现在的英国高等教育不再是两轨并行，而是只有一轨，这就是综合大学，实施普通高等教育。

多科技术学院转型了，这是不是意味着英国就不再有高职教育，英国不需要高职教育了？答案是否定的。高职教育仍然在发挥作用，只是它改变了方式，或者说它的组织方式变了，它的载体组织现在是综合大学。大家可能奇怪，综合大学怎么会举办高职教育呢？确实，传统上，不只是在英国，世界上所有国家的综合大学看重的都是非职业性教育，也就是普通教育。英国是普通高等教育传统深厚的国家，牛津大学和剑桥大学的教育传统在英国有着不可动摇的地位和影响，在此二者之后英国自19世纪中期以后先后建立了多批次高校，社会产业和工商部门呼声很大，希望高校能够关注工业和产业部门的需要，但牛津、剑桥的教育传统与这些呼声格格不入，直到20世纪后期高校才开始逐渐有所回应。这时普通高校开始关注产业部门的需求，将生产和社会生活中的应用科学技术纳入教育教学，以培养能够为社会所用的人才。而与此同时，随着高等教育走向普及化，多科技术学院也逐渐重视普通教育，加强学生的文化基础和人格养成教育。这样一来，两类学校教育似乎走上了殊途同归的道路。

多科技术学院转型为综合大学后，并没有摒弃自身的办学优势完全按传统的综合大学模式办学，而是发展了一种新型的高职教育，即在应用型人才培养中更加重视学生的基础文化素质教育，不断提高应用型人才的文化素养，促进人的全面发展。

（二）德国高职教育发展趋势及其意义

德国高等教育体系主要由三类高校组成：综合大学、专业学院和应用科技大学。应用科技大学兴起于“二战”结束后德国经济社会复兴时期，以培养工业所需要的生产技术人才为目的。应用科技大学有几个鲜明的特点:第一,地方性。它的服务半径一般为50千米范围内,为当地企业培养技术人才,为当地民众提供教育机会。第二,小规模。除个别学校外,绝大多数应用科技大学办学规模较小,校均办学规模一般为4500人左右。第三,双元制教学。理论学习与实践训练一体化,学校与企业紧密联系,深度合作,共同履行人才培养之责。第四,学校数量远多于综合大学。德国有综合大学100余所,应用科技大学的数量超出综合大学一倍以上,分布在全国各地。如此一来,应用科技大学颇受当地民众和企业欢迎,成为地方经济社会发展不可缺少的重要推手。

应用科技大学最初提供学历证书和职业资格证书教育,少有提供学位教育的。20世纪后期,应用科技大学大多获得了学士学位授予权,一部分应用科技大学与综合大学联合开展培养硕士研究生的工作,本科生往往通过校际合作、联合的方式直通其他大学攻读更高一级学位。另一个变化是在工学交替、理实结合的基础上,应用科技大学越来越重视通识教育,大量的通识教育课程进入了人才培养方案,成为学生的必修课。

德国应用科技大学对我国高等教育改革与发展发挥了重要影响。从20世纪80年代中期开始,中、德两国政府推动了两国高职院校之间的合作办学,我国部分高职院校与德国部分应用科技大学结成了姊妹学校,我国高职院校教师赴德国应用科技大学进修学习,德国应用科技大学派出专家指导我国高职院校改革,一些学校还派出教师在我国高职院校长期任教。我国前一阶段的应用技术大学转型发展在很大程度上就是受到了德国应用科技大学办学经验的启发。

(三)澳大利亚高职教育发展趋势及其意义

澳大利亚的职业和继续教育学院,俗称"TAFE学院"(TAEE, Technical And Further Education)。它与德国的应用科技大学、英国的多科技术学院类似。从TAFE学院的名称可以看出,它在职业技术教育方面更像一个教育和培训平台,为受教育者提供广泛的职业技能培训。实际上,它也是这么做的。TAFE学院教育的特点主要表现在以下方面。第一,学制灵活。它没有固定的学制,学员来去自由,只要想学,随时可以到校上课学习,所学课程学分存入学分银行,可以累积计算。第二,小班学习。所有课程都是小班教学,平均班额20人左右，最多不超过30人。第三，教育以培训为主。所有课程以培训包为学习内容。培训包主要是教师根据职业技术资格要求所精选的培训内容，包括讲义和辅助资料，一般没有教材。第四，政府重视。澳大利亚联邦政府、州政府和地方政府十分重视TAFE学院的发展，在学校布局规划、职业资格认证和政策保障等方面为学校办学提供了重要支持。全国统一的资格标准体系保证了TAFE学院教育与社会就业直接对接。第五，行业支持。行业在TAFE学院教育中发挥着主导作用，学校与相关企业建立了相互依存的关系。行业相关组织和机构发挥的作用主要表现为：主导有关职业教育和培训的宏观决策、参与TAFE学院办学、负责教学质量评估、投资岗位技能培训等。

TAFE学院在澳大利亚高等教育中有着举足轻重的地位，在校生规模接近全国高等教育总规模的2/3。20世纪后期以来，为了适应国内外经济社会发展的新形势，迎接新挑战，TAFE学院进行了一系列改革，建立了新的教育体系，获得了学士学位授予权，一部分学院还获得了硕士学位授予权，有一两所学院拥有博士学位授予权。学位授予权的获得提高了学校的地位，提升了TAFE教育在国内外的认可度。TAFE学院大力推进国际化，国际生规模持续增长，教育和培训也适应国际生的特点进行了改革。所以，尽管TAFE学院及其教育的基本形态没有改变，但它的教育更具有包容性、开放性和灵活性，满足了国内外受众的需要。

（四）我国高职教育发展趋势

我国高职教育起步不算太晚，但曲曲折折、坎坎坷坷，直到20世纪末才得到稳步、快速的发展。郑州旅游职业学院就是这一阶段高职教育快速发展的产物，其1985年建校时是中专学校，2004年赶上高职教育大发展，升格为高等教育层次。就全国而言，中职学校升格办高职是从1996年开始的，大规模发展则是从1999年大扩招开始的，到现在高职院校总数达到1300多所，绝大多数学校举办高职教育的历史不到20年。也就是说，我国大多数高职院校都是新办学校。我国高职教育的另一个特点是规模大，在很短的时间内建立起了世界上最大规模的高职教育体系，总规模达1000万人左右，校均规模超过6500人。总规模和校均规模在国际上都是绝无仅有的。可见，一个新而大的高等教育体系是不成熟的。所以，近些年来，部分高职院校升本意识强烈，但除了民办高职院校和合并等特殊情况外，教育部严控升本申请，将高职教育稳定在专科层次，限定在专科毕业证书教育和职业资格证书训练范围内。

形势是变化的，尤其是我国经济社会长期保持了快速发展势头，高等教育持续稳步发展，按现在的发展势头，再有一两年我国高等教育将在毛入学率上突破 50%，进入国际公认的普及化规模门槛。高职教育是普及化的主力军，普及化程度越高，新加入的高等教育受众对高职教育的需求量越大。所以，未来我国高职教育发展空间仍是巨大的。

我国高职教育最终将拥有学历证书、学士学位、硕士学位和博士学位授予权，各层次高职院校并行发展，一大批高职院校将获得学位授予权。但这不是现在的境况，而是将来某个时期的境况，也许还需要 10 年左右的时间。这一段时间高职院校不能白白等待、无所作为，高职院校要为提高办学层次、升格办学做好准备，不断改善办学条件，增强办学实力，提高办学水平，尤其要不断充实高职教育内涵，提高人才培养质量。

高职教育因其教育类型的特殊性，与职业有着天然的联系，以培养各行各业高层次职业人才为己任。在教育教学中，重视职业需要，加强技术训练，注重造就应用型技术技能人才，是高职教育的立身之本。应当看到，职业教育的对象是人，而不是物，因此，应当把人当人来培养，以人为本，不能以物为本、以事为本。所以，应加强文化素质教育，开设高质量通识教育课程，以促进学生人格的养成、心性的陶冶。

三、高职院校治理策略

上面对国内外高职教育的来龙去脉做了一个全景式的考察，总体来看，我国高职教育未来发展空间大、前途光明，高职院校大有可为。因为对咱们郑州旅游职业学院的具体情况不了解，这里仅就高职院校治理的一般要求展开讨论，希望对大家有所帮助。

（一）实施战略管理

从国际高职教育发展趋势可知，经过 30 ～ 50 年的发展，各国高职教育似乎走上了殊途同归之道：上层次、普通化。这不是偶然的，而是必然的。未来我国高职教育必然会在办学层次和与普通教育结合上取得突破，如果高职院校能够保持健康快速发展，办学水平和质量得到稳步提高，高职教育上层次就可能更早实现；如果高职院校发展出现波折，办学水平提高比较缓慢，高职教育上层次也就需要更长时间。

高校办学有两种基本模式：一是按照政府文件精神办学，二是自主办学。我国高校比较习惯于按照政府文件精神办学，不愿意自主，或者说不敢自主，高职院校也不例外。改革开放以来，高校办学自主权逐步扩大，自主办学成为很多高校的主动选择。如果高职院校想快速健康发展，必须走自主办学之路，实施战略管理，加快发展步伐，用较短的时间实现提高办学水平和教育质量的目标。否则，凡事盯着文件精神，按部就班地办学，不敢越雷池半步，就可能延误发展机遇，耗费更多的时间。

战略管理是一种以战略目标为导向，采取特别有效的措施，实现高校跨越式发展的办学模式。明确发展战略是战略管理的第一步，也是关键一步。明确了发展战略，根据战略要求办学，学校工作围绕战略展开，工作计划、资源配置、人力配备、工作要求等都根据战略来安排，这样学校就可能发展得更好、更快。

战略管理有几个基本要求：第一，制定学校战略规划。战略规划不是用来向上面“交差”的，而是用来规范学校改革的。它的作用是指导学校快速健康发展。真正的战略规划要对学校办学所处的环境、学校发展所面临的形势、发展机遇和挑战、发展目标和重大举措等进行归纳提炼，谋划布局，以明确学校发展的路线图。第二，抓好战略实施。战略规划必须付诸实施，战略实施是实现战略目标的过程，围绕规划的目标和任务展开，尤其要紧紧抓住重点任务和要求，把重点任务抓实、抓细。与此同时，常规工作也不能放松，要做到战略实施和常规办学两手抓、两手都要硬。第三，进行战略评估。在战略实施过程中，要对战略实施进程与效果等展开评估，并根据评估结果适时对战略规划进行修正和补充。这是战略管理的一般要求。

制定战略规划要解决的核心问题是战略，也就是要明确学校发展战略是什么的问题。一般来讲，战略包含三个要素：学校发展愿景、发展目标和发展的（重大）行动。学校发展愿景是指学校发展所能达到的状态，这种状态不是现实的，而是设想的，它就像一幅水墨画。从高校的生命周期来看，愿景是高校发展进入成熟阶段后的样态。需要对实现愿景所要完成的任务进行阶段性切割和分工安排，对每一个阶段的发展目标进行斟酌确定。按部就班的常规办学涉及很多方面，对学校有序运行和发展具有基础性作用，与此同时，要采取一些重大行动来促进学校转型升级的发展。重大行动的目标指向是学校的成熟状态。总之，有了蓝图、路线图和施工图，学校发展战略就明确了，改革就有了根本依据。

上面所谈主要是学校层面的事业发展规划，院（系）也要制定自身的战略规划，每一个院（系）都要通过制定战略规划，明确自己的发展愿景、发展目标或目标链，为推进院（系）战略管理提供参考依据。

（二）构建一套有内涵、有特色的人才培养体系

人才培养是学校的根本任务，人才培养水平的高低直接决定学校的社会贡献大小。大家可以思考一下，咱们学校人才培养的特色是什么。我曾参加过很多高校的教学工作评估，发现最让学校头疼的问题就是人才培养没有特色。很多高校的办学主要是看政府部门的文件，政策要求怎么办就怎么办，政策要求变马上就跟着变，完全没有自己的认知和定力，也就没有形成自己的人才培养内涵和特色。没有内涵和特色的人才培养，不可能培养高质量的人才。

人才培养内涵问题涉及一个重要问题，即高职院校要不要搞学科建设。很多高职院校领导和教师认为，自己学校不需要学科，也不要搞学科建设，只要把专业建设抓好了就行，学科和学科建设是本科高校的事情。我的看法不一样，我一直主张高职院校要达到高水平，须抓学科建设，这是高职院校发展上水平的必由之路，早抓早受益，晚抓晚受益，不抓不受益。除非高职院校要办成职业培训机构，那就不需要抓学科和学科建设。学科是为专业提供教育资源和支持的，没有学科，专业办学就如同无源之水。没有学科支持的专业办学，可能保证底线的教育水平，但不可能达到高水平，更不可能有多少内涵和特色。当然，高职院校的学科和学科建设与本科高校有所不同，高职院校的学科更重视应用性、职业性，学科建设更强调人、职业和技术的有机统一。

教育的方式千万种，最终都要落实到课程上。课程质量高，则人才培养水平高；课程质量不高，甚至低下，则人才培养水平不高，甚至误人子弟。现在有“金课”和“水课”之说，“金课”应该是很少的，大家可以想一想，高校的“水课”是不是也很少？答案可能正好相反，“水课”很多。不解决这个问题，人才培养

质量是上不去的。提高课程质量，要抓学科建设，有了学科建设成果，就可以开出有质量的课程来，还可以在课程中不断充实有质量的知识和技术。我国高校教师是一个非常年轻化的队伍，可塑性强，提高自身素质和水平的空间比较大。学校要抓好教师培训进修，包括支持教师攻读硕士和博士学位，为教师提供更多接触实践的机会，补上教师缺乏实践经验的短板。这对咱们高职院校更有意义。

关于人才培养体系建设，还有很多工作要做，比如，优化教学过程，提高教学过程质量；加大教学资源开发力度，为师生提供更多高质量的教学资源；更新教学环境条件，打造智慧学习空间，开发虚拟教学平台；改革教学管理及相关制度，提高教学服务水平。因为时间关系，就不展开讨论了。

今天要跟大家谈的就是这些内容，希望能对大家有所启发和帮助。

谢谢大家！

第二十讲

关于上海工程技术大学改革与发展的几点思考*

尊敬的夏校长，尊敬的潘先生，各位领导，老师们，同学们：

大家好！

刚才同学们把他们一周来对学校的考察收获和思考向各位领导和老师们进行了反馈汇报，应当说明的是，这是同学们用自己的感官和视角所观察到的学校，还只是初步的意见。这些初步意见是同学们用第三只眼看学校获得的，而且还只是管窥，不是全方位的扫描，因为我们待的时间太短，只是点状地了解情况。我们与一些老师进行了访谈，与一些同学进行了座谈，跟一些领导进行了讨论。仅仅依靠这些很难对一所大学做出准确的判断，所以，我说我们只是管窥学校，不是大写意全景式地俯瞰学校。另外，同学们回去后还要进一步消化吸收学习调研所获得的丰富的材料和经验，对反馈报告进一步完善，最后向学校提交正式的反馈报告。

受同学们的反馈启发，我也把这些天来自己的观感和思考在这里向大家进行汇报。应该说，一进入校园，贵校图书馆以及周围的草坪和其他建筑给我们一种强烈的视觉冲击感，让我们感受到了学校的魅力。在接触了贵校的领导、老师和同学后，我们更感受到了一种精神的力量，我感觉这一周来自己始终处于一种持久的兴奋状态。下面我从四个方面向大家汇报。

---

* 本讲是2018年6月8日潘懋元先生和笔者带领厦门大学教育研究院2016级博士生访问考察团在上海工程技术大学访问考察反馈会上所做报告的文字整理稿。李文为整理文字初稿付出了辛勤劳动。

一、学校的亮点

几天考察下来，我深深地感到咱们学校是一所充满生机活力的大学，从领导到老师再到学生都信心满满，领导对未来信心十足，老师对学校忠诚有加，学生学习情绪高涨。这是一所在快车道上奔跑的大学，动力十足。在查阅学校档案资料、听取各方面介绍和走访考察后，我发现学校有以下三点特别亮眼。

第一，出身"名门"。这是大家公认的，我们观察到的也是如此。出身"名门"意味着咱们学校办学起点高，学校发源于上海交通大学，不是平地而起办学，是由上海交通大学的相关院（系）兴办起来的。在这一点上咱们学校相比其他很多大学因陋就简、零起点办学是完全不同的。从更深刻的意义上讲，上海交通大学的办学文化孕育了咱们学校，在今天的办学过程和学校文化中，我们还能依稀看到母体学校的印记。出身"名门"既是对学校历史的追溯和褒扬，也是对未来发展前景的期待。它应当与其他一般的大学发展要求不同。经过 40 年的发展，学校已经达到了一个高度，这非常难得。我们是不是可以畅想一下，未来 40 年，甚至再过一个 40 年，学校应当发展到什么样的新高度，这是学校发展的战略愿景，我这几天一直在思考，尽管有一些模模糊糊的考虑，但还没有形成明确的认知，一时半会儿很难描绘出来。

第二，合作教育的样板。从 20 世纪 80 年代中期开始，咱们学校就学习世界上著名的滑铁卢大学合作教育计划的经验，这是非常有先见之明的战略举措，对塑造咱们学校人才培养特色具有重要作用。今年我的一个学生的毕业论文就专门研究滑铁卢大学合作教育理念与实践。我前年到加拿大去访问考察的时候，不论是在大学还是在企业考察，大家都在谈 co-op（cooperative education）计划。在经过深入考察和探讨后，我发现加拿大的校企合作教育确实做得很好，尽管我国一直在推进校企合作，但没有像加拿大那样去把它做实了，把它做到法律化、制度化和体系化。加拿大做到了深度的、真正的校企合作教育。回国后我查相关文献，发现咱们学校 30 多年前就开始学习引进了校企合作教育并取得了显著成绩。当然，我国校企合作教育的法律问题、制度化问题还没有完全解决。咱们学校 30 多年前开始重视向加拿大学习校企合作教育，说明咱们学校在人才培养上很早就开始对标滑铁卢大学了。这种对标对于咱们学校来讲意味着什么？除了学习它的产学合作教育外，是否还意味着咱们学校可以学习借鉴滑铁卢大学整体建设和发展的经验，把它作为咱们的目标学校来考察？

第三，地方大学的领袖。教育部推行“卓越工程师”计划，纳入计划的高校有60多家，包括央属高校和地方高校。我对这60多家高校进行了统计分析，发现纳入计划的高校主要是以清华大学、上海交通大学、浙江大学等为代表的高校，像上海工程技术大学这样的学校很少，只有10所左右。这意味着咱们学校加入了国家高水平大学俱乐部，这是对学校办学水平和特色的肯定。教育部还在推新工科教育改革，咱们学校是地方大学板块两家牵头单位之一，而且咱们还可能成为唯一的牵头单位。这说明咱们学校教育教学改革在地方大学中走在前头，受到教育部高度肯定和重视。作为地方大学的领袖，咱们应当有什么新作为，在引领地方大学发展方面应发挥什么新作用？比如，咱们获得了两个新工科专业试点改革的资格，咱们把两个试点专业做好的同时，还应在更大范围进行深化改革试点，以期在更大范围取得改革经验。作为一所领袖大学，还应当拥有一种胸怀、一种包容的校园文化，使师生在一种宽松的环境中心无旁骛地投入教育教学。

二、关于英译校名

咱们学校校名的英文译名是 Shanghai University of Engineering Science，简称 SUES。如果按中文校名翻译，更准确的应该是：Shanghai University of Engineering and Technology。还有一种也说得过去，即 Shanghai University of Engineering and Science。在三种英文译名中，大家可以想一想，哪一个最好？我征求过一些领导和老师的意见，大家非常认同第一种翻译，我还有意问一些老师是不是翻译错了，但他们肯定地说没有错。我想，把校名翻译成 Engineering Science 而不是 Engineering and Technology，当时的建校者在斟酌校名译文的时候，对学校是不是有更多的期待？

毫无疑问，建校者在筹建学校的时候，对于要办一所什么样的大学是有所考虑的。我没有查阅学校档案，所以，不了解当初主事者的初心。不过，从英文校名来看，咱们学校不是工程大学，不是技术大学，也不是工程加技术的大学，而应当是一所以工程科学为基础的大学，是一所凸显工程科学基础地位的大学。工程科学不同于工程，不同于技术，也不同于工程加技术。我查了一下，百度上的定义为:“工程科学是现代科学、历史经验、文化、艺术和祖传生存技能的选粹结晶,是科学的重要组成部分。与基础科学研究主要由个人兴趣和好奇心驱动不同,工程科学是由人类社会生存发展的需求驱动的。工程科学能为社会、政府和政治家指明道路和方向。”从这个定义看,工程科学源于且高于工程和技术,它要解决的问题是生产和社会生活中出现的普遍的、复杂的技术与社会相互作用的问题,而非专注于解决某个具体企业具体的生产技术问题。就大学而言,重视工程科学,不是不要参与企业生产和技术攻关,而是不能专做这些事情,还需要从企业生产技术问题中超脱出来,因为工程科学要解决的主要是社会生产和生活中的复杂问题。

基于上述考虑,我们可以考察一下上海工程技术大学40年的办学重点聚焦在什么地方。从建校到现在学校发展主要集中在哪些方面,是技术方面,是工程方面,还是工程方面和技术方面并重?学校有没有进入工程科学领域?在考察电子电气工程学院的时候,院长介绍了正在构建的科学技术工程一体化办学体系,并且很详细地介绍了他的设想。该办学体系不完全对应产业链的技术面,而是要把科学技术与工程一体化。我想这可能比较符合工程科学的要求,学院办学开始展示出一种建立在工程科学技术基础上的积极探索。

三、对学校发展目标的初步理解

关于发展目标,学校党代会提出了一个很明确的设想:建设国内一流的高水平现代化工程应用型特色大学,而且提出了三大战略、八大任务,勾画出了学校发展的愿景和路线图。我觉得这个设想提得比较好,但同时也看到学校在有些场合提的目标是建成国内一流的高水平现代工程应用型特色大学。少了一个“化”字,这意味着什么呢?可能是笔误,漏掉了,但如果不是笔误,可能就值得斟酌了。尽管现代化和现代是相互交织、难以分割的,但两个概念也是有区别的。我们经常讲现代化,往往是指朝现代的方向去,越接近越好,最后达到现代,也就是去掉“化”。从这个意义上讲,现代化可能是一个动态的变化过程,是一个以实现现代为目标的行动过程。这样看来,就目标而言,以“现代工程应用”为目标可能更准确一些,可以让人更好地理解学校发展目标的关键点,从而对学校办学有更好的实质性的指导作用。另外一个需要明确的问题是现代工程应用是指什么?现代工程应用包括一切传统工程的内涵和属性，但也有新的内涵，集中表现在三个方面：第一，高技术集成化。现代工程都是高技术集成的。第二，重视人性化。过去很多工程既消耗材料，又消耗能源，还破坏环境，不可持续。现代工程讲究人性化，注重人与自然和谐相处、可持续发展。第三，重视全球化。现代生产和工程技术的应用越来越全球化，所以，现代工程应用往往是跨国性的，有全球性影响。

现代工程与传统工程不同，要建现代工程应用型特色大学，需要在现代工程的内涵和属性的基础上来思考问题。咱们学校提出了"一体两翼"的发展思路，这个思路很好，但对于如何落地可能还需要更充分的论证。传统上，咱们学校是一所工科高校，不可能建成复旦大学那样的综合型大学。我想从类型上讲，咱们学校应该是一所多科型大学，"一体两翼"是附着于多科型大学的，主要体现在多学科深度交叉融合发展上，即工程科学与经济管理和艺术的交叉融合，以满足现代工程发展的核心需要。因此，咱们学校构建"一体两翼"的学科体系，符合学校发展目标要求，它与构建现代工程或工程科学基础上的办学体系要求是吻合的。当然，构建"一体两翼"的办学格局不是短期内一蹴而就的事情，需要经过长期努力才能完全实现。

在相关文件中，我还看到学校提出建设现代工程应用型特色大学，要以学科建设为抓手。这无疑是对的，但学科建设抓什么、怎么抓，可能还需要进行更深刻的思考。很多高校一讲学科建设，就是抓博士点学科、硕士点学科立项或建设；重视科研，建实验室和相关科研平台；抓科研活动，包括科研项目申报、科研成果发表，等等。对咱们学校来讲，这些工作当然要抓，不抓是不行的，但不能只停留于这几项工作上，我们的学科建设还有更深层、更具有战略意义的工作。主要表现在：第一，抓好工程学科交叉融合，推进高技术集成。咱们学校开办了机械、电气、信息、交通、材料、化工等工科学科专业，不能孤立地办这些工科学科专业，要采取有效措施促进多学科交叉融合，发展高技术集成的学科专业领域。第二，做好经济管理和艺术学科与工科的结合。经济管理学科和艺术学科的发展不能画地为牢，也不能全面开花。这就是说经济管理学科不一定是发展全口径的各附属学科专业，艺术学科也一样，而是要发展能够与工科相结合的学科专业。这样才能建立一个聚焦发展的"一体两翼"学科专业办学体系，实现现代工程应用型大学发展目标。

四、关于教学研究型大学的认识

咱们学校党代会报告提出要建成具有学士、硕士、博士学位授权体系的教学研究型大学。什么样的高校可以称为教学研究型大学，学术界有很多文章和著作述及，但这些研究成果不是针对咱们学校的，指导意义不大。今天我们用一些具体的现象和指标来对教学研究型大学进行说明。在对咱们学校进行初步考察后，我有以下几点粗浅的认识。

第一，对教学工作有共识。我浏览了各学院网站几乎所有的栏目，发现关于教学，各学院网站的内容非常充分，关于本科专业设置、师资队伍、教学实验室、教学质量保障等都有比较丰富的内容，但关于研究，多数学院网站都是空白，不管是学科队伍、科研团队还是科研方向、科研成果等都没有内容。关于科研平台，有的学院网站有涉及，多数学院网站也是空白。这种情况说明各学院对教学有共识，但科研意识不强，至少在网络宣传上没有表现出浓厚的重视科研的共识。

第二，有专业意识。学校有关材料中介绍说有几个学科方向水平很高，凝聚了几代人的努力。但是，当我到一些学院去调研的时候，却发现大家谈来谈去就是学校开办了几个专业、建了几个专业实验室、做了哪些校企合作项目，完全听不到关于学科发展的谋划、做法或经验的介绍。有专业意识，但学科意识淡薄，这个现象比较明显。

第三，行政事务性工作受重视。我们到各学院去，看走廊和办公室墙上所发布或展示的主要是党建、行政、教学管理、学生活动等各种行政事务性文件、工作安排或通知要求，很少看到关于学术讲座公告、学术研讨通知、学术成果发布、知名学者宣传等方面的内容。学院是学术单位，既是人才培养单位，又是知识创新单位，还是学术研讨和交流单位，如果给人展示的只有行政事务性工作，很少甚至没有学术的东西，至少可以说明学术氛围不浓，学术文化稀缺。

上述现象与学校类型是有关的，如果仅凭上面几个现象就认定学校是教学型大学，不是教学研究型大学，可能还失之武断。下面再看几个简单的指标，更具体地看学校的表现。

第一，教师工作量。教师工作量可以从全校角度、各学院角度和教师个人角度计算，教师工作量一般由三部分构成：教学工作量、科研工作量和公共服务含社会服务工作量。如果教学工作量占到教师年度工作量的比例达到或超过 1/2，表明教师主要是在从事教学工作；科研和公共服务所占比例较少，表明教师在这两方面投入精力比较有限，相应地也就很难期望教师能在这两方面有很突出的表现或成就。当然，教学型大学或教学研究型大学的教师工作量并没有一个恒定的比例分配办法，但大体而言，是可以有所反映的。尤其是有多少教师的年度工作量中科研工作量所占比例超过了教学工作量，可以反映教师个人、学院和学校整体的工作状况。

第二，承担研究任务的教师占全部教师的比例。这个指标更加简单，就是看有多少教师做了科研，有多少教师没有做科研，承担研究任务教师的比例越高，说明学校科研开展的范围越广，科研受重视程度越高，反之，科研工作状况就越不能令人满意。

第三，教师归属科研平台的占比。一般而言，从教学角度看，每一名教师都会归属于某一个教研室或专业，这是教学的组织体系；学院应该还有科研组织体系，就是科研实验室、研究中心、研究院等科研平台，有院设的，有校设的，可能还有省市级的，甚至国家级的。教师归属科研平台的比例越高，说明科研组织工作越扎实，科研越受重视，反之，则说明科研可能是比较零散的，单打独斗式的，缺乏有效组织，科研成果也主要“靠天收”。

第四，教学研究型学院占比。全校二级学院数量不少，根据上述几个指标，可以计算出各学院教学与科研关系的情况，换言之，也就是可以大体明确有多少学院只是开展教学工作或只有少量的科研；有多少学院科研工作开展的比较多，可以归入教学研究型学院。教学研究型学院数量越多，学校离教学研究型大学的要求就越近。

第五，教师作为学科和科研评审专家的占比。高等教育本身还是一个共同体，一个地区、一个国家甚至国际上都存在高等教育共同体，这些共同体是由各高校组成的，更具体地讲，是由各高校的教师组成的。这些共同体有重叠、有交叉，大体而言，本校共同体在最内圈，国际共同体在最外圈，能够进入最外圈的人越多，表明学校的师资队伍阵容越强大，在校外发挥影响的人越多。这也可以作为衡量一所高校办学类型的指标，比如，如果一所高校基本没有人能走出本校共同体圈子，那么就很难说它是教学研究型大学。教学研究型大学应当有一批教师能够走出去，在高等教育共同体中发挥作用，这些教师在校外担任专家，说明他们的学术学科造诣和影响已被同行学者所认可。

上述现象和指标比较具体，可以为我们判断是否是教学研究型大学提供依据，还是如果有老师觉得还是抽象，那我们可以用更简单的办法来考察——看老师下课后干什么，是回家去，还是去实验室？或者看学生下课后干什么。有的学生下课了就回宿舍休息或去操场运动，有的学生下课后去图书馆复习，还有的学生下课后去教师研究室、实验室，或者跟同学一起召开讨论会。学生对学习的要求不同，学习的方式方法不同，很自然地，他们的发展也是各不相同的，这些最终会体现在作为人才的类型特征上。如果能够把这些情况弄清楚，进行数字化统计分析，就能明确学校的发展状态。

客观上讲，咱们学校现在可能处于教学型大学向教学研究型大学发展的过渡阶段，所以，学校提出建设教学研究型大学的办学目标是客观而适切的。因此，对学校发展而言，重视教学无可厚非，不仅要重视，还要抓出成效来，要更上一层楼。在最近一个时期，重视科研具有特别重要的战略意义，它是学校实现发展目标所必不可少的。必须高度重视、不断增加科研的比重。在上述几个指标中，不断提高科研占比的要求，才能积累教学研究型大学的内涵，完成学校发展的过渡转型。事实上，学校争取硕士点、博士点与学校类型高度相关，一所教学型大学要争取硕士点和博士点无疑是困难的，教学研究型大学也可能面临一些困难，但难度肯定会小很多。

如何建设教学研究型大学，不是一个简单的问题，而是一个重大的实践课题。今天我们没法在这里展开讨论。不过，我要特别指出的是，在这几天的考察中，我们看到了一些非常令人欣喜的倾向，发现了一些很好的经验做法。比如，在城市轨道交通学院，我们参观了滚动接触摩擦磨损和疲劳实验室，这个实验室开展了富有成效的研究工作。如果每个学院都有一批这样的实验室，教师们都能归入不同的实验室，从事相应的科学研究，办教学研究型学院的基础就牢固了。所以，咱们学校的发展方向是正确的，所采取的战略措施是有效的，教学研究型大学建设充满希望。

总之，经过几天考察，我个人和我的团队都强烈地感受到了学校的快速发展节奏。我们坚信，贵校的明天一定会更美好，建设高水平现代工程应用型特色大学的目标一定能够实现！

谢谢大家！

附　录

中美大学治理对谈*

大学治理是我国高等教育体制改革的重要主题，也是国际高等教育变革的热门话题。完善中国特色现代大学制度的主要任务之一是推进大学治理体系和治理能力现代化。2013年笔者承担了国家社科基金课题“现代大学制度——历史与现实的反思”的研究任务，按照计划，2015年7月26日至9月10日，应波士顿学院教务长大卫·奎吉利先生邀请，笔者赴波士顿学院访学，开展课题的国际比较研究。2002年笔者曾在该学院访学半年，那次访学研究的题目是“美国大学本科教学研究”。两次访学的合作教授都是菲利普·阿特巴赫先生。阿特巴赫教授曾经任职哈佛大学、威斯康星大学麦迪逊分校、纽约州立大学布法罗分校、波士顿学院等知名大学，是国际著名的高等教育研究学者，对发达国家和发展中国家高等教育研究得很多，成果丰硕，对欧美大学、亚洲大学和拉丁美洲大学发展知之甚深，有很多独到的见解。这就是为什么选择他作为访学合作教授的主要原因。访学期间，笔者与阿特巴赫教授就现代大学制度问题进行了多次交流。回国前夕，笔者与他相约，就中美大学治理问题进行一次深入的专题讨论和交流。2015年9月8日，专题讨论在波士顿学院林奇教育学院国际高等教育研究中心的一间办公室举行，正在哈佛大学和波士顿学院两校做富布莱特学者的北京大学教育学院蒋凯副教授和在波士顿学院访学的北京理工大学教育学院刘进博士应邀参加了讨论。讨论涉及中美

---

* 本文已在《清华大学教育研究》2016年第4期刊发。

大学治理体系、利益相关者的作用以及大学治理的变革等多方面内容，令人受益良多。这里将以笔者（简称“别”）和阿特巴赫教授（简称“阿”）对谈的方式呈现这次专题讨论的主要内容。

一、大学治理结构

大学治理功能主要是通过一定的结构实现的。可以说，有什么样的结构，就有什么样的治理功能。治理结构主要是职责权限的关联关系，主要表现为治理主体之间的关系，核心是权力关系。弄清楚了治理主体的权力及相互之间的关联关系，就能把握治理结构。大学治理结构受到很多因素的影响，有外部的，也有内部的。毫无疑问，国家政治体制对大学治理结构有重要的规制作用，但治理理念和传统的影响也不可忽视。中、美两国由于政治体制、文化传统和环境的差异，两国大学治理理念有着不同的内涵，治理结构呈现出不同的特点。

别：大学治理在中国是一个新事物，治理理念为中国大学所接受的时间不长，但其无疑已经得到政府和大学的认同。中国大学实行的是党和政府统一领导管理体制，大学享有法律意义上的独立地位，实际上仍属于党和政府的下属机构。在我看来，中国大学治理是一种授权治理，也就是说，党和政府赋予大学什么治理权限，大学就享有多大的权力。

治理改革推行后，大学办学自主权逐步扩大，但学术委员会或教授会的权力还很有限，院（系）缺少办学自主权，主要根据学校领导和行政部门的要求办学。可以说，大学治理在政策上已经得到明确，但治理改革仍处于起步阶段。

阿：关于美国大学治理，我的观点是：第一，美国大学的理念很好，这就是分享治理理念。我不赞成欧洲大学的民主选举。我认为，大学需要专业化的行政，尤其是在大规模大学和庞大的高等教育系统中。教授们缺乏时间、精力、兴趣以及经验，难以成为优秀的管理者。所以，我认为，美国大学的分享治理传统很好。第二，美国大学治理的传统正在以危险的方式丧失，因为教授会的权力正在慢慢地转移给行政机构和董事会，比如，一些决策权力。我对此感到非常遗憾。

你们知道，美国大学是自治的。在研究型大学和其他各种类型的大学中，治理所发挥的作用是各不相同的，很难一概而论。而且，每一所大学都有自身的自治传统，它们的自治就建立在这些传统的基础之上。美国大学的管理理念是教授治校，教授会的职责范围主要有：第一，教师聘任；第二，招生，主要是确定招生的基本标准；第三，课程。这是教授治校的三个基本的核心价值所在。

别：中国大学治理是以现行的党政领导管理体制为基础的。从改革的要求看，中国大学治理主要在两个层次展开：一个是校级层次，通过完善学术委员会制度，建立党、政、学三位一体的治理架构。加强学术委员会的权力是主要任务。一个是院（系）层次，主要通过扩大院（系）办学自主权，建立院（系）教授会，完善院（系）自主办学体系。中国大学通常实行校、院（系）两级管理，以学校为主，院（系）为辅。

阿：美国大学的基本行政建制由三个层次组成——校长及行政职员；学院院长及行政职员，包括副院长等；学系及系主任。从形式上讲，这些人员都是由董事会正式任命的。实际上，在多数大学的学系层次上，系主任由系的全体教师选举产生，学生在系主任的产生上不发挥影响；在学院层次上，院长不是由选举产生的，教授会对院长的聘任有重要影响。院长由校长任命，校长批准后往往自动地为董事会所认可。系是美国大学的核心部分。系通常要对所开设课程的教师的聘任和晋升、系主任选拔、学系工作领导等进行有效的控制。

别：显然，中美大学的治理体系是存在差异的。就治理体系各层次的权力配置而言，在中国大学，在学校层次和院（系）层次都有党政两套体系，权力主要集中在大学党政领导、各党政职能部门和学院（系）院长（系主任）、书记手上。大学党委会（常委会）、校长办公会（行政办公会）和院（系）党政联席会议是议事和决策机构，但成员还是各层次的党政领导，所以，党政领导掌握了大学的主要治理权力。校、院（系）的学术委员会和教授会不具有否决党政会议决策的权力，也不能影响各层次党政领导的任职。因此，中国大学治理具有补充性，是党政领导管理体制的补充机制。

阿：在美国大学，校、院、系三个层次的权力配置差别很大。美国大学的校、院领导采取的是任命制度，在这一点上，与欧洲大学是大不一样的。在欧洲大学，各层次的行政领导都是选举产生的。在任命制度下，大学的行政具有统一性。美国大学的行政领导往往没有特定的任期，他们的任职年限取决于他们自己的意愿、董事会和校长的意愿。实际上，他们的任职常常是非常稳定的，极少出现校长对某人不满意将他解聘的现象。即使有，也非常少见。就波士顿学院的情况看,好像只有前任教务长是这样。她人很好,担任教务长的时间很长,但她很突然地就离开了学校,大家对此觉得不可理解,有很多不同意见。因为校长对她很不满意,所以,董事会就通知她最好马上离职,不然,就解聘。所以,她就辞职了。

美国大学学院的多数决策都是集体决策。学院都有理事会(院务会)。在波士顿学院的林奇教育学院,理事会的组成人员包括院长、三名副院长和系主任。学院现有四个系,四个系主任都是学院理事会成员。他们要定期开会,可能一周一次或两周一次,比较频繁。学院各研究中心的主任不参与学院理事会,我过去作为国际高等教育研究中心主任直接向院长报告工作,但我不是学院管理团队的成员。

别:在中国大学治理改革中,学术委员会和教授会是重要的治理机制。中国各大学正在陆续制定章程,对学术委员会和教授会的职能和议事程序进行规范,以落实教授治学。有的大学做得比较简单,就是在学校层次设立学术委员会或改组原有的学术委员会;有的大学做得比较复杂,比如,厦门大学不但在学校层次设立学术委员会、学位评定委员会,而且在学部层次设立学部委员会,还在学院层次设立学术分委员会、教授会、学位评定分委员会等。

尽管各层次的委员会都有自身的职责权限,但总的来讲,下级服从上级是一个基本原则,较低层级的决定都不是最终决定;而且即使是校级委员会的决定,也往往需要得到党政机构和领导的批准。不论哪个层次的学术委员会,对党政领导的任职都没有影响,在他们的职责中都不涉及党政领导的任免,哪怕是考核、审议职责也没有。相反,各级学术委员会从职责范围、组成人员、工作程序到实际发挥作用,无不需要接受各级党政领导的管理。各大学在改组学术委员会的时候,减少了组成人员中党政领导的数量,以保证学术委员会工作的相对独立性,但如何协调学术委员会与党政领导管理的关系,仍是值得重视的关键问题。

阿:美国大学实行教授治校,而且主要是在学系实行。当然,各大学的情况差别也很大。比如,波士顿学院曾经在学校层次有一个教授会,现在没有了,部分教授试图在学校恢复教授会,向校长和董事会提出:“我们要把教授会建立起来,我们认为学校需要教授参与治理。”但校长说:“不,我们不需要。”教授们只好说:“那就这样吧!”哈佛大学有一个全校统一的教授会,但各学院没有教授会。教授会成员由教师选举产生。有些大学教授会的权力很大,比如,加州大学伯克利分校的教授会权力非常大,哈佛大学教授会的权力也很大。其他大学的教授会则没有那么大的权力。

但就治理结构而言,这却不是重要的。在很多大学中,教授会会赞同大学行政的基本原则,很少与学校的行政决定唱反调。通常的情况是,两者之间会先进行非正式的沟通。教授会成员也不会主动找事,他们要做自己的事情。他们要做研究,要教学。行政部门要负责大学运行,教授会成员对行政部门的要求是:"不要打扰我","不要浪费我的时间","你办你的大学,我做我的学术"。有时可能会出现侵犯学术自由的问题;有时可能会出现教师任免问题;有时校长或院长做了一些愚蠢的事情,让教授会不高兴;有时在一些大学还会出现教授会与行政之间关系不和谐的问题。当然,这些都是很少见的。

美国大学行政领导的去留主要不是由底层决定的,而是由顶层决定的。教授会可能对系主任、院长甚至校长有很多意见,但在多数情况下,校长和董事会会说:"我们对他有信心,尽管你们有意见,但我们不在乎。"有时,院长觉得教授会对自己没有信心了,就会辞职。但有时院长也会说:"这只是部分教师的意见,我不在乎,只要校长对我有信心,我就继续干。"后一种情况可能更常见。

二、利益相关者在大学治理中的作用

大学治理的基本逻辑在于大学是一个利益相关者构成的组织,不同的利益相关者群体的利益都应当受到尊重和保护,利益相关者的权利应当由合法的治理机制来维护。不论是在中国还是在美国,大学都已经成为多元利益相关者参与其中的复杂组织。传统、单一、集中、简单的管理结构已经无法满足大学的功能需求,需要多方治理主体的合作共治。但是,这并不意味着各利益相关者在治理结构中具有同等的地位和权利、发挥同样的作用,更不是说大学决策要通过各利益相关者采用民主投票的方式。中美大学治理结构不同,治理主体发挥的作用表现出明显的差别。

别:大学治理的基本逻辑是尊重利益相关者的权利,在大学运行中通过适当的组织机制发挥他们的作用。在中国大学治理改革中,涉及的主要利益相关者除了传统的党政、行政管理团队外,主要还有教师群体和有关社会企事业单位。中国大学完善学术委员会或教授会组织的努力就是要发挥教师群体的作用;建立董事会或理事会是为了发挥有关社会企事业单位的作用;部分大学在各种委员会中包括了学生委员,试图发挥学生的作用。

阿:在美国大学中,分享治理的主体只包括教师和行政领导,有时候也包括董事,但不包括学生,不包括校友。

别:尽管中国大学治理要强化教师在办学中的作用,但实际上要做到这一点难度是很大的。党政领导及其职能部门的权力很大,他们的影响在大学中无处不在,从校园建设与维护到课程教学,都是党政领导和行政职能部门负责的。教师个人和群体在大学管理中无从发挥作用。旧的学术委员会的组成人员基本上是各级党政领导,普通教师进不去。大学推行治理改革,首先要加强教师的作用。所以,很多大学党政领导主动退出了学术委员会,有的大学要求学术委员会主任委员由不担任党政职务的教授担任。虽然学术委员会的制度更加规范了,但它如何发挥作用的问题还没有得到解决。有的大学将学术委员会办公室放在教务处,有的放在科研处或研究生院,由处长或院长兼任学术委员会秘书长。

阿:在美国大学中,政策出自行政部门,而非教授会。从法律角度讲,大学行政可以做它想做的任何事情,但传统上教师的权力也是很大的。在政策出台前,大学行政部门通常会征询教授会或类似的委员会的意见:"你们有反对意见吗?"只有在少数情况下教授会才会说:"是的,我们不赞成。"尽管如此,大学行政部门还是可以执意而行的。但一般情况下,如果教授会提出了不赞成的意见,大学行政部门是会妥协的,他们会说明要这么做的理由,同时与教授会协商,达成一致,对原先的主张进行一些修改,这样一来,最终付诸实施的政策与先前的就是不同的。大学行政部门与教授会就是通过这种方式进行合作的。这种情况是普遍的。在美国,大学的声望越低,教师的权力越小。在社区学院,教授不拥有权力,他们主要通过教师工会施加影响。在少量的情况下,教师们会游行示威,但大多是为了薪酬,而不是为了学术问题。

别:教师聘任和晋升对大学学术水平和质量有重要影响。在中国大学中,这方面的事务曾经完全由学校党政领导和人事部门负责,教师基本不参与其中。教师职称评审委员会成立后,部分教师参与其间,但作用非常有限。现在,教师聘任工作越来越复杂化,这也说明大学治理对其产生了影响,但相关运行机制还不成熟，部属大学和省属大学的差别也很大。这典型地表现为省属大学的教师招聘不完全是学校的事情，省级政府人事部门还掌握着相当的权力。在大学内部，也还存在校、院（系）的职权分配欠合理，行政部门和学术委员会的权力界限不清晰等问题。比如，院（系）考核通过的人选，如果通不过学校人事部门的审查，是不可能被聘任的。院（系）学术委员会考核通过的人选，如果院（系）领导不认可，也是不行的。

阿：在美国大学中，学校行政部门在教师聘任和晋升方面有一定的权力。例如，要聘任新教师，首先要得到校长的批准。如果教师退休或离职出现职位空缺，有时校长也会说“不”。比如，如果我退休了，他们会把我的职位拿回去，交给校长去决定。他们可以想做什么就做什么。通常情况下，是行政部门告诉你可以聘用新教师。其次，学院院长将会同副教务长任命一个招聘委员会（简称“聘委会”）负责。聘委会一般由几位学系教授会成员、一两位其他学系教授会成员和几位行政管理人员组成。通常情况下，作为学院高级行政管理人员的院长是不参加这个委员会的。院长会任命一位教授任主席，其通常来自招聘教师岗位所在的学系。

聘委会会发招聘广告，在全国范围内招聘，对应聘者进行考察。在招聘中，其会建议 2～4 位应聘者到校面试，应聘者要跟系里的教授谈话，了解教授的研究成果，并与学生见面。在这些考察的基础上，聘委会会给院长提供一份建议名单，一般建议 2～3 位候选人。通常情况下，院长会与所有候选人面谈，再向教务长提出建议人选，最后由教务长做出正式的聘任决定。所以，从形式上讲，教师是由校长聘任的，但实际上，是由教授会聘任的。越是在高水平大学，教授会的权力越大。例如，在哈佛大学，教师聘任基本上是由教授会决定的，院长对教授会的决定几乎不会说“不”。越是在水平一般的大学，行政领导的权力越大。

别：中国大学院（系）领导不但拥有行政管理人员的身份，而且都确定了行政级别，比如，正处级、副处级。院（系）领导的任免与学校党政部门领导任免相似，所不同的是，院长（系主任）的任免可能会征求教师的意见，但教师的意见究竟发挥了多大作用却是不公开的，没有人知道。令人不解的是，治理改革非常重视学术委员会的作用，却没有在院（系）领导的任用中发挥学术委员会的作用。当然，不同大学的做法也有很大的不同。尽管如此，各大学的党政领导发挥了主要作用是确定无疑的。近年来,有的大学采取了竞聘上岗、国际招聘等方式,以增加透明度,扩大选人、用人的范围。但由于大学行政文化、院(系)行政级别、工资待遇等的影响,学校党政领导依然主导着院(系)领导的聘任。

阿:美国大学校长在行政领导的聘任和晋职方面的权力很大,可以否决聘委会建议的候选人。波士顿学院就有过这样的案例。教育学院要聘用院长,因为院长工作的难度非常大,所以,选聘工作并不简单。聘委会选聘了一位他们喜欢的候选人,而且已经得到了现任院长们的认可,名单呈报给了校长。但校长说:"我不喜欢这个人。"结果这位候选人就落聘了。之后,校长组织了一个新的聘委会,启动又一场聘任工作。每个人都对此感到很失望。虽然这种情况不常见,但它发生了,校长利用他的权力做到了。我们不了解背后的原因究竟是什么,也许是应聘者对薪水要求过高。总之,为什么没有聘用聘委会推荐的候选人,校长没有解释。他没有说"因为她要求的薪水太高了"或者"她关于学院的发展愿景我完全不能接受"。在这个案例中,我们的校长就是这样一个人。在哈佛大学中,这种情况是不可能发生的,因为教授会的权力非常大。教授们对校长会有很多抱怨,所以,这样的事情校长是不能做的。如果哈佛大学校长要做类似的事情,必须非常谨慎地对为什么要这么做向教授会做出解释。

别:在中国大学中,教师对校长和其他领导有意见的情况很常见。但抱怨归抱怨,教师并不能影响校长和其他领导的任用。大学领导拥有无可争议的权威,办学的重大决策无须经过学术委员会或教授会审议,只需校长办公会或党委会(常委会)讨论决定,所以,教师的意见并不被重视。校长和其他领导的任免是由中央和地方党委组织部(党组)负责的,任用考核可能征求少数知名教授的意见,也可能完全不征求意见。大学领导与教师的关系,在很大程度上是一种上下级关系。传统上,教师如果不担任行政职务,只担负教学和研究等工作的话,他是没有机会参与大学治理的,也就无从影响大学行政,更不可能对校长或其他领导的去留发挥影响。

阿:校长与教师的关系在美国大学是很复杂的。令人吃惊的是,在多数大学中,校长与教师相处得很好。有时,大学校长会做一些教师不赞同的事情,但在多数情况下,教师都采取了闭嘴的方式,不说什么。在有些情况下,教师可能通过他们的代表发表不同意见。只有在极罕见的情况下,他们会对校长进行信任表决,我们将这种情况称之为“核威慑”,如果教师真的提出了“我们要求校长辞职”的强烈要求,校长只好辞职,就像哈佛大学前校长萨默斯那样。但在哈佛大学中,尽管教师认为是他们控制着大学,对大学施加了很大的影响,但实际上,他们需要很长时间才能获得足够的支持,然后,才能采取投票表决的方式来表达反对意见。不过,在多数大学中,尤其是在研究型大学中,虽然教师对校长投了不信任票,但校长依然不为所动。因为教师并不掌控他的职位,只有董事会才能掌控他的职位。实际上,如果教师投票表决对校长不信任的话,董事会和校长自己都会认真对待,因为这是一件大事。校长不会简单地回应:“好,我辞职。”

别:大学的人才培养工作自招生开始。中国建立了非常有效的高考制度。不论是招生计划的确定还是在招生考试与录取方面,大学都必须遵循政府部门的计划要求,大学在招生方面的自主权是有限的。在大学内部,招生录取工作主要由招生部门和学校领导负责,教师少有参与权,学术委员会的职权一般也不涉及。有的大学可能组织教授参与招生宣传,尤其是在高水平大学中,一些知名教授受学校邀请到中学去举办讲座,以吸引优秀生源。在一些有自主招生权的大学中,有的教授被邀请参加自主招生命题和考试。总的来讲,中国大学教师在招生工作中的参与权是非常有限的,学校领导和招生人员的权力非常大。

阿:美国大学的招生情况要更复杂一点。教授会有一个招生委员会,它负责向校长和招生办公室就招生的一般政策、招生程序、招生标准及重点等提出建议。所以,教授会对招生是有影响的。但实际上,与中国的情况一样,招生办公室主任的权力非常大,而且美国大学招生体系也是很专业的。在波士顿学院,招生的选择性很大,每年都有约25000人竞争约2000个本科生招生名额。实际招生过程中,美国大学教授会对本科生招生发挥的作用为零。研究生招生与本科生招生完全不同,研究生招生中各方都有职权,都发挥影响。在研究生招生中,教授会的作用达90%。这里所说的是美国精英大学的招生情况。

美国没有与中国类似的高考。在中国,大学可以依赖传统的考试选拔学生。你的考试分数如何,你就上什么学校,其他的都不重要。在美国申请上精英大学,不仅要有学术性向测试(SAT)成绩要求,还要有中学的推荐、中学成绩、个人陈述等。有些大学,比如,哈佛大学和芝加哥大学还要面谈学生。面谈不是老师与学生谈,而是由一位校友去谈。具体做法是:如果我住在芝加哥,我要申请上哈佛大学,哈佛大学招生办公室将在芝加哥找一位校友跟我谈话,然后他会向哈佛大学招生办公室提交一份简略的面谈报告,说明与我面谈的情况,反映我的一些基本情况,另外,要做出评价。

别:民主是中国大学重视的价值,民主参与被看作大学治理的基本原则。民主参与的主要组织是教师工会,中国大学都成立了教师工会。通过教职工代表大会,教师工会审议校长报告,对学校工作提出意见和建议。有的大学的教职工代表大会比较规范,每年召开一次;有的大学不常开,基本不发挥什么作用。当然,教师工会非常关心教职工的福利待遇。不能忽视的是,无论是教师工会,还是教职工代表大会,都受学校党委的领导。

阿:民主参与在美国大学好像没有对应的要求。如果一定说有的话,部分大学成立的工会可能算一个。研究型大学中根本就没有教师工会组织,所以,压根儿就不存在教师工会。但在我曾经工作的纽约州立大学就有一个工会组织。它是一个州工会系统的组成部分,尽管纽约州立大学的教师每次表决的时候都会说"我们不需要工会",但因为它是规定必须有的,所以就存在了。在四年制大学中是否建立工会由教师表决决定。只有非常少的四年制大学成立了教师工会,50%左右的社区学院成立了教师工会。在美国,教师工会对课程、教学、治理等没有任何影响力。教师工会可以通过集体谈判发挥影响,在不同的大学,其作用大不一样。它们的影响力在各州差别也很大,它们在教师薪酬方面有一定的影响,有时对教师的工作环境也有一定的影响。大学还有一些职员工会组织。不论是教师工会还是职员工会,在美国大学治理中发挥的作用都不大。

别:大学生是大学的主要利益相关者,但如何发挥大学生在大学治理中的作用,却还缺少有效的机制。以往大学生主要通过学生会在自我管理方面发挥一些作用,对大学事务包括课程、教学在内都不发挥作用。在大学治理改革中,部分大学在一些相关的委员会中规定了学生代表。比如,北京大学在校务委员会、监察委员会中要求有学生代表参加,尽管有这样的规定,但对学生实际发挥的作用却并不能期望过高,因为这些组织本身就很不健全。有的大学建立了校长早餐会、下午茶等机制，保证校领导与学生之间能够进行有效的沟通。还有的大学在学生中建立了信息员制度，为学校掌握与学生相关的各种情况和信息提供了便利。尽管如此，大学生在大学治理中的作用还是非常有限的。

阿：大学生在美国大学治理中几乎没有作用，这是确定无疑的。在一些大学委员会中确实有学生代表，比如，在教师聘委会中会有一名学生代表，在少数公立大学的董事会中会有学生代表。纽约州立大学的董事会中有两名学生代表，而董事会组成人员达25人之多，所以，学生只占很小的比例。在少数大学的理事会中有学生代表。尽管在一些委员会中有学生代表，但与欧洲国家大学情况不同的是，大学生在美国大学治理中的作用是微弱的。出现这种差异的原因在于美国大学传统上没有赋予学生权力。

尽管美国社会是民主的，但大学的民主是非常有限的。我认为大学不是民主化的。我对学生权力不看好。学生缺乏经验，难以在大学决策中扮演重要角色。很多人不赞成我对学生参与的看法，但问题的焦点是美国大学没有学生参与治理的传统。

别：校友是大学的利益相关者，中国大学在这方面的认识进步很大。很多大学都建立了校友会组织，学校领导也加强了与校友的联系。但这种联系更多地表现为增进感情，发挥校友的筹资能力，发动校友为学校捐赠，以筹集更多的办学资源。校友会几乎不参与校政，在大学治理中不发挥什么作用。但一些大学成立的校务委员会、董事会、理事会等组织中，一些事业成功的校友往往名列其中，在学校治理中发挥个人的作用。由于多数大学没有成立校务委员会、董事会、理事会等组织，所以校友发挥的作用也是非常有限的。

阿：美国大学都有校友组织。校友会还会选举一位理事长，他们中的很多人会给大学捐款。他们可以与大学高级行政管理人员见面交流，可以对大学的高级行政管理人员发挥一定的影响，但是，他们没有任何法定的责任。在我看来，校友在大学治理中的作用不大。前面谈到校友参与招生工作，但这却不是直接的治理。尽管校友在捐赠、招生等方面的作用是很大的，但其在治理中不发挥直接的作用，对大学运行没有什么影响。

三、大学治理的变革与趋势

大学治理不是一种时尚，不是某个时期的偶然产物，而是高等教育体制变革的要求。一旦高等教育发展的内外环境发生改变,大学治理结构也会发生相应的变化。尤其是在大学治理制度欠完善的国家,治理变革更是不可避免的。就国际趋势而言,21世纪以来,全球化、国际化和市场化浪潮席卷全球,作为学术组织的大学在国际变革趋势中既扮演着动力源的角色,同时也受到这些变革的深刻影响。中美高等教育发展阶段存在差异,大学治理理念和治理结构不同,在应对国内外环境变革的进程中所采取的方式方法具有鲜明的国家特色。

别:大学治理变革是一种国际趋势,很多国家在大学治理中谋求国际影响。比如,有的国家的大学建立了国际性的发展战略咨询委员会,邀请其他国家或国际组织专家参与大学治理。中国大学治理也在走向国际化,其中主要是一些高水平大学。比如,清华大学、北京大学等在学科专业评估中尝试国际评估,教育部高等教育教学评估中心在部分“985工程”大学教学审核评估中邀请国际专家参与专家考察组。部分中国大学派出和组织管理干部到国外大学接受培训或考察学习,以借鉴其他国家大学治理的经验。可以说,国际化对中国大学治理的影响呈增强趋势。

阿:在美国,国际化、国际组织对大学治理没有影响。这里说的主要是美国的研究型大学,这些大学中没有建立国际性的治理机构。所以,在美国大学中你看不到国际性的委员会,原因可能是美国人觉得自己无所不知,他们没有什么需要向外国学习的。尽管这是很愚蠢的想法,但人们就是这么认为的。但有些大学在世界各地建立了自己的校友会组织。波士顿学院在一些国家建立了校友会,在中国就有一个。我曾经收到上海的波士顿学院校友会邀请。哈佛大学也有类似的组织。这些大学都有非常庞大的国际学生群体,建立了广泛的国际联系网络,对学校的捐赠也很多。不久前,哈佛大学公共卫生学院获得了建校近400年来最大的一笔捐款,捐赠者是一位来着中国香港地区的校友。公共卫生学院因此以他的名字命名。我非常赞同这种方式。当然,在波士顿学院,也有这种情况,林奇教育学院就是这样来的。皮特·林奇在波士顿建立了金融公司,成为亿万富翁,几年前向教育学院捐赠了一笔资金,虽然资金不是特别大,但教育学院仍以他的名字命名。我退休前的职位是莫兰讲座教授,这个职位是由一位捐赠者支持的,但莫兰并不是捐赠者的名字,捐赠者要求用另外一个人的名字命名。所以,校友可以以很多方式对研究型大学发挥影响，但却不是通过参与治理发挥影响的。在我担任莫兰讲座教授的时候，我被要求每年必须向莫兰先生和捐赠者提交一份工作报告。他们要了解所捐赠的资金都用到哪儿去了。但就国际化而言，他们对美国大学完全没有影响。

别：国际校友是一所大学国际影响力的重要表现。中国大学非常重视国际学生的招生，当然主要是指高水平大学。很多大学将招收多少国际学生列入工作目标，主要目的并不是为了增加收入，而是为了提高国际化程度。过去中国大学招收的国际学生主要来自发展中国家，以学习中国语言和传统医学为主，现在生源国越来越广，国际学生就读的学科专业面也越来越宽，涉及众多人文社科领域和科学工程领域。但国际学生还是以学习为主，在这一点上与中国学生类似，基本不参与大学治理。一些国际校友较多的大学在国外成立了校友会，它们对母校的支持很大。厦门大学在东南亚很多国家都成立了校友会，校友对厦门大学的捐赠源源不断，对办学发挥了重要作用。但国际学生和校友对大学治理似乎没有明显的作用。

阿：美国大学吸引的国际学生很多，但我认为国际学生的增加对大学治理的影响是很小的。尽管与国际学生增加有关的变化是少数族裔教师人数有所增加，但他们，尤其是亚裔，在教授会中不是主要角色，他们在大学治理中不太活跃。除了很少的一些人外，在大学治理中，他们大多不习惯发声，不习惯发表不同意见。美国的新移民还很难影响大学制度，一般来讲，他们只是供职于大学，得到了聘用，尽职尽责而已。他们很难成为这个制度的一部分，除非他们出生于美国，在美国接受了完整的教育。我认为这种情况也会发生变化，很多美籍亚裔在文化上完全美国化了，他们会以美国人的方式行事。他们的人数在增加，他们个性鲜明，参与意识强。波士顿学院为此也制定了国际化战略，组成了一个委员会负责国际生事务。

别：市场对大学的影响越来越大，市场化对很多国家的大学治理也有一定的冲击。在计划经济向市场经济转型中，中国大学受市场影响日益显著。从大学的角度看，有的受市场影响是被动的，有的却是主动的，也就是说，是大学主动的选择。比如，教师招聘与人才引进受市场影响很大，与之相适应的教职工薪酬待遇也受到市场的影响；部分大学创办了自己的科技产业公司，还有更多的大学加强了与企业的合作，政府对此也是鼓励的，提供了一些优惠政策。在大学治理中，企业发挥的作用主要表现为筹资和支持办学，对学校发展提出咨询建议等。比如,中南大学董事会包括了大量来自企业的代表,其副董事长候选条件是大型集团公司主要负责人或来自捐赠总额较大的单位,或是捐赠总额较大的个人,或来自毕业生就业人数高度集中的单位等。教育部还规定大学理事会中应当有企事业单位代表,以发挥社会合作方对大学办学的咨询、协商、议事与监督作用。

阿:市场对美国大学确有一定的影响。例如,若干年以前,加州大学伯克利分校就曾被要求与一些生物科技公司建立合作关系。实际上,这也带来了一些产权问题。麻省理工学院一贯重视与所在城市剑桥市的科技公司或生物科技公司建立非常紧密的关系。斯坦福大学也是这样。但波士顿学院则完全没有。这也许是因为波士顿学院在技术领域做得不是很好,也许是因为波士顿学院传统上就不重视公众关注的这些领域,也许是因为波士顿学院就不需要这些资金。所以,美国各大学之间的差别是很大的。

别:社会专业学术组织与大学的关系是密切的,中国的社会专业学术组织正在成长中,对大学办学有一定影响。这些专业组织的成员主要来自大学,他们对大学的影响有的是直接的,有的是间接的。比如,各种教学指导委员会受政府委托,对大学专业教学发挥着重要的规范、指导和评估作用。有些社会评估组织定期发布评估报告或大学排名,引导社会公众舆论,进而影响大学办学。总体来看,除了教学指导委员会外,社会专业组织对大学治理的影响表现为非组织性和随机性。

阿:这是一个有趣的问题。在美国最典型的是美国大学教授协会(AAUP),它曾经是一个代表教师的专业组织,在学术自由问题上发挥着重要影响。在过去20多年里,美国大学教授协会对学术自由的影响变得越来越令人难以理解。在有些情况下,教师工会和美国大学教授协会交织在一起,很容易让人将二者混为一谈。传统上,是美国大学教授协会在保护学术自由。如果我是大学终身教授,我被解聘了,认为受到了不公正待遇,学校解聘我的理由是不正当的,我可以去找美国大学教授协会,告诉他们:“我被解聘了,受到了不公正对待,请你们去调查我的案子。”美国大学教授协会就会说“好”,于是展开调查,发表调查报告。通常情况下,大学的态度是“少管闲事,离我们远一点”。如果是这样,美国大学教授协会就会将该大学列入侵犯学术自由大学的名单。现在这份名单上已有约30所大学的名字。但这不能改变什么,人们不会将列入黑名单当回事儿。结果是美国大学教授协会没有什么权力，也可以说没有任何正式的权力。现在它的权力似乎有所增强，但也只增强了一点点。在教授会看来，美国大学教授协会是一个大麻烦，它使教授会流失了很多成员，它不清楚自身是教师工会组织还是专业组织，它也不知道如何发挥领导作用。这个组织现在非常困难。

别：现在几乎全球大学都面临财政困难，中国大学也不例外。与其他国家不同的是，中国大学的办学经费增长很快，需求增长也很快，但供给显然赶不上需求的增长。所以，政府鼓励大学与企业合作办学，更多地利用企业的资源，获取企业投资。在大学内部，只能首先保障基本办学需要，再进行重点投资，扶持优势、特色学科专业发展。中国大学仍属于成长型的大学，学科专业数量、在校生数量、教职工人数、校园建设面积等都在增加，办学经费也在增加，还没有出现因经费短缺而关闭的大学，因经费不足而裁减教职工人数的也极少见。从这个意义上讲，经费不足对中国大学治理的影响主要表现在发展战略的选择上，也就是对新项目的支持上。

阿：经费不足对美国大学办学影响很大，对美国大学治理也有重要影响，首当其冲的是教授终身制面临挑战。统计表明，全美大学只有50%的新聘教师获得了终身制，其他人都是兼职合同制。因为只有终身制教师拥有合法地参与各种委员会的权利，而其他教师不拥有这方面的权利，所以一大批人虽然身处大学中，但却不是这个系统的成员。在我看来，这种状况糟糕透顶。因为大学需要每一个人的忠诚投入。全国统计数据可能让人产生疑惑，各大学之间的情况差别也很大。在波士顿学院，终身制的新聘教师占到80%或更多，我们没有多少兼职教师。兼职教师的职责主要是教学，不是科研。我相信哈佛大学的情况也一样，其终身制教师的比例可能更高。但在那些声望较低的大学、大众化入学的学院，特别是社区学院，其全职教师的数量相对就很少。这是非常危险的！

后 记

历时一年，完成了书稿的整理和编撰，我终于松了一口气，可以“交差”了。

与其他书稿不同的是，这部书稿的大部分编撰工作不是在工作室完成的，而是在病房、酒店和旅途中抽空来做的，个中甘苦只有我自己知道。

犹记得，2019年8月，带着爱人去我国的宝岛台湾看病，因为朋友提供了热情而周到的帮助，使我在照顾爱人之余，能够抽出一些时间整理书稿。

犹记得，在陪爱人多次在武汉同济医院住院治疗期间，一有闲暇我便投入书稿整理，她对此没有一句怨言。

犹记得，在往返厦门和武汉的航班上，飞机一进入平稳飞行状态，我便从打盹中醒来，打开电脑开始整理书稿。

犹记得，2019年10月去波兰、德国访问参会，在去程的航班上和异国的酒店里，我抓紧时间整理书稿，效率似乎比平时要高。在回程的航班上，因为电脑出了故障无法开机工作，我曾懊悔无比。

犹记得，疫情期间，我和爱人在家里平静地应对疫情带来的不便，夜深人静时正是我整理书稿的“黄金时间”。

完成这部书稿的整理，就实现了出齐“中国大学现代化之道”三部演讲集系列的目标。《大学教学原理与方法》《大学战略规划：理论与实践》《大学管理与治理》三部演讲集，反映了我10多年来在全国各地高校所做的一部分学术报告的主题思想，教学改革、战略规划、管理与治理都是我的重点研究领域。除了这些演讲外，我主要的学术成果也集中于这三大领域。

不同的人有不同的演讲风格。我曾多次陪同导师潘懋元先生出席各种会议，不论是学术讨论会还是高校干部、教师大会，只要他开讲，必做好了充分的准备，或写出了演讲初稿，或准备好了演讲课件。所谓不打无准备之仗，潘先生可以说是楷模。当然，也有一些时候需要即席演讲，这时虽然没法事先准备，但潘先生总能旁征博引，金句迭出，启人深思。

惭愧的是，在我所做的数百场演讲中，多数演讲都是没有演讲稿或课件的，我习惯于“清讲”。这不仅对我自己是一个挑战，而且常常给邀请单位出了一个“难题”。我知道现在有些单位在学术报告或演讲方面管理得很严格，在演讲之前往往要进行主题和内容审查，这就需要演讲者提供演讲稿或课件，每每这时候我都会如实相告。我想象不出邀请我去演讲的领导们是如何处理这个问题的。在这里我要向他们说声“抱歉”。

没有演讲稿，没有课件，只能根据录音进行文字转换或整理，这就对文字整理工作提出了很高的要求。演讲毕竟是口语化的交流和传播，深刻的思想或理论到了高超的演讲者口中，往往就变成了通俗易懂的日常话语。有的演讲者不懂得这个道理，或者懂得了却不知道如何转换，在演讲的时候自己感觉逻辑严密、头头是道，但听者却不明就里、兴味索然、昏昏欲睡。

实际上，整理演讲稿是一个再创作的过程。一场听起来高水平的演讲，转换成文字稿之后，读者的反映可能并没有听者好，这就是听者与读者的审美差异所在。声波进入人的大脑后，听者在无意识中会调动自身的知识和经验，对演讲者的思想、逻辑关系、表达方式和遣词造句等进行甄别性评判。对于感兴趣的，其可能进行积极的弥补；对于不感兴趣的，其可能进行消极的抵制。而当白纸黑字的文稿进入读者视野的时候，其感觉到的与听到的是不一样的，文稿中的任何瑕疵都会令读者产生消极的观感。所以，我非常感谢为我整理演讲文字初稿的老师和同学，他们为了把那些“听起来”顺耳的语言转换成文字做出了很多努力。

在整理编撰《大学管理与治理》一书过程中，博士生伍红军校读了全书，发现了书稿中存在的一些问题，并给予了纠正。在此对他表示感谢。

“中国大学现代化之道”丛书是厦门大学“双一流”建设计划教育学科建设方案规划的“重点发展的学科方向和领域”之一“高等教育制度现代化建设”的部分研究成果。本丛书的出版得到了厦门大学“双一流”建设基金的资助。

三部演讲集出齐，并不意味着中国大学现代化之道的探索就此结束了。中国大学现代化之道还很漫长，我还会一如既往地在理论和应用两条线上不停歇地工作，为我国大学实现现代化尽绵薄之力。希望在不久的将来出版新的演讲系列。

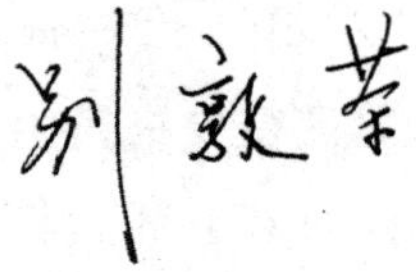

2020 年 7 月 18 日于海湾工作室